HOSHIRO Hiroyuki
保城広至【著】

ODAの国際政治経済学
戦後日本外交と対外援助 1952-2022

70 Years of Japan's Foreign Assistance,
1952-2022

千倉書房

ODAの国際政治経済学
戦後日本外交と対外援助1952-2022
目次

序章 | 日本の政府開発援助をめぐる問い ──────── 003

はじめに 003

1 政府開発援助の二つの顔 004
▸ 利己主義と利他主義 004 ／ ▸ 解釈学と方法論的自然主義 007

2 国際比較から見る日本型ODA 009
▸ ODAの定義 009 ／ ▸ ODAの国際比較 010

3 本書の構成 020

第1章 | コロンボ・プラン加盟と円借款の開始 ───── 023
── 政府開発援助の起源（1）

はじめに 023

1 1950年代の「ODA」再考 024
▸ OECD/DACデータベースの未整備 024
▸ ODAの開始はいつか？ 026
▸ なぜ日本は賠償以外のODAを開始したのか？ 026

2 コロンボ・プラン加盟と技術協力 027
▸ 国際協力の日 027 ／ ▸ コロンボ・プラン参加の理由 030

3 インドへの円借款開始 032
▸ 初めての円借款 032 ／ ▸ インドへの円借款開始の理由 034
▸ 大蔵省の憂鬱 035

まとめ 036

第2章 戦後賠償とその輸出効果 ——政府開発援助の起源(2) 037

はじめに 037

1 戦後賠償の国際政治的起源 038

- ▶ サンフランシスコ平和条約と賠償求償国 039

2 賠償交渉の行方 1952-1963 042

- ▶ 初めての賠償国——ビルマ 042
- ▶ 米国同盟下での自律性——フィリピン 046
- ▶ 混乱とナショナリズム——インドネシア 048
- ▶ 北への葛藤——南ベトナム 051

3 準賠償と日本外交 053

- ▶ 寛容な国々——ラオスとカンボジアへの準賠償 053
- ▶ シンガポールとマレーシアの「血債問題」 055
- ▶ 米国信託統治下のミクロネシア 058 / ▶ 準賠償小括 058

4 韓国への「経済協力」 059

- ▶ 請求権(claim)問題 059
- ▶ 朴正熙の登場と日韓国交回復への道 060

5 その他の国々に対する経済協力 062

- ▶ 中華民国(台湾)の賠償放棄 062
- ▶ モンゴルへの「道義的責務」 063 / ▶ タイとの特別円協定 064

6 賠償交渉と賠償額についての総括 066

7 賠償の先兵効果再考 068

- ▶ 賠償による輸出効果 070
- ▶ 建設業界と戦後賠償 078

まとめ 079

第3章 | 多国間援助枠組みへの参加 ————————— 081
　　　　——1960年代

　　はじめに　　　　　　　　　　　　　　　　　　　　081

　1　国内援助組織の制度化　　　　　　　　　　　　081
　　‣ 四省庁体制の起源　081

　2　DAG/DACへの加盟　　　　　　　　　　　　　083
　　‣ DAG/DAC加盟における日本のユニークさ　083
　　‣ DAG/DAC加盟への道　085 ／ ‣ 日本政府の態度　086
　　‣ なぜ日米両国は日本のDAG/DAC加盟を望んだのか？　088

　3　アジア開発銀行（ADB）への参画　　　　　　089
　　‣ 多国間援助の利他性　089 ／ ‣ ADBと日本　091
　　‣ OAEC構想の挫折　093 ／ ‣ ADBの設立プロセス　094
　　‣ 日米の参加と拠出の決定　095
　　‣ 本店所在地投票の「屈辱的敗北」　097 ／ ‣ 総裁の決定　101

　4　東南アジア開発閣僚会議の開催　　　　　　　103
　　‣ 閣僚会議の目的　104 ／ ‣ 会議の終焉　105

　　まとめ　　　　　　　　　　　　　　　　　　　　106

第4章 | 福田ドクトリン論再考 ————————————— 109

　　はじめに　　　　　　　　　　　　　　　　　　　　109

　1　1970年代日本のODA改革　　　　　　　　　　111

　2　「福田ドクトリン」論　　　　　　　　　　　　113

　3　福田ドクトリン出現の背景　　　　　　　　　　115
　　‣ 対外援助政策の再検討　116

4 ASEAN首脳会議への日本の参加問題と対日要求　117

- ▸ 第2回ASEAN首脳会議への参加　117
- ▸ ASEANの対日要求　118

5 日本政府内の政策過程　121

- ▸ ASEAN工業化プロジェクト　122 ／ ▸ STABEX　123
- ▸ 対日アクセスの改善とアジア版ロメ協定　124
- ▸ 輸入割り当て枠の拡大　126 ／ ▸ ASEAN文化交流基金　126

6 福田ドクトリンの発表　128

- ▸ ASEAN首脳会議　128 ／ ▸ 福田東南アジアへ飛ぶ　129
- ▸ 各国個別訪問と経済援助　131 ／ ▸ 福田ドクトリンの登場　134

7 福田ドクトリンの評価とその後　137

- ▸ 福田ドクトリンに対する同時代の評価　137 ／ ▸ その後　138
- ▸ 「福田ドクトリンと経済援助」再考　139

まとめ　144

第5章 対中ODAの開始　149

はじめに　149

1 中国の外資導入開始　150

- ▸ 債務の記憶と四人組　150 ／ ▸ 鄧小平の復権と外資導入　151
- ▸ 対中ODAの開始　152

2 対中円借款三原則　154

- ▸ 非軍事協力　154 ／ ▸ 欧米諸国との協調姿勢とアンタイド　155
- ▸ ASEANへの配慮　158

3 対中円借款と賠償問題　162

まとめ　165

第6章 経済安全保障・お土産外交・外圧反応型援助　167

はじめに　167

1 経済安全保障とODA　170

- ▶ 総合安全保障論の登場　170
- ▶ 石油資源獲得のための援助　173

2 お土産外交の虚実　178

- ▶ 途上国リーダーの日本への外交訪問とODA　178
- ▶ 日本からの外交訪問は援助を増額するのか?　179

3 外圧とODA分配　186

- ▶ 外圧反応国家論と政府開発援助　186
- ▶ 米国と日本のODA分配行動——三つの仮説　189
- ▶ 外圧の有無と日本の予測的援助分配行動　191

まとめ　193

第7章 政府開発援助大綱の30年　197
—— 日本の援助政策は変わったのか?

はじめに　197

1 ODA大綱と日本の援助分配行動研究　198

- ▶ 先行研究とその問題点　198 ／ ▶ 本章のアプローチ　201

2 三つのODA大綱の背景と政策立案プロセス　202

- ▶ 初のODA大綱(1992年)　202
- ▶ ODA大綱の改定(2003年)　207
- ▶ 新たなODA大綱(2015年)　212

3 ODA大綱内容の理論的検討　217

- ▶ 従来政策の明示化と新しい指針　218
- ▶ 相互矛盾する内容　222

4 ODA大綱は日本の援助分配行動を変えたのか? 226

- ▸ 援助と民主主義 226 / ▸ 援助と軍拡 227
- ▸ 自国経済への恩恵と弱者支援・貧困削減 232
- ▸ 軍関係者への援助 235 / ▸ 実証分析小括 236

まとめ 237

第8章 国益と援助 243

はじめに 243

1 国益と対外援助 —— 理論的考察 246

- ▸ 国益と国家安全保障 246 / ▸ 経済的国益 247
- ▸ 公共財の観点から見た援助政策における国益 249
- ▸ 国家の威信としての国益 250

2 対外援助政策における「国益」言説の抽出方法と結果 251

- ▸ 「国益」言説の抽出方法 251 / ▸ 「国益」言説の抽出結果 252

3 日本の援助と国益の表出(第一フェーズ) —— 1970〜90年代 256

- ▸ 間接的・長期的な国益に資する援助 256
- ▸ 1990年代における日本国内の援助と国益論 258

4 対中国感情の悪化とイラク復興援助に対する国益論(第二フェーズ) —— 2000年代 259

- ▸ 中国への援助停止 260 / ▸ イラク復興 263

5 インフラシステム輸出戦略と国益(第三フェーズ) —— 2010年代 265

- ▸ 「質の高い」インフラ輸出がなぜ日本の国益となるのか? 269

まとめ 273

第**9**章 日中の援助競争とその帰結 —————————— 277

はじめに 277

1 アジアにおける援助競争 278

▶日中援助競争に関する先行研究 280

2 援助協調行動の理論的検討 281

▶分業は生じていない 282
▶なぜドナー間協調は進んでいないのか? 283

3 アジアにおける日中援助分配の分業状況 286
　──実証分析結果

▶中国の「ODA的」データ 286
▶アジアにおける日中援助の分業関係 292

4 なぜ借款援助において分業が生じるのか? 292

▶政治的コンディショナリティの不在 294
▶援助・投資・貿易の相乗効果──三位一体型アプローチ 295
▶大規模借款による経済インフラの構築 297
▶中進国と最貧国への援助 301

まとめ 302

終章 戦後日本による対外援助政策の —————————— 305
　　　ダイナミズムとその未来

1 国益と援助──歴史的概観 305

2 展望 311

あとがき 314

付表 316／参照文献 318

主要人名索引 343／主要事項索引 345

ODAの国際政治経済学
戦後日本外交と対外援助 1952 – 2022

もも子へ

序章

日本の政府開発援助をめぐる問い

▶ はじめに

　日本の政府開発援助（ODA: Official Development Assistance）は、公式には1954年10月のコロンボ・プラン加盟から始まったとされる。当初は第二次世界大戦後の賠償支払いが中心だったが、1960年代からの日本の経済成長と経済大国化につれて必然的にODAの総額は増え続け、1980年代末と1990年代の一時期には世界1位となった。その後、経済的な停滞もあってトップの座は米国に譲り渡したものの、依然として日本のODA総額は経済協力開発機構（OECD: Organization for Economic Co-operation and Development）開発援助委員会（DAC: Development Assistance Committee）メンバー内で上位を保ち続け、援助の世界に大きな影響を与えている。だからこそ日本の対外援助政策は、多くの実務家や研究者、政府関係者を引きつけてきた。

　歴史的にどのような起源や背景を持ち、そして各時代においてどのような要因に影響を受けて日本のODA分配は決定されてきたのであろうか。また日本のODAに対するわれわれのイメージは、本当に現実を反映しているのだろうか。国際的に注目されてきた日本のODAだが、実は本書で明らかにするように、必ずしも客観的な事実に基づかない誤解や無理解にさらされてきた側面がある。そうした疑問に答え、また誤解されてきたイメージを修正するために、70年間におよぶ日本のODAの歴史的変遷を、歴史分析・計量

分析・テキスト分析といったさまざまな手法を駆使して明らかにすることが
本書の目的である。

1▸ 政府開発援助の二つの顔

▸利己主義と利他主義

ODAを含む対外援助には、二つの相反する顔がある。ひとつは発展途上
である被援助国（レシピエント）の需要を汲み取り、そして経済発展に寄与す
るための援助、という利他主義の顔である。もうひとつは、すでに経済成長
を達成した援助国（ドナー）の政策目的を達成するための援助、という利己主
義の顔である。第二次世界大戦後に開始された対外経済援助分配とそれにつ
いての研究は、この二つの顔に沿ったかたちで主に進められてきた。すなわ
ちそれは、①援助がレシピエントにとって望ましい経済効果をもたらすのか
どうか、②援助によって、レシピエントに対するドナーの政治経済的な影響
力は増大するのかどうか、という問題である（図0-1）。

前者——どのような援助が、レシピエントにとって望ましい経済効果をも
たらすのか——は、主に開発経済学者によって論じられてきた。もちろんこ
れには膨大な研究蓄積がある。2019年のノーベル経済学賞は、途上国にお
ける実証分析を重視する開発経済学者の3名に贈られた。援助の研究と言え
ば、開発経済学をイメージする人が多いだろう。発展途上国の貧困からの脱
出や経済成長に、援助は果たして貢献するのかどうか。貢献するとすれば、
どのような状況や条件下で有効となるか。この問題に関しては、援助肯定派
／否定派いずれの立場も存在する。そしてデータの蓄積、統計的因果推論と
いう考えに基づいた実験的手法の確立、計量経済学ツールの高度化や洗練化
が進むにつれて、ますます議論が盛り上がりを見せていくだろう。

そして後者——援助によってドナーの政治経済的な影響力は増大するのか
どうか——は、分析の焦点が主にドナーとレシピエントの関係に当てられ
る。ドナーの対外政策として援助が拠出され、レシピエントがそれを受け
取った後の両国間の国際関係が、ここでの分析対象となる。援助が増大する

図0-1 ODAの二面性とそれぞれのディシプリン

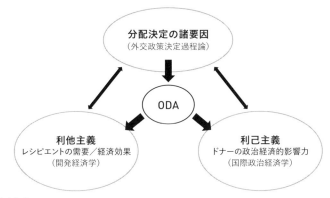

出典：筆者作成

ことによって、レシピエントのドナーに対する好感度は上昇するのか。あるいは国連総会におけるレシピエントの投票行動は、援助によってそのドナーに好ましい方向に変わるのか、といった問題がこれに該当する。

　Baldwin (1966, 2-3) によれば、国家と国家の間の資本移動を実現させる対外援助は、何よりもまず国家の政治的手腕・技術 (technic of statecraft) である。換言すれば、対外援助とは、ある国が他の国を望ましい方法で行動させようとする手段である。したがって、対外援助政策は対外政策の一手段なのである。そのようなレシピエントに影響を与える経済手段は、「エコノミック・ステイトクラフト (economic statecraft)」と呼ばれ、国際政治学における一大テーマを形成してきた (Baldwin 2020)。さらには、ドナーとレシピエントの二国間貿易や直接投資の量は、援助量と因果関係があるのかどうかを検証する研究も存在する。これは原因も結果も経済的な指標であることから、主として国際経済学者が分析対象としてきたテーマとなっている。

　以上のように援助の利他主義／利己主義的側面は、ODAが途上国へわたった後の効果や影響が、政治学および経済学の領域において研究されてきた。それに対して上記二つの顔を同時に視中に入れつつ、ドナーによる対外援助

の量と質に影響を与えている諸原因を分析するのが、援助分配の決定要因を明らかにする研究である（図0-1）。これは外交政策決定過程論の領域のひとつであるとも言える。このタイプの研究では、あるドナーがどのような要因で援助供与先と援助内容（モダリティ）を選択し、そして選ばれたレシピエントや国際枠組みにどれくらいの援助が分配されるのか、という問いに解答を与えることが研究のゴールとなる。

　ただし上記のような区分は常に明確なわけではなく、三者はしばしば同時に分析される。たとえば援助分配決定要因の計量分析においては、Maizels and Nissanke（1984）による研究以来、レシピエント需要、およびドナー利益という双方の変数を含むことが必須となっている。すなわち援助分配決定を左右する要因としては、利他主義／利己主義双方ともに重要であると考えられてきた。さらには、援助供与前の分配決定過程と援助が供与された後の結果は、時系列的には前者が先で後者は後なのだが、しばしば両者の因果関係は逆転することがある。たとえばレシピエントの経済成長という観点からは、政治腐敗がはびこって成長が期待されない国には援助するのを控える、というドナーの行動は自然であろう。その結果、成長見込みのある国に援助がより多く分配され、そしてそれらの国の経済成長は達成されることになる。つまりこの場合は、援助が原因で途上国の経済が成長するという因果の関係ではなく、経済成長の見込みが原因で援助が増大されるという関係になる。さらにはODAと貿易の関係では、援助のおかげでドナーとレシピエント間の貿易が伸びたのか（アウトプット後）、あるいは自国からの輸出量が多い国に対してより多くの援助をするのか（アウトプット前）は、分析者を悩ませる問題である。これらの例に見られるように、援助と他の変数の因果関係が反転する可能性は常に存在する。本書のメインのテーマは援助分配決定要因の解明であるが、以上のような含意を込めて、タイトルを『ODAの国際政治経済学』としている。

▶ 解釈学と方法論的自然主義 ★1

以上の問題点を考慮に入れ、日本によるODA分配政策と、その国際政治経済的な帰結の総合的な分析を通じて本書が一貫して強調するのは、政策決定者による言説と、実際の援助分配政策／行動、そして政策の最終的な結果（政策の効果）との間には乖離が存在する、という事実である。レシピエント独自の文化や慣習、それに対するドナー側の無知という障害によって、経済合理主義的な欧米の援助関係者の意図が必ずしも実現するわけではない、という問題はかなり以前から指摘されてきた（ファーガソン 2020）。そのような問題に加えて本書では、ドナーだけに焦点を当ててみた場合も、政策決定者の意図と実際の援助分配が、異なった様相を呈することがあることを明らかにする。

公文書館などで一次資料を渉猟して政策決定過程の緻密な分析をおこなう外交史や事例研究は、主に政策関係者の言説や政策文書の内容に焦点を当て、彼／彼女らの意図を理解する。つまりこのタイプの研究は、本質的に解釈学的な分析をおこなっている。たとえば吉田茂が日米安全保障条約を結んだ意図は何だったのか、その安保条約に日本の防衛義務を定めていなかったのはなぜなのか、そしてまた岸信介がその条約を改定した狙いは何だったのか、それを突き止めることが研究目的となるだろう。ある政策の背景や政策決定の理由を明らかにできるこの手法は大きなメリットであり、プロセスをブラックボックスとする計量分析にはない強みである。

ただしこのようなアプローチを採用する場合、実施された政策は当初の意図通りのものだったのか、あるいはその政策に効果はあったのか、という問題をおろそかにしてしまうことがしばしばある。本書で論じる例では、戦後賠償と輸出の関係、福田ドクトリン、そして石油資源獲得のための援助などが含まれる。本書が明らかにするようにこれらの事例はいずれも、政策決定者の言説が必ずしもそのまま実現したわけではなかった。にもかかわらず先行研究はその事実を見過ごしてきた。なぜなら先行研究は、政策決定者の言説──とそこから読み取られる政策意図──に引きずられて、援助分配の実証分析を十分におこなってこなかったからである。

それに対して大規模データなどで計量分析をおこなう研究者は、基本的に政策決定者の意図や目的に注意を払わない。このタイプの手法は方法論的自然主義と呼ばれる。分析対象の人格や個性などはなるべく取捨して、自然科学の分析手法で社会や個人を分析できるとする考えが、その名前の由来である。このようなやり方は時間的・空間的にも一般化可能であり、「科学」にとってはより望ましいと考える研究者は少なくない。

　しかしながらこのアプローチでは、ある援助分配政策がなぜ、どのような背景で打ち出されたのかがほとんど見えてこない。またわれわれが知りたいのはある政策の一般的な決定要因だけではなく、個別の意図である場合も多い。たとえば第1章で論じるように、主権回復直後で賠償問題に悩まされていたにもかかわらず日本は、コロンボ・プランという援助枠組みにドナーの資格で加盟した。その理由は何だったのかというクエスチョンには、数量データ分析では答えることができない。それに答えるには、外交文書などを使用した政策形成過程の説明が必要不可欠となる。

　双方のメリットを極力活かし、デメリットを互いに補うかたちで本書が試みるのが、外交史／定性分析と計量分析の融合である。すなわち、一方で本書は、ある援助政策が打ち出された原因を、政策決定者の言説や彼らによって書かれた政策文書を丹念に追うことによってある程度明らかにする。他方でその分配政策が当初の目的どおり実施されたのかをデータ分析で確認する、という作業を本書はおこなう。

　周知のように政治学では1990年代以降、定量分析と定性分析の方法論的相違あるいは両者の統合や相互補完性などが、実に多くの研究者によって論じられてきた。本書の方法もその延長線上にある。ただし上記研究群があくまでも実証主義に軸足を置いているのに対して、本書は政策決定者の意図や価値を探るという解釈学の観点も重視している。さらに付言すれば、本書は日本のODA分配決定の一般化を目指すのではなく、70年にもわたる中でのその変化と、時代ごとのドラマを浮き彫りにして、それらを説得的にデータで裏付けることを目的としている。

2 ▸ 国際比較から見る日本型ODA

▸ ODAの定義

DACによる1969年の援助条件勧告と1972年の補足勧告の定義によれば、ODAとは次のような資金の流れのことを意味する（OECD/DAC）。①国家や地方の政府あるいは政府の実施機関といった、公的な機関によって供与されるもの、②（a）その主たる目的は、開発途上国の経済開発の促進や福祉の向上に寄与するもの、（b）その供与条件は緩いもので、グラント・エレメント（Grant Element）が25％以上であること。グラント・エレメントとは援助の借款条件を示す指標で、長期になればなるほど、金利が低ければ低いほど高くなる（完全に贈与である場合は100％である）[2]。

したがって本書の対象からは、民間の資金（Private Flows）や民間非営利団体などの贈与は含まれない。また1975年以降は、日本輸出入銀行の融資もODAと定義されることはなくなった（通産省『経済協力の現状と問題点』1976、304）。つまり本書の分析は、非政府主体からの援助やグラント・エレメントが低いものを除いたODAに限定している。それを本書では、対外援助、政府開発援助、あるいは単に援助と呼ぶ。また、ODAには大きく分けて無償（grant）・借款（loan）・技術協力（technical cooperation）の三つの種類がある。無償はその名の通り返済する必要のない援助であり、いずれ返済されなければならない借款と異なる。技術協力は基本的に人間同士の交流であり、日本の技術者の途上国への派遣、あるいは途上国の人材が日本で研修などをおこなう際に支援する援助である。

日本型ODAの特徴とはどのようなものだろうか。よく言われているのは、それが「商業主義的」であるという批判である。アメリカのように国家安全保障上の目的を重視したり、フランスのように自国文化の普及に努めたり、そしてスカンジナビア半島の国々のように利他主義的な援助を供与してきたのとは異なり、自らの経済的な利益を得るために対外援助をレシピエントに供与してきたのだ、という理解である（Rix 1980; Arase 1995; Ensign 1992; Hook 1995; Schraeder et al. 1998; Lancaster 2007）。これには、ひも付き援助（tied aid）

序章・日本の政府開発援助をめぐる問い　　009

割合の高さ、輸出との結びつきの強さ、あるいはグラント・エレメントの低さ（贈与率の低さがここに含まれる）など、いくつかの根拠が存在する。

そして本書で繰り返し言及するように、1950/60年代の日本政府は、賠償や円借款といった援助分配行動、あるいはコロンボ・プランやDACなどの多国間援助枠組みへの参加は、自国の輸出市場の開拓および資源の確保という目的であることを隠そうとはしなかった。さらには、経済大国となった後の日本が、政治的・軍事的には対外的に強く主張しなかったという特徴もまた、日本のODA＝商業主義的というイメージを強化してきたことは間違いないだろう。

▶ ODAの国際比較

実際のところ日本のODAは、国際的に見てどれほどユニークで、商業主義的なのだろうか。日本と米国・スウェーデン、およびDAC加盟国全体のODAデータを広範に比較したものが、次の図0-2から図0-7と表0-1に示されている。比較対象に米国を選択したのは、言うまでもなく米国が超大国であり、かつ1990年代の一時期を除いて常にトップドナーの地位に君臨してきた事実による。またスウェーデンは日本と異なり、人道主義的な援助分配をおこなうと論じられてきた（Schraeder et al. 1998）ことから選んでいる。この二国と日本の援助を比較することによって、日本のODA分配の特徴を浮き彫りにできると考えられる。

ドナー各国の国民総所得（GNI: Gross National Income）に占めるODA支出額の割合を、時系列的に示したのが図0-2である。ここから判明するのは、確かにスウェーデンはその比率が突出して高いものの、日本は他のDACドナーと比較してそれほど比率が低いわけではないという事実である。またDACが目標として掲げている0.7％には及ばないものの、日本の比率は常に0.2％から0.4％を維持しており、0.2％を切っている米国よりも高い。少なくとも1980年代後半以降は、GNIに占めるODAの比率はDACドナーの平均とほとんど同じである。

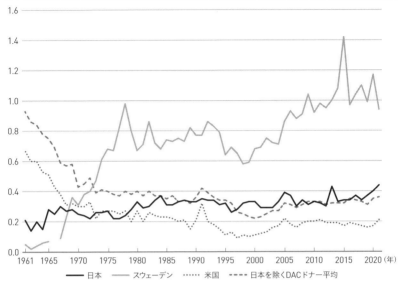

図0-2 GNIに占めるODAの割合、1961～2021（単位：%）

出典：GNIはWorld Bankデータベース、ODAはOECD/DACデータベース

　図0-3は、国民1人あたりのODA支出額を示している。この図でも興味深い事実が判明する。第一に、1人あたりの支出額は米国がかなり高い、という点である。特に米国の援助分配行動は2001年9月11日のアメリカ同時多発テロ以降に変化したと言われるが（Fleck and Kilby 2010）、その事実を裏付けるように、21世紀に入って大幅な増加傾向が見られる。第二に、日本の支出額が高い点も図0-3から読み取れる。DAC平均はもとより、利他主義的と言われているスウェーデンよりも支出額が高い事実は、特筆に値する。特に1970年代後半からのODA倍増計画（本書第6章参照）が始まって以降、日本のODAは支出純額のみならず、1人あたり支出でもトップに立った。ただし1990年代後半からは、日本の経済的停滞とODA削減の影響を受けて、その数値は漸減していく。そのような減速にもかかわらず日本の1人あたり支出は、DAC平均よりも高い値を保っている。

序章・日本の政府開発援助をめぐる問い　　011

図0-3 1人あたりODA支出額、1961〜2021（単位：米ドル、カレント値）

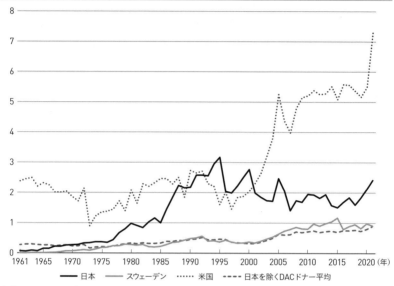

出典：OECD/DACデータベース

　またODA全体に占めるひも付き援助の割合を示した図0-4も、日本のODAが必ずしも「商業主義」的ではないことを教えてくれる。確かに1970年代の日本はDACドナーの平均と比較してひも付き——供与した資金は必ず自国企業の物資あるいはサービスに使用されなければならないという条件付き——援助の割合が高かった。それが他のDACドナーの批判を浴びたことから、ひも付き援助の割合は急速に下がっていく。少なくとも1980年代から2000年代後半にかけて、日本のひも付き援助割合はスウェーデンと同等かそれ以下であった[★3]。しかしながら1997年にいったんひも付き割合が0になった後に、再びその割合が上昇していくのが21世紀である。この決定にはどのような要因があったのだろうか。それを分析するのが、本書の後半である。

　そして最も日本の援助のイメージを捉えているのが、ODA支出全体に占

図0-4 ODA支出全体に占めるひも付き援助の割合（単位：%）

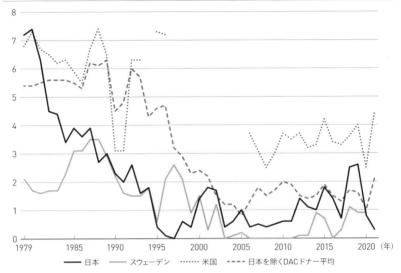

出典：OECD/DACデータベース
註：ひも付きは「半ひも付き（partially untied）」を含む。また米政府は1990年代後半から2000年代半ばまで、ひも付き援助割合データの公表をおこなっていなかった。

める贈与の割合を示した図0-5であろう。DACの援助規範としては、グラント・エレメントは高ければ高いほど望ましいとされ、日本政府に対して贈与割合を増やすように提言したのもDACである（DAC 2010）。他方で「途上国にとって、援助が借款か贈与かということを区別することに意味はない」（モヨ 2010, 11）という見解も存在する。モヨ（2010）によればこの問題は、途上国が援助をどう捉えるかによって答えが変わってくる。返済義務がある借款であっても、極めて緩やかな返済条件で大規模プロジェクトを成功させる見込みがあれば、少額の贈与よりも好ましいと考える途上国政府は存在するだろう。

　いずれにせよ、日本のODAの特徴は、贈与比率——それに伴うグラント・エレメント——の低さであることは確かである。

　以上のような記述統計に加えて、DAC加盟国の二国間ODA（約束額）を従

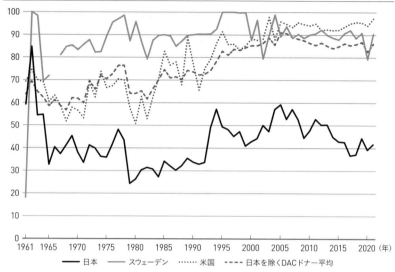

図0-5 ODA支出全体に占める贈与の割合、1961〜2021（単位：%）

出典：OECD/DACデータベース

属変数に、ODA分配に影響を与えると論じられてきたさまざまな独立変数で計量分析したものが、表0-1である★4。データは時系列とクロスセクションを組み合わせたパネルデータで、分析単位は二国間／年（dyad year）である。従属変数を約束額にしたのは、レシピエント側の事情が影響してくる支払い額（disbursement）と異なり、ドナーの意思決定がそのまま反映されるからである（Berthélemy 2006, 180; White and McGillivray 1995, 166）。仮に他の従属変数——たとえば、第2章のように輸出額——に対するODAの影響を計るのであれば、独立変数としての二国間ODAは、実際の支払い額を選択することになる。

本書では、基本的な推定法に固定効果モデルを選択している。その理由としては、当該モデルがパネルデータにおける時間不変な特徴（time-invariant features）を取捨することが可能であることによる（Trumbull and Wall, 1994; Neumayer 2003）。またよく知られているように、援助分配行動とその分析に

表0-1 ODAと諸変数の計量分析結果

	モデル0-1 全DACドナー	モデル0-2 全DACドナー	モデル0-3 日本のみ	モデル0-4 日本のみ
対数輸出	0.098*** (0.020)	0.103*** (0.022)	0.376*** (0.063)	0.264*** (0.067)
対数輸入	−0.001 (0.009)	−0.001 (0.009)	0.013 (0.032)	−0.015 (0.030)
対数被援助国GDP(t−1)	−0.532*** (0.114)	−0.407*** (0.146)	−0.739*** (0.233)	−0.444* (0.243)
対数被援助国人口(t−1)	0.657*** (0.174)	0.967*** (0.240)	2.047*** (0.348)	1.411*** (0.516)
民主主義指標(VDEM、t−1)	0.321** (0.142)	0.457*** (0.160)	0.671** (0.308)	0.359 (0.350)
自然災害発生数(t−1)	0.015*** (0.005)	0.013** (0.005)	−0.038*** (0.014)	−0.045*** (0.014)
国連総会投票シンクロ率 (t−1)	−0.506*** (0.164)	−0.359* (0.187)	0.072 (0.506)	1.960*** (0.613)
対数他DACのODA(t−1)	0.376*** (0.033)	0.369*** (0.036)	0.389*** (0.052)	0.399*** (0.053)
切片	0.728 (1.626)	−7.607 (4.601)	−16.763*** (3.198)	−14.470 (8.811)
観察数	72397	72397	5014	5014
年固定効果	No	Yes	No	Yes
全体R-sq	0.155	0.129	0.441	0.465

* p<0.1, ** p<0.05, *** p<0.01
括弧内はレシピエントにクラスター化された標準誤差の値。
従属変数は対数ODA約束額。

は二つの段階がある。第一段階は、ある発展途上国が日本のODAを受けているか否かを検証する「被援助国決定段階」である。たとえば第5章で論じるように日本政府の中華人民共和国(中国)への円借款は、1980年になって初めて開始された。この例が物語るように、日本のような援助大国にとって、特定の国に対する援助を全く供与しない場合、偶然では説明できない何らかの政策意図が存在している。それを分析するのがこの第一段階である。

そして第二段階は、日本の援助が供与されているレシピエントに限定した上で、援助量のヴァリエーションを推計する「援助額決定段階」である。あ

るレシピエントは比較的多く、またその他の国は少額のODAしか日本から受け取っていない場合、何がその量を決定するのだろうか。この問題に取り組むのが本段階である。ただし実際には日本のような援助大国にとって、ODAを過去供与していない国は北朝鮮のような少数の国に限定されている。つまりそのような少数事例は、戦後賠償を扱った第2章や対中円借款の開始を分析した第5章のように定性分析法で分析することが望ましい。本書による計量分析はしたがって、第二段階である援助額決定段階に限定している。その点、援助データは対数変換をおこなっているために、北朝鮮のように値が0のデータは欠損値となり、計量分析対象からは自然と外れる。

　表0-1からは、次の諸点が明らかになる。第一に、輸出とODAの関係は、DACドナーも日本も統計的に正に有意であり、日本だけが援助と輸出の結びつきが強いわけではない。第二に、輸入とODAの関係はDACドナー／日本双方において確認できなかった。第三に、両者ともにGDPの低い国、そして人口の多い国に対してより多くの援助を供与している。第四に、DAC全体としては、民主主義指標の高い国に対してより多くの援助が供与されるのに対して、日本はそうではない。第五に、レシピエントにおける前年の自然災害発生件数とDACドナーの援助額が正に相関している——すなわちDACドナーは災害支援を積極的におこなっている——のに対して、日本のそれは負に有意となっている。さらなる検証を要するものの、本分析結果は、少なくとも日本政府が途上国への災害支援に消極的である可能性を示している。第六に、自国以外のDACによる前年の援助分配と自国のそれが類似しているのは、日本を含むDACドナー全体の傾向である。

　以上のように、輸出とODAの正の結びつきは、日本だけではなくDACドナー全体の特徴であることがわかった。では日本は他の諸国と比較して、どれくらいその結びつきが強いのだろうか。それを検証したのが図0-6である。日本を除いたDACドナー、日本、スウェーデン、米国における輸出の限界効果——輸出が一単位増加するとODA供与額がどれくらい変化するかを示した値——を個別に推定したものと、DACドナーに対して日本はどれくらい輸出の限界効果が高いかを推定した結果が示されている。

図0-6 ODAに対する輸出の限界効果（95%信頼区間）

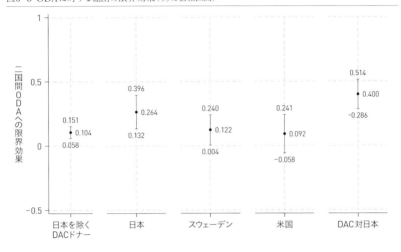

　この図からは、確かに日本の輸出のODAに対する限界効果が他の諸国と比較して高いことがわかる。たとえば日本は他のDACドナーに比較して、0.4ポイントそれが高い。ただし他の諸国、たとえばスウェーデンでも輸出とODAの正の結びつきは観察されており、日本だけが輸出志向、商業主義的ではないのである。例外は米国で、輸出とODAの関係が統計的に有意となっていない。すなわち米国は、自国商品をより多く購入する途上国に対してより多くの援助を供与する、という分配行動はとっていない[5]。

　さらに日本のODAはアジア中心であるとしばしば論じられるし、日本政府もまたその事実を隠してこなかった。たとえば三度改定されたODA大綱でも、「アジア重視」姿勢は貫かれている（第7章参照）[6]。もちろん日本の援助供与先にアジア諸国が多ければ、アジア中心という特徴は正当な評価である。たとえば第9章で後述するように、21世紀に入っても日本のODA（贈与と借款）の供給先はアジアが多い。ただしこれは日本だけの特徴だろうか。貿易量と距離が反比例の関係になることは知られているが、援助にもそのような関係が当てはまるのであれば、近隣の途上国により多くの援助を供与することは自然なことかもしれない。

図0-7 ODAに対する距離の限界効果（95%信頼区間）

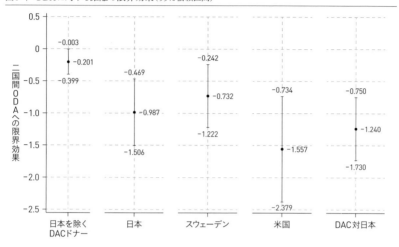

　つまり日本だけではなく、他のDAC加盟ドナーもまた、より物理的に近いレシピエントに多くの援助を与えている可能性がある。それを検証するには、日本だけを見てもわからない。そこで本章では、ドナーとレシピエントの距離とODA分配の関係を計量的に分析することを試みた。具体的には、ハウスマン・テーラーモデルによる限界効果の推定をおこなっている。これはパネルデータを使用していながら、時間不変変数の共変量を明らかにすることができる手法である。図0-7はその分析結果であり、輸出と同じく、日本・スウェーデン・米国と、日本以外のDAC加盟諸国を比較している。

　図0-7からは、次のことが明らかになる。まず距離のODAに対する限界効果は、日本を除くDACドナー、日本、スウェーデン、そして米国すべてが負に有意となっている。これは二国間の物理的な距離が離れれば離れるほど、援助額が少なくなっていくことを意味している。換言すれば、四つのグループおよび国々は、距離が近い国に対してより多くの援助を分配しているのである。また確かに日本は、DAC全体に比較すると近隣諸国に多くの援助を供与している。しかしながら米国は、日本よりも距離の近い国により多くのODAを分配していることが、この図から見てとれる。米国はその伝

統的な勢力圏である中南米に対する援助が相対的に多く、また最も離れたアジアには少ないことから、このような結果になったものと考えられる。したがって、物理的距離の近い途上国により多くのODAを分配するのは、日本だけの特徴ではないということが本分析結果から導き出される。

　以上の国際比較分析をまとめてみよう。DACドナーの大規模データで明らかにした日本のODAの特徴は、次のようになる。

> ①　1980年代後半以降、GNIに占めるODAの比率はDACドナーの平均水準である。
> ②　1人あたりのODA支出額はDAC平均よりも高い。
> ③　ODA支出全体に占めるひも付き援助の割合は、1980年代以前は高く、そこから急速に減少していったんゼロとなったものの、21世紀に入って再び上昇傾向にある。
> ④　ODA支出全体に占める贈与の割合は他のDAC諸国に比べて低く、それがグラント・エレメントの低さにも繋がっている。
> ⑤　ODAと輸出との結びつきは、全DACの傾向だが、日本は他のDAC諸国よりもそれが強い。
> ⑥　物理的に距離が近い国への援助は、DAC全体の傾向であり、日本だけがユニークというわけではない。特に米国においてその特徴が強く出ている。

　このように多国間比較をおこなうことによって、日本のODAはそれほど他のDACドナーとは異なっていないことがわかる。確かに贈与割合の低さと輸出との結びつきは相対的に高いが、それ以外の指標を見る限り、「商業主義」的であるという批判はそれほど当たっていないようである。ただし時代ごとにヴァリエーションは存在し、日本政府はODAに関して商業主義的な言説や援助分配行動をとってきた時期があることも、また事実である。では日本のODAは各時代において、どのような要因や目的で分配されてきたのだろうか。そしてまた、日本の援助政策関係者の言説から導き出される政

策意図は、どの程度達成されたのだろうか。本書はそれら問題の解明を目指す試みである。

3 ▸ 本書の構成

　日本のODAの歴史的変遷は、外務省によると次の四つに区分できるという（外務省国際協力局 2004）。すなわち、体制整備期（1954～1976年）、計画的拡充期（1977～1991年）、政策・理念充実期（旧ODA大綱期：1992～2002年）、そして新たな時代への対応期（新ODA大綱期：2003年～）である。この時代区分は、2004年に外務省によって出版されたパンフレットに記載されているものであり、この年は最後の「新たな時代への対応期」が始まったばかりであった。したがって最後の期間がどこで終了するのかは記されていない★7。ただし日本政府は2015年にODA大綱を改定しており、大綱改定ごとに時代を分けている事実に鑑みると、おそらく外務省の考える「新たな時代への対応期」の終了は、2014年だと考えられる。そして2015年以降は、「国益の前面化期」とでも名付けることができるだろう（第8章参照）。

　序章と終章を含む全11章で構成される本書も、基本的に上記外務省の区分にしたがって章立てがおこなわれている。第1章から第3章は、体制整備期である1950年代から1970年代前半までを扱う。広く知られているように、日本の援助はコロンボ・プランによる技術協力、戦後賠償支払いの贈与、そしてインドへの円借款を起源とする。それら三つの二国間援助に加え、1960年代には多国間枠組みへの参加が加わった。それらの政策形成プロセスを、主に歴史資料に基づいて明らかにしていくのが、第1章から第3章である。

　第4章から第6章までは、計画的拡充期の分析である。ODA倍増計画に則って日本の援助額が急増していく中での、分配政策を論じることになる。東南アジア諸国連合（ASEAN: Association of South–East Asian Nations）に援助を増大したと言われてきた福田ドクトリン、対中円借款の開始、そしてこの時期に出されたいくつかの論点——総合（経済）安全保障、お土産外交、外圧反応

型国家論——の虚実を検証するのが、第4章から第6章である。

　最後に、第7章から第9章までは基本的に1990年代以降の時期を扱っている。1992年に日本政府は、初めて自国ODAの基本枠組みである「政府開発援助大綱」を発表した。その指針は実際の日本の援助分配行動を変えたのだろうか。また、2010年代以降に日本政府は、対外援助を明示的に「国益」と結びつけるようになったが、その原因は何だったのか。過去に国益と援助を結びつけた言説は存在しなかったのだろうか。そして最後に、現在継続しているアジアにおける日中の援助競争は、どのような帰結をもたらしたのだろうか。それらさまざまなリサーチ・クエスチョンに答えるのが、第7章から第9章である。ちなみにこの時代については歴史文書がまだほとんど公開されていない。そのため、数量データによる仮説‐検証が活用されることになるだろう。

　終章では、本書が明らかにしてきた諸点を要約することで、戦後日本外交における対外援助の変遷と現時点での状況を改めて振り返る。その後で、中・短期的な日本のODA分配政策の将来の見込み、すなわち展望を筆者なりに示したい。

註

★1──本項での議論を含む、社会科学についての筆者の科学哲学的な考えは、次で論じているので、興味ある読者はそちらも是非ご覧いただきたい。「社会科学の哲学と国際関係論：人間と国家をめぐる科学論／方法論」『究』（ミネルヴァ書房、2022年より連載中）。

★2──ただしグラント・エレメントの基準は2018年以降、次のように変更されている。低所得国は45％以上、低中所得国15％以上、高所得国と多国間機関は10％以上（OECD/DAC）。

★3──ただしこのようにひも付き割合が低くなったものの、特にアジアで多くの日本企業が日本援助の入札に成功していることを、Ensign（1992）は批判的に論じている。

★4──本書で使用する大規模な数量データは、2023年6月から7月にかけて収集され、8月から10月にかけて加工された（データの詳細は、本書末の付表参照）。したがって、過去に筆者がおこなった計量分析研究で使用したデータからは更新されているため、過去の論文の分析結果と本書のそれは、完全に一致するわけではない。

★5——あるいは繰り返しになるが、より多くのODAを供与したからこそ、自国製品が
その国で多く売れる、という因果関係もあり得る。

★6——ただし2023年6月に発表された開発協力大綱では、「インド太平洋」は含まれて
いるが、「アジア」という単語は出てこない（外務省 2023）。この変更が、日本による
援助分配行動を変えるか否かは、今後検討すべき課題である。

★7——10年後に外務省から出された同じタイトルのパンフレット（外務省国際協力局政
策課 2014）には、時代区分は出てこない。

第1章

コロンボ・プラン加盟と円借款の開始
―― 政府開発援助の起源（1）

► ## はじめに

　序章で述べたように本書の目的は、戦後日本のODA分配決定を包括的に分析することによって、日本政府の決定に影響を与えてきたさまざまな諸要因と、実際にどの量／種類の資金がどの国へ分配されたのかを明らかにすることにある。本書によるODAの定義はDACのそれを使用しているが、DACの前身であった開発援助グループ（DAG: Development Assistance Group）は1960年に発足していることからわかるように、1950年代にはODAという用語はそもそも存在しなかった。ただし後にODAと見なすことができる日本からの対外援助は、すでにこの時期から開始されていた。

　したがって本章と次章では、この時代に実施された日本の対外援助の中で、どれが後に定義されたODAに該当したかをはじめに記述する。それは周知のように三つの柱――戦後賠償による贈与、コロンボ・プランによる技術協力、輸出入銀行による円借款――から形成されていた。本章ではその事実を確認したうえで、そのような援助供与がおこなわれた背景と要因を分析する。なお戦後賠償はひとつの大きなテーマとなるために、次章で改めて詳細に論じる。

1 ▶ 1950年代の「ODA」再考

▶ OECD/DACデータベースの未整備

　繰り返しになるがODAとは、①国家や地方の政府あるいは政府の実施機関といった、公的な機関によって供与されるもの、② (a)その主たる目的は、開発途上国の経済開発の促進や福祉の向上に寄与するもの、(b)その供与条件は緩いもので、グラント・エレメントが25％以上のもの、とするのがDACの定義である。すなわち、日本政府が途上国の開発を目的として、資金や技術を贈与したり、あるいは民間よりも緩い条件で貸与するのがODAである。ただしこのようなODAの定義が国際的に固まるのは、1972年のことだった。またわれわれが利用できる（そして本書で計量分析に使用されることになる）DAC加盟諸国のODAデータは1960年から始まる。つまり1950年代のデータはそもそも存在しない（OECD/DACデータベース）。

　OECD/DACデータベースを使用して、1960年から70年代にかけての日本の二国間ODAの供与国数を示したものが図1-1である。おそらくこの援助データは、1972年に決められた定義にしたがって、遡及的に整備されたものだと思われる。ただしその結果、1960年代のデータには不備も多い。たとえば図1-1からは、1960年にはすでに28カ国に対して日本が贈与をおこなっていることが見て取れる。日本政府の公式な発表では、1960年は賠償および準賠償国にしか贈与は供与していないはずであり（表1-1）、28カ国という数字はそれとは異なる。その疑問は、技術協力（technical cooperation）のデータが贈与に含まれていると考えることで解消する。図1-1を再度見ると、技術協力データは1966年以降のものしか存在しないことになっている。しかしながら次節で論じるように、技術協力は日本のコロンボ・プラン加盟から始まっており、技術研修生の受入は1954年から1960年の累計で44カ国（2705人）、専門家派遣は27カ国（368人）にわたっている（通産省『経済協力の現状と問題点』各年度版）。また同様に、OECD/DACのデータベースでは、約束値（commitment value）の援助データは、最も古くて1966年以降のものしかない。しかし当然ながら実際は、もっと以前から援助の約束は存在す

図1-1 1960から70年代における日本の二国間ODA供与国数

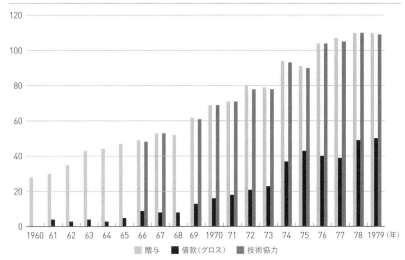

出典：OECD/DACデータベース
註：技術協力（technical cooperation）データの提供は1966年からで、1968年は欠損している

表1-1 1960年代における日本の「ODA」：贈与（支払い額）

	1955	1956	1957	1958	1959	1960
ビルマ	0	7.9	38.1	26.0	18.7	21.4
フィリピン	0	6.5	28.2	26.7	25.2	27.8
インドネシア	0	0	0	7.3	19.3	14.2
南ベトナム	0	0	0	0	0	1.1
ラオス	0	0	0	0	0.3	0.2
カンボジア	0	0	0	0	3.3	1.6

単位：百万ドル
出典：大蔵省財政史室編(1984、533)

る。このように、1960年代のデータですらこのような欠陥があるのだから、OECD/DACデータベースに1950年代のデータそのものがないのは不自然ではない。

第1章・コロンボ・プラン加盟と円借款の開始　　025

▶ ODAの開始はいつか?

では日本によるODAの供与はいつ、何をもって始まったのか。この疑問に対する日本政府の公式見解は、日本がコロンボ・プランへの加盟を閣議決定した1954年10月6日である（外務省国際協力局 2004）。それから30数年後の1987年に、10月6日は「国際協力の日」と定められた。そのことからも、コロンボ・プラン加盟をもって、政府開発援助の開始と日本政府が唱えていることがわかる。そしてコロンボ・プラン加盟直後には、次章で詳細に分析するように戦後賠償の支払いも始まっている。日本が最初の賠償協定を締結した相手国はビルマ（現ミャンマー）で、コロンボ・プラン加盟の翌月のことだった。それからフィリピン・インドネシア両国への戦後賠償交渉も解決に向かう。さらに公式な賠償ではないが、戦中日本が占領したカンボジアやラオスなどに対する援助（いわゆる準賠償）供与も、1950年代後半に始まった。これら戦後賠償は定義上、贈与とされる。さらに1958年には、インドに対する円借款（yen loan）が開始されている。すなわち1950年代にはすでに、技術協力、贈与、貸与というODAを形成する三つの援助が開始されているのである。

▶ なぜ日本は賠償以外のODAを開始したのか?

なぜ日本は、コロンボ・プランに加盟したのだろうか? また、なぜインドへの円借款に同意したのだろうか? 日本の戦争被害にあったフィリピンやビルマ、インドネシアといった国との賠償交渉が進行中であり、これらの国々に対する賠償支払いは膨大になることが予想された。また高度経済成長の波に乗る前の、財政的な余裕もない中で日本政府が「援助国」として立ち現れたのは、日本にとって、東南アジア諸国の経済開発が必要だったからである。

実際のところ、日本における東南アジア開発への関心の高まりは、コロンボ・プラン加盟の前からすでに始まっていた。戦前の日本にとってのアジアとは、「圧倒的に」大陸、特に朝鮮半島から満州にかけての北東部を意味していた（渡辺 1992、80-81）。しかしながら、敗戦によって日本がこの地域から

撤退し、中華人民共和国（中国）が建国され、さらに朝鮮戦争によって冷戦が
アジアへと転移すると、日本と大陸との関係はほとんど断ち切られてしまう
ことになる。中国と韓国両国との間に国交を結べなかったこともあり、この
時期大陸は戦前のような日本の市場となり得なかった。1950年に勃発した
朝鮮戦争による特需は、一時的に日本の経済状況を改善した。ただし工業製
品需要市場と食料・原料供給源をコストの高い北米市場のみに依存してはい
られない日本が、東南アジア開発に意欲を示したのは自然のことであった。
また米国政府の一部も反共政策の一環として、日本を中心とした東南アジア
諸国の地域経済的枠組みを形成することに積極的だった (Borden 1984; Schaller
1985; 保城 2008)。

　しかしながら1950年代の日本には、東南アジア諸国に対して大規模な開
発援助をおこなう余裕などないため、資金協力を米国に仰ぐことになる。こ
のような「日米経済協力の一環としての東南アジア開発」という構想、すな
わちアメリカの資金と日本の技術を結びつけることによって、戦後失われ
た日本の市場を東南アジアに見出す構想は、敗戦後間もない時期から1950
年代全般において見ることができる。たとえば鳩山一郎政権 (1954年12月〜
1956年12月) における「アジア開発基金」や岸信介政権 (1957年2月〜1960年7月)
における「東南アジア開発基金」といった構想が次々と打ち出された。ただ
しそのようなアプローチは、米国と東南アジア諸国双方から反対・反発を招
き、構想倒れに終わったのである (保城 2008)。

　結果的に日本からの東南アジア開発のための援助は、コロンボ・プランへ
の参加、戦後賠償 (および準賠償)、円借款という、規模を縮小した二国間で
おこなわれることになった。

2▸　コロンボ・プラン加盟と技術協力

▸国際協力の日

　1954年10月6日、日本政府はコロンボ・プランへの加盟を閣議決定し、
コロンボ・プランの第6回会合に日本は正式な加盟国として参加する。実際

に研修員受入や専門家派遣といった、コロンボ・プランの枠組みのもとでの技術協力が開始されたのは翌年からであるが、前述したように閣議決定された1954年の10月6日が、1987年の閣議了解により「国際協力の日」と定められた。つまり日本のODAは、公式にはこれをもって始まる。

コロンボ・プランは、1950年に設立された国際機関である（活動開始は翌年7月から）。原加盟国はセイロン（現スリランカ）、インド、パキスタン、イギリス（マラヤ、北ボルネオ、シンガポール、ブルネイ、サワラクを含む）、カナダ、オーストラリア、ニュージーランドという旧英連邦を構成していたコモンウェルス諸国からなっていた。その後、日本が加入する1954年までに、カンボジア、ラオス、南ベトナム、アメリカ合衆国、ビルマ、ネパール、インドネシアが参加し、日本と同時にフィリピンとタイも当該枠組みに加盟している。コモンウェルス東南アジア諸国の経済開発のために協調するとともに、コモンウェルス以外の諸国にも資金協力を求め、イギリスの旧植民地国に対して中ソという共産主義国家からの援助攻勢に対抗すること、それがコロンボ・プランの設立目的であった（大庭 2004; 渡辺編 2014）。それを反映するかのように、日本が加盟を探っていた当時は、中立主義を掲げるインドに対しての援助計画が大半（74%）を占めていた（政務局経済第一課「コロンボ計画の概要」1951年6月3日）『コロンボ・プラン関係』E'. 4.1.0.12-1）。コロンボ・プランは常設機関をもたないゆるやかな多国間組織であり、具体的援助計画はそれぞれの援助国・被援助国間において個別に協議がおこなわれていた（波多野 1994、225）。

アメリカのトルーマン（Truman, Harry S.）政権は、コロンボ・プラン加盟に当初は消極的であった。その理由として挙げられるのは第一に、イギリスの資金不足からアメリカに過剰な援助期待がかかることを国務省が懸念したこと、第二に、コロンボ・プランがイギリス主導であったために、開発援助プログラムもコモンウェルス諸国向けで排他的に見られていたことが挙げられる（菅 2014、224）。ただし1952年から53年にかけて、加盟国がコモンウェルス諸国以外に拡大することによって、そのような排他的な特徴は薄まっていく。またコロンボ・プランが基本的に、援助国・被援助国の二国間ベースでの援助協議をおこなう枠組みであるという性格が定着化することで、アメリ

カが大規模援助を要請されるという懸念は弱まりつつあった。そのために国務省内では、コロンボ・プランへの積極的な支持が強くなっていく。そして日本をより西側諸国へつなぎ止めるためには、日本のコロンボ・プラン加盟が望ましいとアメリカは結論づけ、それを実現するための行動をとるのである（菅 2014）。

　主権回復後間もない1952年8月、日本政府は「東南アジア諸国に対する経済協力は国連その他の国際機関を通ずる技術協力に当面の主眼をおく」方針を確認している（波多野・李 2014、302）。つまり資金が不足しており、また賠償支払いを開始しなければならなかった日本にとって、自ら途上国へ資金援助して経済開発の協力をすることは不可能であった。ただし前述したように大陸および朝鮮半島との政治経済関係が途絶えている以上、輸出市場の開拓と原料資源獲得のためには、東南アジアとの経済協力もまた不可欠であった。特にインド（当時「南アジア」は「東南アジア」に含まれていた）の鉄鉱石は日本にとって魅力的であり、たとえば、日本輸出入銀行による融資で、1951年10月にゴア（インド・ポルトガル領）の鉄鉱石採掘がおこなわれていた（日本鉄鋼連盟戦後鉄鋼史編集委員会編 1959、131-133；竹原 2014、70-71）。さらには、南アジア諸国への経済協力は賠償交渉という障害に妨げられていないという利点もあった。

　当時の日本は敗戦によって依然として経済的には高度成長を達成していなかったものの、政策担当者や経営者は戦前に培ったアジアの盟主意識を継続して持ち、そして科学技術においてはアジアを牽引する立場であることを公言し、隠そうとはしなかった（保城 2008）。したがって、日本の取り得る選択肢は二つあった。ひとつは前節で紹介したアメリカの資金援助を得て、「アジアのためのアジアによる経済開発」をおこなうアプローチである。もうひとつは既存の国際機関に参加し、その枠組みの中で発展途上の東南アジアに対して技術協力を実施するアプローチである。アジア極東経済委員会（ECAFE：Economic Commission for Asia and the Far East。日本は 1954年4月に加入）や、コロンボ・プランはその後者の目的にとって最適な国際枠組みだった。特にコロンボ・プランは、「唯一の現実的な経済協力機構」（外務省『わが外交の近

況』1959、57)として、外務省に認識されており、それへの加盟を探っていくことになる。

1953年9月にニューデリーで開催された第5回協議委員会において、日本政府は非公式にコロンボ・プラン参加の意向を打診した。しかしながら特にオーストラリアの反対が強く、そのときの参加は陽の目を見ることがなかった (外務省アジア局第一課「わが国のコロンボ計画加入問題」1954年9月24日『コロンボ・プラン関係 日本の加入関係』E'.4.1.0.12-2)。ただしアメリカが日本の参加を斡旋するとの申し出が、1954年6月にあったことに励まされ、東京は各国への根回しを開始した。

► コロンボ・プラン参加の理由

朝鮮戦争の「特需」によって戦後復興がようやく軌道にのってきたものの、外国に資金援助をする余裕がなかったこの時期の日本が、「援助国」としてコロンボ・プラン加入を目指した具体的な理由は何だったのだろうか。加盟が実現した後の効果として、外務省が挙げているのは次の4点であった (外務省アジア局第一課「わが国のコロンボ計画加入問題」)。

第一に、日本の東南アジア外交を推進するのに欧米各国、特にイギリスの猜疑心を減らせることができる点である。周知のように日本は戦前「大東亜共栄圏」を掲げ、アジアにおいて排他的ブロックの形成を画策した。このような過去から、東南アジアへ経済的な再進出をするためには、欧米諸国から警戒されることは避けなければならなかった。英国主導のコロンボ・プランを通じてそれをおこなうことは、その目的のために効果的であると考えられたのである。実際のところ、日本のGATT (General Agreement on Tariffs and Trade, 関税及び貿易に関する一般協定) 加盟には頑なに反対していた英国は (赤根谷1992)、資金不足のコロンボ・プランに「援助国」が増えることに異を唱えることはなかった。ただしイギリス政府内部では、日本の加盟をめぐって意見がわかれていたようである。外務省は比較的早くから日本の加盟に反対しないという立場であったが、東南アジアにおける日本との貿易競争を懸念していた商務省と、「日本の東南アジア支配」に警戒した植民地省は消極的で

あったらしい（木畑 2014、333-334；Borden 1984, 208-209）。

　第二に挙げられる当該枠組み参加の理由は、コロンボ・プラン原加盟国が日本への賠償請求権を放棄した国々であったという事実である。フィリピンやインドネシア、カンボジアといった現在の東南アジア諸国は後述するように賠償交渉が遅々として進んでおらず、それらの国に援助を供給する状況ではなかった。

　第三に、日本の技術・製品を、インドをはじめとする東南アジア諸国に提供することで、日本の機械その他の輸出増進に寄与することができると考えられた。このような、援助をもって経済進出の手段とする考えは、すでに日本のODAが開始される前から見ることができる。

　そして第四に指摘できるのは、参加諸国からは資本援助を強く求められないという期待があった点である。当然のことながら資金不足の日本にとって、後のアジア開発銀行（ADB: Asian Development Bank）に対しておこなったような、現金による大規模な援助の拠出は不可能であった（第3章参照）。コロンボ・プラン参加に際して日本が必ず求められると予期された財政負担としては、事務局への経費と技術援助の経費くらいだった。すでに国家予算計上されてあった技術協力協定実施関係経費1800万円を拠出することで、その資金は充当できると外務省は考えていた（外務省アジア局第一課「わが国のコロンボ計画加入問題」）。いずれにせよ、発展途上国の技術向上のための支援という利他的な動機は、少なくとも当時の政府内資料においては完全に欠けていたことが指摘できる。

　日本が正式に加盟申請を開始する時期において、オーストラリアのメンジース（Menzies, Robert G.）政権は対日政策を変えつつあり、共産化した中国に日本を接近させないためにも日本の輸出拡大を支援すべきであるという結論に至っていた（波多野 1994、229-230）。したがってコロンボ・プランへの日本の参加問題もオーストラリアは反対することをとりやめ、1954年8月末に参加支持を表明するに至っている。また賠償協議が継続中のインドネシアは最後まで反対していた。その理由としては賠償問題が未解決であったことはもちろんのことであるが、当時の内閣が不安定で選挙を間近に控えていた

ために、民心の遊離と野党の攻撃をおそれて積極的に日本参加に賛成するわけにもいかなかったようである (オタワ松平大使緒方大臣着「日本のコロンボ・プラン加入にインドネシアが反対した理由に関する件」1954年10月6日『コロンボ・プラン関係　日本の加入関係』E'.4.1.0.12-2)。しかしながら最終的にはカナダらの説得によってジャカルタは態度を変え、日本の加盟の障害はなくなった。そこで9月半ばに、日本は正式にコロンボ・プラン参加を申し入れ、1954年10月5日、オタワで正式に加盟することになった。翌日が「国際協力の日」と日本政府によって定められたのは先述した通りである。

コロンボ・プランへの加盟によって、日本は1954年から研修員の受け入れと専門家の派遣という、技術協力が開始された。政府が全額負担する最初のコロンボ・プランを通じた協力事業は、研修生15人の受け入れと専門家2人の派遣であり (通産省『経済協力の現状と問題点』1959、168、184)、初めてつけられた予算は3840万円だった (外務省国際協力局 2004、12)。

ちなみに、その後の日本の技術協力はコロンボ・プランを通じてのみならず、国連その他の国際機関あるいは政府間で直接的なかたちでおこなわれている。1950年代半ばには、東南アジア諸国だけではなく、台湾、エジプトやハンガリー、イランなどからの技術研修生が受け入れられている。他方日本からは、シリアやエチオピアなどにも専門家が派遣されている (通産省『経済協力の現状と問題点』各年度版)。

3 ► インドへの円借款開始

► 初めての円借款

1958年4月から、日本は史上初めてとなる円借款をインドに向けて開始した (表1-2)。そのときに決定された内容は次の通りである。鉄道設備、ダム建設設備や鉄鉱石採掘および処理設備、船舶の買い付けなどに対して、180億円を3年間にわたって供与する。金利は世界銀行の通常金利水準 (5.75〜6.25) で、償還期間は10年間。また日本側での取り扱い機関は、日本輸出入銀行がおこなうことになった。

表1-2 1950年代における日本の「ODA」：円借款

	1958	1959	1960
インド	50	0	0
パラグアイ	0	3.8	0
南ベトナム	0	0	7.5

単位：百万ドル
出典：通産省『経済協力の現状と問題点』1961、52

　インドへの円借款交渉は、1956年8月にさかのぼることができる。インドはこのとき、同年4月から開始された第2次経済5カ年計画を遂行していた最中であった。ただし駐インド大使の吉沢清次郎が把握しているところでは、インド政府は80億ルピー（約17億ドル）の資本不足という状況下にあった。そのために吉沢は、日本から円借款供与の可能性を大蔵次官補のネルー（Nehru, B. K.）に伝えている（ニューデリー吉沢大使発本省着「対印長期クレデット供与に関する件」1956年8月19日『本邦対インド経済技術協力関係　対インド円借款供与』E'-0217）。その後、東南アジア移動大使の小林中が、日本からインドへ長期借款を与えるように政府に進言をおこない、また岸信介首相が1957年5月にインドを訪問した際に5カ年計画の遂行に協力する可能性を、ネルー（Nehru, Jawaharlal）首相に伝えていた（通産省『経済協力の現状と問題点』1959、129）。そしてネルー首相が1957年10月4日に来日するので、それに合わせて日本からの「お土産」を供与すべきだとの考えが、政府内にも生じていた（朝日新聞1957年10月3日）。ただしこのような多数意見に対し、賠償国をいたずらに刺激するという理由で、一万田尚登蔵相は消極姿勢を示していた。しかしながら岸首相の後押しを受けた結果、ネルー訪日の際に日本からインドの経済5カ年計画に対して資金・資材・技術面で協力すること、その手段としては円借款の供与でおこなうことについて原則的な合意に両国が達したのである（朝日新聞1957年10月13日）。

▶ インドへの円借款開始の理由

　本円借款は「インドに対して極めて効果的な協力の実を示した」「まさに画期的なもの」（通産省『経済協力の現状と問題点』1958、189、244）と通産省は自画自賛していた。インドの経済界もそれを裏付けるように、「日本に期待したすべてをこれでうることができたし、これ以上日本に望むことはできない」（朝日新聞1958年2月5日）と、満足の意を示していたようである。1958年という年は日本にとっても依然として外貨不足に悩まされており、世界銀行などから借款を受けながら、賠償支払いの最中であった。そのような状況下でなぜ日本はインドに対して円借款供与に踏み切ったのだろうか。その理由として考えられるのは、次の3点である。

　第一に挙げられるのは、インドには良質な鉄鉱石が埋蔵されており、日本の鉄鋼業界にとって有望な原材料供給地であった点である。戦前日本は鉄鉱石や石炭などの一次産品を大陸中国に依存していたために、敗戦後は新たな供給地を必要としていた。特に1950年代当時は、鉄鉱石の80%を欧米に依存しており、鉄鋼業界はアジアにおける安定した供給元を求めていた（井上1957）。この点で、インドとの円借款協定が結ばれたときの首相が岸信介であったことも重要である。なぜなら岸は戦前の商工省官僚時代に日鉄合同を推進するなど、鉄鋼業界の育成に関与した政治家だったからである。そのために永野重雄（富士製鉄社長）や小島新一（八幡製鉄社長）などは、岸との結びつきの強さが指摘されている（保城2001）。また岸政権が1957年に打ち出した前述の「東南アジア開発基金」構想の中心は、インドの鉄鉱石開発だった（保城2008、148）。同基金構想は構想倒れに終わったが、規模を縮小した二国間の円借款という手段によって、鉄鉱石の供給地を日本政府は確保したかったのである。本書で繰り返し述べるように、原材料の輸入を賠償などのODAによって増大させることは安全保障の確保という点で、輸出の促進と並ぶ当時の日本の政策関係者に共通した認識であった。しかしながら本書第6章第1節で検証するように実際には、最も重要な資源である石油は結局のところ民間による経済手段によって確保され、ODAとの結びつきは低いものにとどまった。その他の資源で唯一の例外とされているのが、インドの鉄鉱石で

あった (佐藤 2012)。

　日本がインドに円借款を供与した第二の理由は、インドが次章で述べるように賠償請求を放棄した国だったからである。ビルマ、インドネシアやフィリピンといった賠償請求国に対しては、賠償とそれと抱き合わせの経済協力というかたちで借款を供与することが決定されている。しかしながらそれを「はじめての円借款」とは言わない。なぜならそれは、賠償に含まれているからである。したがって、インドは賠償国以外で円借款を供与した、はじめての国とされるのである。

　そして第三に指摘できるのは、日本経済への効果として「何よりも資本財輸出促進の効果が大きい」（通産省『経済協力の現状と問題点』1959、134）点である。すなわち賠償国以外で、日本が推進すべき産業プラント輸出を促進すべく、輸出業者がすべて必要資金を円クレジットでおこなわれることは大きな利点であった。そのために通産省は「わが国資本財輸出振興策として極めて効果的であるので、この方式を今後拡大してゆくべきである」（経済協力参事官室「資本財輸出金融方式に関する通産省および大蔵省の見解」1958年10月9日『本邦対インド経済技術協力関係　対インド円借款供与』E'-0217）と今後の円借款の供与に積極的であった。

▶ 大蔵省の憂鬱

　そのような通産省の積極姿勢に対して大蔵省は、円借款供与に対して非常に懐疑的であった事実は指摘しておいてもいいだろう。その理由としては、①この方式は日本の輸出業者がリスクを負わないために、本来の補完的な役割のはずである財政資金の任務を超えている。そのために、長期的には、自主的努力を怠るという業界のモラル・ハザードをひきおこすおそれがある。②輸銀の資金も無限ではないために、資金繰りを悪化させる可能性もある。③実施するために相当な時間が必要となる、④インドでのぶんどり合戦、日本業者の売り込み競争による遅延といった悪弊、などが指摘されている（経済協力参事官室「資本財輸出金融方式に関する通産省および大蔵省の見解」）。

　このような大蔵省の懸念にもかかわらず、次章以降で論じるように円借款

は日本のODAの最も有力な手段となっていく。ちなみに、インドに次いで円借款をおこなった国は南米のパラグアイである（表1-2）。その内容は、380万ドル（13.68億円）を金利6%、10年の償還期間で1959年7月から開始されている。これは移住協定調印の際にとりきめられたものであり、日本製河川用船舶7隻の購入に使用された（通産省『経済協力の現状と問題点』1969、110-111）。

▶ まとめ

1950年代における先進諸国のODAは、それを扱う国際機関（OECD/DAC）と定義が未整備だったために、世界的に比較可能なデータセットは存在していない。また1960年代のデータは公開されているものの、完全であるとは言えない。しかしながら後に「ODA」とみなされる経済援助、すなわち技術協力・円借款・贈与は、この時期から始まっていた。

アメリカの資金と日本の技術を結びつけた多国間の東南アジア経済開発枠組みが実現されれば、日本にとって最も有利な経済協力が実現したことは疑いない。自国製品の輸出市場拡大と重要原材料の輸入市場確保が、自国の資金負担なしで可能になるからである。しかしながら現実は当然ながらうまくいかなかった。そのため日本は、コロンボ・プランへの加盟とインドに対する円借款という基本的に二国間でおこなう経済協力をこの時期に開始したのである。

次章では、それに加わる三つ目のODAである賠償支払いを、交渉から締結・拠出まで包括的に分析する。それによって、「1950年代のODA」の全体像が明らかになるだろう。

第2章

戦後賠償とその輸出効果[★1]
——政府開発援助の起源(2)

▶ はじめに

　日本の戦後賠償は、1956年からビルマとフィリピンに対して支払いが開始され、1976年にすべてが終了した。実に20年間という長い期間、日本は賠償という名の資金を支払い続けていたことになる[★2]。前章で論じたコロンボ・プラン、インドへの円借款と併せて、賠償が日本のODAの起源であるということには異論がないだろう。また円借款中心・アジア優先という日本のODAの性格が、戦後賠償から始まったという事実にもコンセンサスが存在する。戦後賠償は、日本の経済外交にとって重要性を有するイシューであるために、多くの先行研究が個別の国を対象としてその交渉過程の詳細分析をおこなってきた。しかしながら、戦後賠償すべての国々を全体として捉えた歴史分析をおこなっている研究は存在しない。本章は、今までに公開されてきた外務省の資料と、それら資料を使用した実証研究の成果を土台として、戦後賠償の全体像を浮き彫りにすることを目的としている。すなわち日本と各求償国との交渉過程をそれぞれ時系列的に追い、どのような駆け引きがおこなわれたのか、交渉の妥結にはどのような要因が必要だったのかを分析する。

　また、賠償金が各国においてどのようなプロジェクトに使用されたかを見ることによって、ODAの一部として20年にわたった戦後賠償の用途の特徴

を明らかにする。さらに本章は、賠償によって日本の経済進出が実現した、という先行研究の通説的な理解を、数量データを使用した計量分析によって反証することも試みている。すなわち賠償は、日本の輸出量を増大する要因とはならなかったことが、本章の分析で明らかになるだろう。

具体的には、本章において次の3点が明らかになる。

① 戦後賠償交渉は、日本政府内において他の求償国との関係が常に意識されていたことは指摘されてきたが、賠償請求国もまた、他国の賠償額を常に意識していた。

② 途上国の要求額は、時が経つに連れて日本の経済発展とともに日本政府に受け入れられやすくなっていった。

③ 役務と資本財による賠償は完全なる「ひも付き」援助であったために、日本の輸出が促進される足がかりになったとする通説は、誤りである。無償援助は輸出効果の低い大型プロジェクトがほとんどを占めていた点、そのようなプロジェクトはすでに民間が主導していた点、そして日本の主要な輸出品目は賠償に含まれていなかった事実からそれは説明できる。

1 ▸ 戦後賠償の国際政治的起源

日本の戦後賠償の具体的な検討は、日本が降伏した直後から開始された。連合国賠償委員会 (Allied Reparations Commission) のE・W・ポーレー (Pauley, Edwin W.) 大使が中心になって賠償計画が立てられ、1946年11月にいわゆる「ポーレー報告」が発表された (Pauley 1945-1946)。このポーレー報告によって、日本における軍需産業とみなされた施設の工場機械が梱包撤去され、中華民国、オランダ (オランダ領東インド、後のインドネシア)、フィリピン、イギリス (後のビルマ、マラヤ、シンガポールなど) に引き渡された。1950年5月までに鉄鋼、造船、火力発電、工作機械、航空機工場、化学工業など、合計して4万3919台の機械設備、評価額1億6516万円 (1939年価格) が撤去されたので

038

ある（大蔵省財政史室編 1984、316-317）。ただしこれは最終的な賠償ではないという意味で、「中間賠償」と呼ばれた。

しかしながら「施設撤去による賠償は、日本に対して苦痛が大きく、求償国にとって得るところの少ないもの」（北岡 2000、172）だった。そして1946年3月の英国前首相チャーチル（Churchill, Winston）による「鉄のカーテン」演説、翌年3月におけるトルーマン・ドクトリンの発表によって冷戦が開始されると、日本を西側陣営に引き留める必要性や過重な賠償は民主的再建を不可能にする恐れから、米国は懲罰的で非効率であった賠償案の変更を余儀なくされた。それが1949年5月におこなわれた、極東委員会アメリカ代表のマッコイ（McCoy, Frank Ross）声明であった。この声明で米政府は、中間賠償の取り立てを中止すると宣言したのである。ただしこのような転換は、日本による戦争被害が甚大だった国々の反発を招いた。その後、日本との平和条約を見越して無賠償主義の提案をしたアメリカに対しては、フィリピン、中華民国、オランダ、フランス、ビルマ、インドネシアなどが反対意見を表明した[3]。特にフィリピン、オーストラリアと中華民国は強く反対し、日本による賠償を要求したのである（吉川　1991、5-6；岡野　1958、182-191、211-225）[4]。

▶ **サンフランシスコ平和条約と賠償求償国**

最終的には、1951年9月（発効は翌年4月）に結ばれたサンフランシスコ平和条約第14条において、賠償については次の諸事項が定められた。

①　日本は賠償を支払う必要があること。
②　日本によって占領され、損害を受けた国が希望するときは、生産、沈船引揚げその他の作業における日本人の役務（services of the Japanese people）による賠償がおこなわれること。
④　そのために賠償を求める国と日本は、すみやかに交渉を開始すること。

賠償対象国に対する賠償額はしたがって、平和条約が締結された時点では

決まっておらず、日本は個別の国々と賠償交渉をおこなうことになる。それ
ら国々は、大きく分けて四つのグループが存在する。第一に、平和条約締結
に基づいて賠償請求した国である。サンフランシスコ講和会議に参加したの
は52カ国であったが、その中でこのグループに入るのはフィリピンと南ベ
トナムのみだった。第二に、日本と個別に平和条約と賠償協定を結んだ国で
あり、ビルマとインドネシアがこれに該当する。インドネシアはサンフラン
シスコ講和会議に参加し平和条約に署名はしたものの、賠償規定に不満があ
り、また国内事情の悪化により批准していなかった。ビルマは会議に招請さ
れたものの、インドネシアと同様に賠償規定に不満を持っていたために、参
加していなかった。この2国は平和条約と同時に日本との賠償協定を締結さ
せることになる。第三に、会議に参加し、平和条約を結びながらも、日本
に対する賠償請求権を放棄したグループである。それはラオスとカンボジ
ア（いずれも会議当時はフランス連合のメンバー）、マレーシアとシンガポール（い
ずれもイギリスの統治下）、ミクロネシア（同じくアメリカの信託統治領）が該当す
る。ただしこれらの国とは、準賠償というかたちで戦後補償をおこなうこと
になる。最後のグループは、そもそも講和会議に招請されていなかった国で
あり、モンゴル、中華人民共和国（中国）、台湾、韓国、北朝鮮、そしてタイ
である。これらの国々は、日本の植民地であったり、終戦後に起こった国内
紛争や米ソ冷戦という国際環境に翻弄されるかたちで、講和会議には参加で
きなかった。その結果として、モンゴルと韓国は賠償ではなく経済協力とい
う形式になり、台湾は賠償請求そのものを放棄することになる。そして中
国も1972年に発表された日中共同声明で、日本に対する戦争賠償の請求を
放棄することを宣言している（ただし韓国と同じく、中国に対する経済協力はおこな
われている。詳細は第5章で論じる）。北朝鮮と日本は依然として国交を回復して
いないため、2024年時点においても、賠償（請求権）問題は未解決なまま残
されている。またタイは日本の同盟国であったために、賠償の対象外とされ
た。しかしながら戦時中に日本が負った債務と日本軍による占拠や徴発によ
る損害が残っており（柿崎2023）、その支払いをめぐって両国間で交渉がおこ
なわれた。これも賠償ではない戦後補償のひとつとしてしばしばカウントさ

040

表2-1 サンフランシスコ平和条約とアジアにおける賠償求償国の関係

	招請	参加	条約締結	賠償請求
フィリピン	○	○	○ (1956年批准)	○
南ベトナム	○	○	○	○
ビルマ	○	×	×	○
インドネシア	○	○	×	○
カンボジア(フランス連合)	○	○	○	×(準賠償)
ラオス(フランス連合)	○	○	○	×(準賠償)
イギリス (マレーシア・シンガポール)	○	○	○	×(準賠償)
アメリカ(ミクロネシア)	○	○	○	×(準賠償)
モンゴル	×	×	×	×(経済協力)
中国	×	×	×	×(経済協力)
台湾	×	×	×	×
韓国	×	×	×	× (「経済協力／請求権」)
北朝鮮	×	×	×	—
タイ	×	×	×	×
インド	○	×	×	×

出典：筆者作成

れる。

　ちなみにインドは外国軍の日本駐留規定などが含まれた平和条約の条件が、日本の主権を侵害しているとして反対していた。また同時に台湾の中国返還を強く求めたがアメリカに拒否された。そのような理由のために、インド政府は会議には参加できないことを表明した（Murthy 1986, 310-323）。そして賠償規定についても、インドネシアやビルマとは反対の——つまり日本に過酷であるという——理由でインドは否定的だった。その結果、1952年6月に締結された日印平和条約において、賠償請求権は放棄されることが規定されている。インドはこのように日本に対する賠償請求をおこなわず、また準賠償も受領しなかった。ただし前章で述べたように、インドは賠償とは無関係に円借款を供与された初めての国となった。

以下では、1950年代から60年代にかけての賠償交渉と、交渉妥結後の資金の流れを描写していく。その上で、本章の冒頭で述べた三つの特徴を示すことになるだろう。

2▸　賠償交渉の行方　1952-1963

▸初めての賠償国——ビルマ

　ビルマとの賠償協定は、もっとも早く締結された。交渉が早期に開始されながら行き詰まり、遅々として進まなかったフィリピン・インドネシアとの賠償交渉とは対照的に、ビルマとの交渉は締結まで非常に早く進んだのである。前述したように、ビルマはサンフランシスコ講和会議の参加を拒否した。そのために講和会議が終了し、平和条約が発効した直後の1952年4月30日に、対ビルマ戦争状態終結の通告を受けて正式に賠償交渉が開始された。さらに1953年9月末に岡崎勝男外務大臣が親善大使としてビルマを訪問し、賠償と国交回復問題について意見交換をおこなったことが、実質的な交渉の発端となった。このときにビルマ側は100億ドルを要求し、他方日本は5000万ドルを提示している（外務省アジア局第三課「岡崎外務大臣東南アジア諸国出張記録」1953年10月20日『岡崎外務大臣東南アジア訪問関係一件』A'-0153）。もちろんこのときは双方ともに、有利に交渉を進めるために打診的な数字を提示したに過ぎなかったが、両者の開きは膨大なものであった。

　岡崎訪問から約1年後、1954年8月17日に、ウ・チョウ・ニェン（U Kyaw Nyein）工業相を団長とするビルマ親善使節団が来日し、19日から正式な交渉に入る。朝鮮戦争による特需が終了してコメの国際市場価格が下がったため、コメの生産国であるビルマは外貨収入が思うように得られなくなっていた（根本2010、246）。またビルマ政府は当時、福祉国家建設8年計画（ビダウダ計画）を立てている最中であり、「賠償をそれに織り込みたい」（毎日新聞1954年8月24日）とウ・チョウ・ニェン代表は考えていた。2週間強であった当初の滞在予定は大幅に延長され、13回にわたって締結に至る交渉がおこなわれた（南西アジア課「ビルマとの賠償交渉の経緯について」1954年11月14日『日本・ビ

ルマ賠償及び経済協力協定関係一件 第4巻』B'-0162)。日本は当初、他の求償国との関係を考慮して金額を明示しない「総量方式」で交渉に臨むつもりであった (毎日新聞1954年8月17日)。しかしながらビルマ側ははじめから総額について正式提示をおこない、それをめぐって交渉が進むことになった。最終的に日本とビルマとの平和条約と賠償および経済協力協定は、1954年9月24日に妥結、翌日に仮調印された。

　「この条約が前例となって、その後のフィリピンその他との賠償協定が締結されたのであるから、この条約の持つ意義ははなはだ大きい」(岡野 1958、318)。当時最も包括的で詳細な戦後賠償の分析をおこなった岡野鑑記は、そう指摘する。また岡野 (1958、321) が述べているように、「ビルマ連邦における経済の回復および発展並びに社会福祉の増進に寄与するため協力する」旨がこの協定に明記されていることは重要である。なぜならそれは、第一次世界大戦のドイツのような単なる損害賠償ではなく、日本の賠償が基本的に先進国から発展途上国への資金移動――すなわち援助――であると見なすことができるからである。賠償協定では生産財とそれに関係する役務のみが供与される方針であったが、ビルマは繊維品や食料品といった消費財も要求してきた。東京はこれに対して、正常貿易による消費財の輸出品目を含めることは日本からの輸出量を減退させるために拒否した。ただし本来ならば日本からビルマへ輸出していなかった商品であれば、市場開拓効果を持つために、日本側はフィルムや魚類の缶詰を賠償に加えている (岡野 1958、331)。

　ビルマとの賠償協定は、次のように決められた。①年平均2000万ドル (72億円) の日本人の役務と生産物を、10年間、賠償としてビルマに贈与する (総額2億ドル)。②年平均500万ドル (18億円) の日本人の役務と生産物を、10年間、経済協力としてビルマに貸与する (総額5000万ドル)。ただしこのように協定の締結は順調であったが、その実施細目の取り決めは難航した。そのためにはじめの契約が結ばれたのは、協定の調印から約1年半過ぎた1956年3月に入ってからであった。また、賠償の調達方式は、求償国政府が直接に賠償国業者と契約して調達する直接 (民間) 方式と、求償国政府に代わって賠償国政府が自国の業者より調達して、それを求償国に引き渡す間接 (国営)

方式があり、いずれかを採用するかをめぐって議論が重ねられた。これはビルマ側の希望もあり、直接方式にすることが決定された（外務省賠償部・通商産業省賠償室編 1956、14-15）。

　そしてこの直接方式は、フィリピン、インドネシア、そして南ベトナムとの賠償においても踏襲されることになる。さらには、賠償総額の再協議条項が含まれているのも、この協定の特徴である。すなわちその条項は、他の求償国との賠償協定がすべて終了した後に、その賠償総額と日本の経済力を計算する。そのうえでビルマに対する賠償額が公平だったかどうかを再検討し、不当であればビルマは賠償額の追加を要求することができる、というものであった。日本側は当然ながらこの条項をとり除くよう要求したが、削除は国民の理解が得られないとビルマ側が拒否していた（アジア局南西アジア課「ビルマ賠償再検討問題に関する最終交渉（於東京、昭和38年1月）経緯」『日本・ビルマ賠償及び経済協力協定一件』B'-0185）。

　ちなみに最初におこなわれた賠償プロジェクトは、ビルマのバルーチャン第二水力発電所だった（大蔵省財政史室編 1984、482-483）。1954年4月に日本工営の手によって測量と設計が開始され、鹿島建設が技術提供をおこなった（外務省賠償部・通商産業省賠償室編 1956、79）。当初は商業ベースによる「画期的な工事」と期待されていたが、ビルマとの賠償協定が成立したことにより、これが賠償による最初の工事となったのである（海外建設協会編 1985、34-35）。水力発電の他には、バス・トラック等の輸送用機器や電気機器などが主要な品目になっている。

　そして1959年4月、ビルマは再協議条項を適用して賠償の増額を要求してきた。後述するように、フィリピンは5億5000万ドル、インドネシアは2億2308万ドルという賠償額で日本と妥結していた。ビルマは2億ドルと、これら両国よりも賠償額は低かったのである。当初、他の賠償国と比較してビルマは「必ずしも均衡を失していない」と日本側は主張し、交渉は進展しなかった（アジア局南西アジア課「ビルマ賠償再検討問題に関する最終交渉（於東京、昭和38年1月）経緯」『日本・ビルマ賠償及び経済協力協定一件』B'-0185）。しかしながら1961年1月に日本は方針を変更し、「賠償」という名目は拒否する代わりに、

044

表2-2 ビルマとの賠償交渉

交渉期間	当初の要求額	妥結額	その他
1953年9月〜1954年11月	100億ドル	2億ドル（720億円）無償（10年払い）	5000万ドル（180億円）借款（10年払い）

出典：外務省資料より筆者作成

表2-3 ビルマとの賠償再交渉（準賠償）

交渉期間	当初の要求額	妥結額	その他
1959年4月〜1963年1月	2億ドル	1億4000万ドル（504億円）無償（12年払い）	3000万ドル（108億円）借款（6年払い）

出典：外務省資料より筆者作成

「無償経済協力」を申し入れた。ただし金額は日本が4000万ドルを主張したが、ビルマ側は2億ドルを要求し、当初は折り合わなかった。その後数回の交渉を経て、1963年3月に無償経済協力1億4000万ドル、通常借款3000万ドルという合意が成立している。つまり日本はビルマ側の主張に近いかたちで、賠償の再検討を受け入れたのである。その理由は、日本が合意を拒否した場合、ビルマが国際司法裁判所に問題を付託する可能性や、また対日輸入停止あるいは日本商社締め出しといった強硬な手段をとるおそれがあったからである（ア西「ビルマ賠償再交渉に応ぜざるを得ない理由」1960年9月30日『日本・ビルマ賠償及び経済協力協定一件』B'-0185）。また、日本としては中立主義・親日的なビルマ政府のアウン・ジー（Aung Gyi）准将の地位が弱まり、共産主義陣営の勢力が増さないために、池田勇人政権が政治的な決断をおこなったと指摘されている（吉次2009、150-151）。

　ビルマへの供与額はしたがって、1950年代の賠償と1960年代の経済協力を合計して無償3億4000万ドル、借款が8000万ドルとなった。1965年に賠償支払いが終了し、無償経済協力が同年開始された。その資金は、トラックや家庭用電気器具の組立工場などのプロジェクトに使用されることになる（大蔵省財政史室編1984、485）。支払いは1977年に終了した。

▶ 米国同盟下での自律性——フィリピン

日本によるフィリピンの戦争被害は、大陸中国に次いで甚大なものだった。そのため東南アジア諸国の中で、フィリピンは最も反日感情の強い国となった。当然ながらフィリピンの賠償要求は強く、交渉も難航を極めた。ただし米国に安全保障を依存していたフィリピンは、マッコイ声明をはじめとする米国の意向を無視することはできなかった。その点、インドネシアやビルマといった中立志向の国がサンフランシスコ平和条約の批准を拒否する中で、前述したようにフィリピンは南ベトナムととともに平和条約を締結している。ただし米国の作成する賠償条項を黙って眺めていたわけではなく、マニラは原案に対する修正要求を粘り強く続けた。その結果、賠償請求権の復活、日本が賠償交渉を開始する義務の明記、役務で生産される品目に資本財を含めることなどに成功している[5]。これはフィリピンの外交努力の成果であった（吉川 1991、50-73；北岡 2000、173-174）。

1952年1月25日、津島寿一外務省顧問を全権委員として、5名の団員がフィリピンに訪問し、賠償交渉の予備会談が開始された。フィリピン側は当初、総額80億ドルの支払い、期間は10年から15年、そして平和条約発効前（1952年4月）の賠償支払い、という3点を要求した（外務省アジア局第三課 1954、4-5）。この予備会談の最中にフィリピン側は8億ドルまで要求額を下げたものの（外務省アジア局第三課 1954、35）、日本全権団が与えられた交渉の権限はほとんどなく、フィリピンでの情報収集がその主要任務であったために、このとき交渉は何ら進展しなかった（吉川 1991、96）。また8億ドルという金額は依然として日本にとって膨大なものであり、3カ月しかない支払猶予時期も含めて、受け入れられるものではなかった。フィリピンの要求額が減額され、妥結の可能性が開かれたのは1952年12月に倭島英二アジア局長がマニラを訪問し、フィリピンのエリサルデ（Elizalde, Joaquín M.）外務長官が4億ドルで解決したいとの希望を漏らしたときである（外務省アジア局第三課 1954、35）。それ以降フィリピンの要求は抑えられ、ビルマやインドネシアとほぼ同等の賠償額をめぐって、本格的な交渉が再開されることになる。1954年

1月から4月半ばまで、大野勝巳公使とガルシア（Garcia, Carlos P.）副大統領兼外務長官との間で、再び交渉が開始された。その結果、実際の賠償額は4億ドルで、それに加えて「10億ドルの経済価値を造出」（外務省アジア局第三課 1954、37）することで両国が妥結した。ただしこの妥協は、「経済価値の造出」という曖昧な一致点が後に問題になる可能性を残していたのである。

　1954年4月15日、戦前に逓信大臣を務めた村田省蔵を首席全権とする日本の交渉団がマニラに到着し、賠償交渉の正式会談が始まった。しかしながらこの会談は、フィリピンの上院議員の反対にあったために、「完全な失敗に終わった」（吉川 1991、173）。その理由としては、①交渉担当者であるガルシア副大統領が、他の与党議員に相談することなく日本の要求する4億ドルを受け入れたこと、②賠償協定案が、フィリピンを日本の原料供給国にすることをめざしていると解釈されたこと、③賠償額4億ドルと「経済価値」10億ドルの二重性が問題にされたこと、そして④日本人ロビイストがフィリピンの上院議員に金銭を渡して交渉を進めたという贈収賄のうわさがこの時期に問題となり、上院議員達は身の潔白を表明するために反対したこと、などが挙げられる（吉川 1991、182-187）。最終的に賠償交渉の妥結は、2年後、鳩山一郎政権時の1956年夏まで待たなければならなかった。ネリ（Neri, Felino）を主席代表（大使）として、フィリピンは獲得目標額を8億ドルと設定したうえで、鳩山政権と新たに交渉を開始した。最終的には、その総額8億ドルはネリと鳩山との密約のようなかたちで日本側に受け入れられた。いったんは4億ドルを提示しながらも、倍増したかたちになったために大蔵省は反対したが、最終的にその額で決定されたのである。

　以上のように、賠償交渉が妥結するまでに4年半という歳月を必要とした日比賠償交渉は、1956年7月に批准書を交換し、その効力を発生させた。それと同時にフィリピンは、サンフランシスコ平和条約の批准書をアメリカ政府に寄託した（岡野 1958、390）。その内容は、5億5000万ドルの価値を有する日本の役務と生産物（基本的には資本財だが、両国政府の合意があれば消費財も含まれる）の20年払いと、借款2億5000万ドルであった（表2-4）。しかも無償5億5000万ドルのうち、5億ドルを資本財で、5000万ドルが役務というこ

表2-4 フィリピンとの賠償交渉

交渉期間	当初の要求額	妥結額	その他
1952年1月～1956年7月	80億ドル	5億5000万ドル（1980億円）無償（20年払い）	2億5000万ドル（900億円）借款（20年払い）

出典：外務省資料より筆者作成

とが交換公文によって規定された。つまり基本的に役務賠償を支払うというサンフランシスコ平和条約の規定が、ここで完全に有名無実化されたのである。また、賠償交渉をおこなっている最中に、フィリピン領海に沈んでいる日本の軍艦や商船を引き上げ、その屑鉄をフィリピンに引き渡す協定が結ばれた。この沈没船引き揚げ作業費用も、本賠償に繰り入れられた（賠償問題研究会編1959、117-122）。

　日本のフィリピンへの賠償物品は、機械類と輸送用機器類が多くを占めている（大蔵省財政史室編1984、496）。当初の協定通り、支払いは20年間にわたっておこなわれた。この間に、フィリピン側で2回の政権交代があった年（1961年12月のマカパガル政権と1965年12月のマルコス政権樹立）は賠償調達の全面的再検討がおこなわれ、一時的に賠償物資調達が停滞したこともあった（大蔵省財政史室編1984、496）。ただし前述のビルマのように増額要求もなく、また後述するインドネシアのように資金が途中で枯渇することもなく、資金は順調に支払われたと言えるだろう。最後の支払いは1976年7月19日であり、この日をもって、第二次世界大戦の敗戦国としての日本の賠償供与はすべて終了したのである。

▶ 混乱とナショナリズム──インドネシア

　独立して間もない国家によくあるように、インドネシアは1950年代前半、先進諸外国からの資本導入には消極的な立場をとっていた。したがってみずからがコントロールできる唯一の外国資本であった日本からの賠償は、何としても獲得する必要があった（倉沢1999、37）。インドネシアとの賠償交渉は1951年12月、ジュアンダ・カルタウィジャヤ（Djuanda Kartawidjaja）運輸

大臣（後の首相）を代表とする使節団が来日したときに開始された。このときは、サンフランシスコ平和条約第14条に沿った賠償協定を結ぶことで両国が原則合意に至った。そして1953年に岡崎外相が東南アジア諸国を訪問した際に、ジャカルタは具体的な要求額を提示するが、それは172億ドルという膨大なものであった（外務省「インドネシア賠償交渉経緯」1957年8月14日『日本・インドネシア平和条約及び賠償協定交渉関係一件　交渉経緯』B'.3.1.2.3-2）。結局そのときの交渉は中間案にとどまっただけでまとまらずに、またその後のインドネシアにおけるめまぐるしい政権交代が原因で賠償交渉は遅々として進まなかった。加えて、日本側は特に賠償交渉の妥結を急ぐ必要はないと考えていた。そのような態度にいらだったインドネシアは、1954年6月末に対日貿易収支の支払いを拒否するに至る。これを賠償の一部として棒引きするようにジャカルタ側が求めたため、さらに賠償交渉を困難なものとしたのである。この結果、日本は翌月からインドネシア向け輸出を抑制することになった。

　日本がなんとか受け入れられそうな要求額をインドネシア側が出してきたのは、ビルマとの賠償額が締結された後の1955年になってからである。この年の4月にインドネシアのバンドンで開かれていたアジア・アフリカ会議に出席していた高碕達之助経済審議庁長官が、スナリオ（Soenario Sastrowardoyo）外相との会談で、要求額は12億ドルかフィリピンと同額まで下げることを提案した。ただし12億ドルという金額はまだまだ大きく、また日本側の準備不足もあって、合意に至ることはなかった（外務省アジア局第三課「対インドネシア賠償交渉経緯」1958年3月『日本・インドネシア平和条約及び賠償協定交渉関係一件』B'-0152）。実際に両国の賠償額が一致したのは、アジア・アフリカ会議から2年ほど経た1957年の2月であった。このとき日本側は純賠償2億ドル、焦げ付き債権棒引き額1億ドル、経済協力5億ドル、借款7000万ドルという金額を提示した。それに対してインドネシア側は翌月に次の額を提案している。純賠償2億5000万ドル、焦げ付き債権棒引き額1億1000万ドル、経済協力4億5000万。つまり純賠償の額を5000万ドル上回ったのみで、インドネシア政府はほとんど日本の提示額に合わせてきたのだった

（外務省アジア局第三課「対インドネシア賠償交渉経緯」1958年3月『日本・インドネシア平和条約及び賠償協定交渉関係一件』B'-0152）。

　インドネシアがこのように大きく妥協した要因としては、次の3点が挙げられる（倉沢1999、49）。第一に、前年の2月にオランダとの経済協力関係を破棄したために、インドネシアはオランダ以外の開発資金を必要としていた。第二に、同じく前年の7月に新規の国内経済開発5カ年計画が開始され、ジャカルタ政府は大規模な資金を必要としていた。第三に、ビルマとフィリピンとの賠償協定がほぼ固まったことで両国への賠償総額が決定され、より現実的な交渉の素地ができた。最終的な賠償協定の締結と両国の国交回復がなされたのは、岸信介政権期の1958年4月であった。1957年11月に岸首相はこの年2回目の東南アジア訪問を果たし、スカルノ（Sukarno）大統領と会談をおこなう。そこで岸は、大蔵省が反対して懸案のひとつになっていた貿易債務棒引き提案に合意し、「長年にわたり懸案であった賠償問題は一挙に解決をみるにいたったのである」（外務省アジア局第三課「対インドネシア賠償交渉経緯」1958年3月『日本・インドネシア平和条約及び賠償協定交渉関係一件』B'-0152）。

　最終合意額は表2-5に記されている通り、インドネシアが要求した純賠償総額4億ドル（輸出代金未払いの棒引きとの合算）と借款4億ドル、合計8億ドルを承認し、また12年支払いとすることによって、年間支払い額をビルマと同額の2000万ドルとした。8億ドルという数字はフィリピンへの賠償額と全く同額であり、両国のバランスが重視されたことがわかる。

　インドネシアに対する賠償支払いは、1959年から開始され、12年後の1970年4月をもって終了することになる。代表的な賠償品目はダム、ホテル、各種工場の建設と、輸送用機器類の供与がその多くを占めている（大蔵省財政史室編 1984、507-508）。また、インドネシア賠償で注目に値するのは、賠償財源を担保とした借款——賠償担保借款——が、1959年10月の第一次を皮切りに4度にわたって実施されたことである。これらはホテルや百貨店などの建設に使用された。しかしながら1965年9月30日の政変により★6、借款の返済が不可能となり、賠償財源のほとんどをこれに充当しなければな

表2-5　インドネシアとの賠償交渉

交渉期間	当初の要求額	妥結額	その他
1952年12月～1958年1月	172億ドル	2億2308万ドル （803億880万円） 無償（12年払い） 1億7691万3958ドル （636億8902万5020円） 輸出代金未払いの棒引き	4億ドル（1440億円） 借款（20年払い）

出典：外務省資料より筆者作成

らなくなった。したがって、「事実上インドネシアは1965年までに賠償財源をほとんど限度一杯まで使い切ってしまった」（大蔵省財政史室編 1984、505）。

▶ 北への葛藤——南ベトナム

　南ベトナムは前述したようにフィリピンと並んで、サンフランシスコ平和条約第14条に則って賠償を請求した数少ない国のひとつである。サンフランシスコ講和会議に参加したベトナム国のチャン・ヴァン・フー（Tran Van Huu）首相は、賠償要求額20億ドルという声明を発表し、また役務賠償以外の方式による賠償支払いも日本に求めていた（外務省アジア局南東アジア課「対ヴィエトナム賠償交渉経緯」1961年9月15日『日本・ヴィエトナム間賠償及び借款協定関係　調書・資料』B'-0204）。ただしその後第一次インドシナ戦争が続く中で、具体的な交渉はおこなわれなかった。1954年7月にジュネーヴ休戦協定によってベトナムが南北に分割された後に反仏主義者のゴ・ディン・ディエム（Ngo Dinh Diem）が政権を握ってベトナム共和国が成立すると、ようやく交渉が開始された。1955年末に日本は400万ドル案を提示したが、ベトナム側は2億5000万ドルを要求し、ここから最終的な額である3900万ドルに至る交渉が開始されたのである（"AIDE MEMOIRE"「エードメモアール（仮訳）」1956年9月18日『日本・ヴィエトナム間賠償及び借款協定関係　第3巻』B'-0203）。ベトナムによる当初の2億5000万ドル要求の中には、生産や貿易に対する間接的な損害も入っており、日本政府にとっては「全くリディキュラス」（在ヴィエトナム大使

小長谷「日越賠償交渉に関する件 (9月18日外務長官との会談)」1956年9月20日『日本・ヴィエトナム間賠償及び借款協定関係　第3巻』B'-0203) なものであった。

　その後、1957年に政権に就いた岸信介政権と交渉に入ったサイゴン政権は1億ドルまで譲歩するが、それも東京の受け入れるところとはならなかった。その年の夏、ベトナム側は再び2億4440万ドルという膨大な要求を出しさえもした (外務省アジア局南東アジア課「対ヴィエトナム賠償交渉経緯」1961年9月15日『日本・ヴィエトナム間賠償及び借款協定関係　調書・資料』B'-0204)。さらにその後、経済団体連合会 (経団連) 副会長であった植村甲午郎と、ベトナム側の代表団が1957年9月から1958年1月という5カ月にわたる交渉をおこなったが、解決の目処はつかなかった。

　ベトナム側が妥協する契機となったのは、ベトナム民主共和国 (北ベトナム) のホー・チ・ミン (Ho Chi Minh) 主席による次の発言であった。日本人特派員に対してホー・チ・ミンは、日本から「賠償の要求を放棄する」(外務省「北ベトナムの態度」『日本・ヴィエトナム間賠償及び借款協定関係　第1巻』B'-0203) と公言したのである。この発言は、サイゴン政権に大きな影響をもたらしたと言われている (田中 2008)。そして日本の賠償問題に対する態度が消極化するのをおそれたサイゴンは、日本が提示した額——賠償3900万ドルと借款950万ドル (借款は後に1660万ドルに増額された) ——を受け入れるに至った。

　以上のような南ベトナムとの賠償が他と異なってユニークだったのは、日本側の要求により、まず具体的な開発計画を選定してから賠償総額を決定したことである。そのために、賠償額3900万ドルのうち、約9割の3530万ドルが単一のプロジェクトであるダニム水力発電建設計画に費やされた (大蔵省財政史室編 1984、511)。賠償交渉を開始した当初は、ダニム計画と賠償はほぼ無関係という認識がベトナム側にあった。しかしながら日本工営の久保田豊がダニム計画をサイゴン政権に提案したことによって、両者は結びつけられたのである (永塚 1966、337-344)。久保田は当初、ダニム計画を日本輸出入銀行からの融資で遂行する予定であったが、最終的に本計画に賠償資金がほとんど費やされた。ちなみに本計画は、フランスと日本工営の入札競争の後に、後者が選択された結果であった。

表2-6　南ベトナムとの賠償交渉

交渉期間	当初の要求額	妥結額	その他
1955年4月〜1959年5月	2億5000万ドル	3900万ドル （140億4000万円） 無償（5年払い）	1600万ドル （59億7600万円） 借款（3〜5年払い）

出典：外務省資料より筆者作成

　賠償の実施期間は1960年1月から1965年1月までの5年間にわたった。贈与に関しては、最初の3年間に1000万ドルずつ、続く2年間に450万ドルずつ供与された。ダニム水力発電所の工事は1961年4月に起工され、1964年1月に第1期工事が、同年12月に第2期工事が完成する。この発電所によって、最大16万キロワットの電力をサイゴンに送電することが可能となった（大蔵省財政史室編1984、516）。

3▶　準賠償と日本外交

　前節で述べたように、日本からの正式な戦時賠償を受領したのはビルマ、フィリピン、インドネシア、南ベトナムの4カ国のみであった。ただしその他の国に日本による戦争被害が存在しなかったと問われれば、もちろんそうではなかった。日本軍が侵攻したインドシナ半島諸国やマレーシア・シンガポールも、大きな被害に遭った国々だからである。それらの国々に対する金銭的な補償も、日本政府は考慮する必要があった。賠償請求権を放棄した上で経済協力を得たラオスやカンボジアなどに対しては、その意味で準賠償の支払いと言われている。これはそもそも賠償請求権がないと解釈された韓国とは異なるとするのが、日本政府の公式見解である。

▶ 寛容な国々──ラオスとカンボジアへの準賠償

　フランス連合の一員であったラオスは、サンフランシスコ講和会議に参加したものの、外交権や防衛権は旧宗主国のフランスが握っていた。当該会議

第2章 • 戦後賠償とその輸出効果　　053

ではフランスの意向で賠償請求権は放棄された。しかし1953年10月にフランス‐ラオス連合友好条約が締結され、ラオスが完全独立を達成すると、同問題が浮上することになる。ヴィエンチャン政府は1956年12月に、正式に対日賠償請求権の放棄を日本に通告し、同時に日本側からの対ラオス援助を期待する旨を表明した（バンコック発本省着「ラオス総理との会談に関する件」1956年12月22日『日本・インドシナ三国賠償交渉関係雑件』B'-0167）。

　ラオス政府の試算によると、ラオスの戦時中に被った損害額は20億キップ（200億円）ほどであった（アジア局第三課「在京ラオス大使の外務次官訪問に関する件」1957年4月4日『日本・ラオス経済技術協力協定関係一件』B'-0191）。日本政府はその後、1958年10月にラオスと「経済及び技術協力協定」を締結、278万ドル（10億円）の無償援助を2年間で実施することが決められた。ただしその技術協力の主対象であったヴィエンチャン上下水道計画は、現地通貨不足のために実施が遅れ、結局1961年初から1965年初の4年間が賠償支払い期間となった。

　ラオスと同じく、フランス連合の一員であったカンボジアもまた、平和条約に参加しながらも賠償請求権を放棄し、準賠償を締結した国のひとつである。講和会議においてカンボジアは賠償取り立ての希望を表明した（岡野1958、223）。日本政府もまた、その要求は織り込んでおり、カンボジアの請求額は約20万ドルとなると予想していた（犬養大臣発在タイ太田大使宛「カンボディア賠償要求の件」1953年10月8日『日本・インドシナ三国賠償交渉関係雑件』B'-0167）。しかしながら1953年11月9日に完全に主権を回復したカンボジアは、翌年11月に正式に請求権を放棄することを日本政府に伝えている。これはシハヌーク（Sihanouk, Norodom）国王が日本に賠償を請求しないと明言したことにより、カンボジア政府がその意見に従った結果であった（プノンペン発本省着「ガンボジア外相等の談話の件」1954年11月11日『日本・インドシナ三国賠償交渉関係雑件』B'-0167）。日本はその好意に応えるかたちで、経済協力の用意がある旨を表明したのである。外務省の中には、「むしろ、賠償請求権を放棄した国々にこそ、賠償請求権を主張する国に優先して、自発的にそれ相応の援助を与えることが公正な態度である」とする意見も存在した。そうするこ

とによって、南ベトナムなどとの賠償交渉にも、「わが国に有利な機運を醸成しうる」からというのが、その理由であった (アジア局第三課「インドシナに関する賠償請求権等一括処理要領に関する件」1956年6月11日『日本・ヴィエトナム間賠償及び借款協定関係　第2巻』B'-0203)。

　経済協力の内容としては当初、首都プノンペンから120キロほど離れたところにあるキリロムに、大規模な高原都市を建設する計画に対する協力を、カンボジア政府は求めていた。しかしながら日本政府が難色を示したために、その計画は白紙となった (初鹿野 2017; 友次 2019)。最終的には3年間で417万ドル (15億円) の無償援助が、農業技術センターの建設などに使用されることになる。ただしその実施はラオスと同じく延長され、1959年7月から1966年7月までの8年間が賠償期間となっている。

► シンガポールとマレーシアの「血債問題」

　1951年9月の講和会議の時点ではイギリスの植民地であったシンガポールとマレーシアに対しても、日本は準賠償というかたちで補償をおこなった。宗主国イギリスはサンフランシスコ講和会議で賠償請求権を放棄したために、1950年代においては両国への賠償問題は表面化しなかった。1963年にマレーシアが、1965年にシンガポールがそれぞれ分離独立を果たすことになるが、それより前の1962年2月に、シンガポール郊外で戦時中日本軍によって殺害されたとみられる華僑の遺骨が大量に発見された。これをはじめとして、シンガポール全域とマレーシアで次々と遺体が見つかった。これら遺体はシンガポールを占領した日本軍によって、積極的抗日華僑として摘発され処刑された人々のものであった。このような日本軍による虐殺に対して、1960年代前半に賠償請求、いわゆる「血債問題」が巻き起こったのである。さらに日本軍は戦時中、英領マラヤに住む華僑に5000万ドルの「献金」を強制しており、「血債問題」と同時にシンガポール側は、この5000万ドルも返還するように迫ることになる。

　サンフランシスコ平和条約でイギリスが賠償請求を放棄したという理由から、日本側は賠償支払いとしての「血債問題」には原則的に応じない立場

——この方針は最後まで貫かれる——であった。代わりに浮上したのは「償いのジェスチャー（gesture of atonement）」をおこなうことであり、慰霊碑や公園の建設によって代替することを日本政府は提案した。シンガポール自治政府のリー・クアンユー（Lee Kuan Yew）首相は訪日を控えた1962年4月、上記のような提案に対して、解決のための補償が500万マラヤドル（5億9000万）[7]以下の貧弱なものであれば、かえって逆効果であると日本側に述べていた（シンガポール発本省宛「シンガポールの中国人補償問題に関する件」1962年4月17日『日本・シンガポール補償協定関係　第1巻』B'-0188）。日本はこのようなシンガポール政府に対して癌治療センターの設置、教育施設への実験器具の寄贈、技術留学生の受け入れ拡大などの提案を示した。ただしこれも妥結に至ることはなかった。

　その後1963年8月25日、シンガポール華僑界に大きな影響力を持つ中華総商会（華僑商工会議所）が主導して大集会が開かれた。これは日本に対する5000万マラヤドルの要求を掲げ、約12万人の参加を得るという「シンガポール史上前例のない大集会」となった（竹下 1995、521）。ただしそのような反日運動は、この日をピークに急速に萎んでいく。その原因として挙げられるのは第一に、マレーシア連邦の結成（1963年9月16日）、それに伴うインドネシア側の反発と「マレーシア紛争」の影響があった。インドネシアのスカルノは、マレーシア連邦はイギリスの「新植民地主義」であるとして連邦発足前から強い批判を続けていた。そして連邦の発足後には「マレーシア対決政策（Konfrontasi）」をとったのである（Mackie, J.A.C. 1974; Jones, M. 2002）。つまりマレーシアは日本との問題に注力する余裕がなくなった。第二に、リー・クアンユー首相率いる人民行動党のシンガポール総選挙における大勝利が挙げられる。リーは選挙後に中華総商会左派の市民権剥奪を敢行したために、当該組織の対日強硬派の影響力は弱まったと言われている（池田 2004、330-331）。

　1963年9月に新連邦国家マレーシアが発足したことにより、シンガポール政府は外交権を失い、改めてマレーシア政府と日本の交渉が同年10月から開始された[8]。当該問題を扱うことになったマレーシアのラーマン

(Rahman, Tungku Abdul) 首相は、日本に強圧的な手段を講ずることは不必要であり、「この問題で騒ぎたくない」ことを明確にするなど、本件に関して必ずしも乗り気ではなかった (クアラルンプール発本省着「シンガポールの対日補償要求問題に関するマラヤ首相の記者会見に関する件」1963年9月7日『日本・シンガポール補償協定関係　第2巻』B'-0189)。ラーマンは当該問題を、専ら華僑の問題であると考えていたのである。さらには、インドネシアの対決政策に関して日本との友好関係を損ねないためにも、当該問題をマレーシア側から積極的に持ち出す状況ではなかった (佐藤 2008)。

　前述したように交渉開始直後、日本政府としては賠償ではなく、カンボジアやラオスでおこなったのと同じ経済協力のかたちで当該問題を処理したいという意向を示していた。そしてカンボジアには15億円、ラオスには10億円の無償経済協力をおこなった関係上、この額を超える供与はできないとも東京は主張していた (竹下 1995、525)。しかしながら上述のようにラーマン首相はこの問題に消極的だったものの、マレーシア側の当初要求は5000万マラヤドル (58億8000万円) と膨大なものであり、日本の予想を裏切ったものとなった。人的補償を測定する客観的な尺度というものはなく、今後クレームが膨大なものにならないために、防波堤として「シンボリカルな数字」となっている5000万ドルが適当である。それが、この額がマレーシアから提示された理由だった (外務省 (作成者不明)「マレイシヤ補償交渉の経緯と展望」1963年11月19日『日本・マレイシア補償協定関係　第1巻』B'-0175)。

　ただしその後1965年8月にシンガポールがマレーシアから分離独立したことによって、日本は2カ国と交渉をおこなう必要性に迫られる。結局のところ、シンガポールとの交渉は、1966年の10月に椎名悦三郎外相がシンガポールを訪問した際に妥結し、2500万シンガポールドル (29億4000万円) の日本の役務および日本の生産物を3年間にわたって無償供与することで妥協に至った (大蔵省財政史室編 1984、531)。シンガポールと同額の無償供与が「最低条件」(佐藤 2008、45) と主張したマレーシアとは翌年の9月に協定が結ばれ、3年間にわたり2500万マラヤドル (同じく29億4000万円) に相当する外航貨物船2隻が供与されることになる。

▶ 米国信託統治下のミクロネシア ★9

　第一次世界大戦前はドイツの植民地であったミクロネシアは、大戦中に日本に占領され、以後30年間日本によって統治された。そして第二次世界大戦によって当該地域は日米戦争によって激戦地となり、多くの人々が戦火に巻き込まれた。そのため大戦中に被った戦争被害に対する補償を、日米が共同して拠出することが1969年7月に取り決められた。日本は500万ドル（18億円）の生産物および日本人の役務を無償で提供し（アメリカも同額を支出）、その資金は、同地域の施設当局がミクロネシアの住民の福祉のために使用することとされた。

▶ 準賠償小括

　以上が準賠償国との外交交渉である。このグループとの交渉は、基本的に無風であったラオス・カンボジア・ミクロネシアと、日本に強く賠償を求めたシンガポール、そしてその中間のマレーシア、という三つに分けることができる。もちろんそれぞれ戦前・戦中の日本によって被害にあったものの、その当時の各国の環境、特に国内政治状況によって、日本への態度が異なったのである。そして日本からの援助額も、1950年代よりは1960年代の方が増大している（表2-7）。これは日本政府の財政に余力が生じ、それを見込んだ求償国の要求に応じた結果であった。

表2-7 準賠償の供与国一覧

	交渉期間	援助額
ラオス	1956年12月～1958年10月	10億円
カンボジア	1954年12月～1959年3月	15億円
シンガポール	1963年10月～1966年10月	29億4000万3000円
マレーシア	1963年10月～1967年9月	29億4000万3000円
ミクロネシア	1969年7月	18億円

出典：外務省資料より筆者作成

4 ▸ 韓国への「経済協力」

▸ 請求権(claim)問題

　韓国は第二次世界大戦が終了したときは日本の植民地であったため、サンフランシスコ平和条約第14条に規定された請求国の権利を与えられていなかった。韓国に賠償の請求権を与えないという決定は、自身も広大な植民地を持っていたイギリスの主張が通った結果であると言われている (Cheong 1991, 77-97; 太田 2015、64-65)。その代わり当該条約第4条で日本との財産と請求権の処理が規定されており、韓国はそれに基づいて対日請求権を主張した。ただし次に述べるようにさまざまな問題に直面したために、日韓の国交回復とそれに伴う賠償 (経済協力) 交渉は長引いた。日韓国交正常化交渉は1951年10月に予備会談が開かれてから1965年に日韓基本条約が締結されるまで、約14年の歳月を費やしたのである★10。

　戦争賠償という性格を極力抑えたかたちで、韓国から持ち出された美術品や地金の返還、あるいは日本に対する国債や公債の韓国に対する返済、といった民事上の債権的要求——いわゆる「請求権 (claim)」の主張——をおこなう立場を韓国政府はとった。1948年に韓国の「対日賠償調査審議会」が作成した調書によれば、当初の要求総額は約21億から25億ドルであった (太田 2015、59; 吉澤 2015、31)。ただしサンフランシスコ講和会議に参加できなかった韓国は、当初描いていた賠償 (reparation) 請求ができず、代わりに返還 (restitution) 要求をおこなわざるを得なかった (太田 2015、91)。それに対して日本政府、特に大蔵省は、敗戦によって韓国に放置してきた日本人の財産に対して、逆に日本が請求できるという立場をとったのである。ただしこの逆請求の主張は、現実的な要求というよりは、韓国の膨大な請求権の見込みに対抗するための「交渉技術」という性格が強かったと考えられている (太田 2015、93-94; 吉澤 2015、48)。「韓国内の富の相当程度が在韓日本財産である」と韓国政府に認識されていた当時の状況で、韓国政府が日本の主張を受け入れる可能性はほとんどなかった (金 2018、72)。

　この逆請求権の主張に韓国は反発し、第一次日韓会談は打ち切りとなっ

た。また朝鮮戦争の休戦後1953年10月にはじまった第三次会談では、日本
側の主席代表である久保田貫一郎外務省参与が「36年間の日本の韓国占領
は韓国民にとって有益であった」とする、いわゆる「久保田発言」をおこなっ
た。韓国側はこれに猛反発し、久保田発言の撤回と謝罪を要求した。しか
し日本はそれに応じず、当該会談もわずか2週間あまりで決裂することにな
る。また韓国は、対日報復の一環として平和線（李承晩ライン）を越えてくる
日本漁船を拿捕し、日本の漁業従事者を強制抑留するという強硬措置をとっ
た。この結果、4年間で130隻が拿捕され、1772人が抑留された。この時期
の日韓関係は「最悪の局面」（李 1995、73）に立っていたのである。

　1957年2月に岸信介が首相に就任すると、この局面を打開する動きが始
まった。日本政府は、逆請求権を放棄し、久保田発言の撤回を公表した。ま
た拘留されていた日本人も釈放されることが両国間で合意され、その後の
1958年4月に第四次会談が開始された。しかしながらこの会談も早々に終
了に追い込まれる。その理由は、朝鮮半島南部出身者が大半を占める在日朝
鮮人の、（韓国ではなく）北朝鮮への送還を岸政権が認めたためである（モーリ
ス＝スズキ 2007）。この決定——韓国政府はこのような帰国事業を「北送」と
呼んだ——に対して、朝鮮半島における唯一の合法政府を主張する李承晩政
権は猛反発し、第四次会談は実質的な討議なく終了してしまう。また次の第
五次会談は、李政権が学生を主体とする四月革命によって崩壊し、張勉政権
が成立した後の1960年10月から始まったが、朴正煕による軍事クーデター
によってまたしても中断に追い込まれた。

▶ 朴正煕の登場と日韓国交回復への道

　1961年に入って韓国は朴が政権に就くと、日韓の国交回復交渉はようや
く進展する。1961年の10月に始まった第六次会談を前にして、韓国が8億
ドルの金額を請求したのに対し、日本は5000万ドルを提示している（太田
2015、208）。金額については諸説あるが、具体的で公式な提案が双方からな
されたのは、資料で確認できる限りこれが初めてであった（李 1995、93）。韓
国側は、日本の対フィリピン賠償総額8億ドルを下回らないようにすること

が必要と考えており、請求額8億ドルという数字はそれを考量したものだと考えられる（張2020、35-37）。もちろん日韓政府がそれぞれ提示した金額の乖離は大きかったが、それ以上に大きな両国間の認識の相違は、「請求権」の問題であった。日本は韓国の「請求権」を放棄する代わりに「経済協力」をおこなう、というリンケージ方式を提示した。この提案について「請求権と経済協力は別個のもの」（吉澤2015、154）とする韓国側は強く反発し、落としどころを目指して両国の代表が激しい外交交渉をおこなうことになる。

　最終的には、池田勇人政権で外相に就任した大平正芳と朴政権の金鍾泌中央情報局長による、1962年12月に成立した合意が土台となって、1965年の日韓国交正常化の際に次のように取り決められた。すなわち、3億ドルの無償供与（生産物と役務）と2億ドルの長期低利借款を10年間均等供与、加えて3億ドル以上の民間借款の供与である（表2-8）。最後の民間借款は、「政府が枠をつけるべき性格のものではない」とする日本政府の原則主義に対して、韓国側が要求を通したかたちになった（木宮2020）。

　そして懸案の「請求権」問題は、日本の経済協力案を受け入れるかたちで決着が付く。「両締約国及びその国民の間の請求権に関する問題が、……完全かつ最終的に解決されたこととなることを確認する」ことになったのである。韓国側が妥協したのは、米国の援助が減少する中で、朴政権の「第一次経済開発計画」を成功させ、輸出志向型工業化国家へ前進するためには、どうしても韓国は外資が必要だったからであった（木宮1995、31）。つまり「経済開発を緊急課題とする韓国側に対して、資金を供与する立場にある日本側の有利性は明らか」（吉澤2015、158）だった。したがって国内には反対が少なからず存在していたにもかかわらず——たとえば、1964年6月に韓国の日韓会談反対運動が反政府運動に転化したために韓国政府は戒厳令を布いた——、朴政権は経済協力の実をとったかたちで日本提案を概ね受け入れたのであった。ただしこの「請求権」をめぐっては、韓国の民主化と冷戦終焉後に再び顕在化し、従軍慰安婦や徴用工問題といった、現在まで継続する根深い日韓対立を引き起こしていることは、周知の通りである。

　以上のような長いプロセスを経て妥結した日韓交渉の結果得られた資金

表2-8 韓国との請求権交渉

交渉期間	当初の要求額	妥結額	その他
1951年10月〜 1965年6月	8億ドル	3億ドル (1080億円) 無償 (10年払い)	2億ドル (720億円) 借款 (20年払い) 3億ドル (1080億円) 以上の 民間借款

出典：先行研究より筆者作成

は、韓国政府によって「請求権資金の運用及び管理に関する法律」が定めら
れ、厳格に運用・管理されることになった。「経済協力／請求権」は1966年
から開始され、1975年まで10年間にわたって供与された。その内訳は、無
償では鉄鋼業への使用が半分以上を占めており、また農林・水産関係に2割
が割かれている（永野・近藤編 1999、37-39）。前者の最大の事業は浦項総合製
鉄工場であり、1973年に竣工したこの工場はそれまで輸入に依存していた
鉄鋼の国内代替・輸出を達成し、韓国経済に大きな貢献をしたと言われてい
る（永野・近藤編 1999、第2章）。

5 ▸ その他の国々に対する経済協力

▸ 中華民国(台湾)の賠償放棄

　前述のように中華民国（台湾）と中華人民共和国（中国）はともにサンフラン
シスコ講和会議に招請されなかった。北京・台湾のいずれが正統政府かとい
う承認問題をめぐってアメリカとイギリスが対立しており、どの政府と講和
するのかを後の日本政府の選択に委ねるという、いわゆる「ダレス・モリソ
ン合意」がその背景にあったからである（細谷 1984）。1952年1月日本政府は、
台湾の国民政府と講和し、逆に大陸中国と二国間条約を締結する意図はない
と明示する「吉田書簡」を発表した（袁 2001、第5章; 陳 2000）。したがって日
本が主権を回復した後の国交と賠償交渉の相手は、台北にいる蔣介石の国民
政府に絞られることになった。

　台湾との賠償交渉については、国民政府の蔣介石がいわゆる「以徳報怨（恩

をもって仇に報いる）」という理念を示し、日本への賠償要求を積極的に放棄したというイメージが強い。ただし実際は逆で、中華民国はフィリピンと並んで日本に対する賠償要求を強く主張した国のひとつであった（殷1996）。たとえば戦後の連合国による対日方針を決めるために1943年11月におこなわれたカイロ会談において、国民政府は日本の海外資産を主な賠償品として取り扱うように要求している。戦後においても、1940年代後半の中間賠償は「象徴的なもの」であり、実質的な賠償は何も得られていない、というのが国民政府の見解であった（殷1996、244）。しかしながらアメリカの対日方針が懲罰的なときは、台湾政府の考える賠償政策と米政府のそれはおおむね一致していたが、冷戦の開始といった国際情勢からワシントンの方針が転換した後は、両者の乖離が大きくなっていく。特に日本への賠償を放棄するように促したアメリカのマッコイ声明に対し、国民政府は強い懸念と批判を表明した（岡野1958、189; 殷1996、第3章）。

　ただし物理的被害が大陸に存在することから、国共内戦の敗北によって1949年12月に台湾へ移った蒋介石政権にとって、その賠償要求を強く押し通すことは次第に困難になっていった（石井1986）。また、大陸に残してきた日本の資産で対華賠償は十分であるとする日本政府は、国民政府に対する賠償を拒否するに至るのである。このような日本政府の態度を受けて、日本との平和条約を結び、正統政府であることを認めさせることが第一義的な目的であった台湾は、最終的に妥協することになる。1952年4月に締結された日華平和条約では、賠償問題は議定書において「中華民国は、日本国民に対する寛厚と善意の表徴として、……役務の利益を自発的に放棄する」ことが定められた。

　ちなみに1965年4月、日台間で円借款協定が調印され、1億5千万ドルの借款が貸与されることが決定された（許2019、第3章）。これが日本による初めての台湾向けODAであった。

▶ モンゴルへの「道義的責務」

　モンゴルに対しては、1977年に経済協力協定を締結し、50億円の贈与が

おこなわれた。モンゴル政府は1973年の日本との外交関係修復に際して賠償請求はしないと明言したが、ノモンハン事件 (ハルハ河戦争) 等で受けた被害に対する道義的責任として、日本からの無償経済協力を要請した。1945年の敗戦時点でモンゴルを国家として承認していなかった日本は、法的には賠償支払い義務を負わないとする立場であった。ただしモンゴルが賠償問題を提起しないと宣言し、また両国間の将来的な関係を考慮した結果、経済協力を提供することに同意したのである (浅田 2016)。総額50億円の贈与は、1977年を初年度として4年間にわたって、カシミアおよびラクダの毛の加工工場建設に費やされた (大蔵省財政史室編 1984、534)。

▶ タイとの特別円協定

　戦時中に日本はタイとの間に円建ての清算勘定を開設する協定を締結し、それを通じて現地通貨を調達、現地における戦争物資の購入や占領費の支払いに使用した。ただし日本の敗戦によって日本の債務は完済できずに残ったままであった。その残高、いわゆる「特別円」問題が、日本の主権回復後に日・タイ両国の間で持ち上がった。終戦直後における日銀の帳簿によれば、その残高は約15億円であり、タイ側の試算とほぼ同じだった。しかしながらタイ側は、その90倍の1350億円を返済すべきものであると主張したのである (アジア局第四課「タイ特別円勘定残高処理問題について」1955年3月20日『旧枢軸国及び中立国の対日賠償要求関係雑件　日・タイ特別円問題解決協定関係　第1巻』B'-0158)。外貨交換比率や両国のインフレを加味した時価相当額というのが、タイ側の主張であった (市川 1985)。

　1952年当時、タイの国会では、戦時中の特別円で調達された軍費で購入された品物や高い賃金などがインフレを深刻化させ、タイ経済を悪化させたという考えが広まっていた (范 2019、37)。このような反日感情も考慮した結果、タイ側は要求を高く掲げたと思われる。両金額の大きな違いをどう解決するのかが、その後の交渉の焦点となっていくが、当然ながら妥結に至るには時間が必要だった。1954年の9月から10月にかけての非公式会談、翌1955年3月から4月にかけてのワン・ワイ (Wan Waithayakon) 外相と一万田尚

登蔵相の正式会談を経て、ようやく4月9日、両者に妥協点を見いだすことができた。それは、①日本政府は5年間にポンドで54億円分を支払う、②投資とクレジットのかたちで96億円を日本の資本財と役務により提供する、という内容であった。1955年7月に総額150億円の上記内容を含んだ「特別円問題の解決に関する協定」が成立することになる。

　以上のように特別円問題は解決されたように見えたが、後者の96億円を返還する必要のある借款と考えた日本政府と、事実上の賠償として無償供与だと考えたタイ政府の認識に隔たりがあり、その懸隔が再び両国間の問題として浮上することになる。タイは1957年9月にクーデターによってサリット（Sarit Thanarat）政権が誕生するが、96億円は贈与であるという考えに変化はなかった。54億円の支払いは1959年に完了したが、96億円に関しては、1960年を過ぎても未解決なままであった。また日本、特に大蔵省が借款路線を譲らなかったのは、他の求償国がタイと同じように借款を無償に変更するという要求をしてきた場合、断り切れないと判断したことが大きい（バンコク発本省着「タイ特別円問題に関する件」1961年4月28日『旧枢軸国及び中立国の対日賠償要求関係雑件　日・タイ特別円問題解決協定関係　第6巻』B'-0159）。ただしそのような日本の態度は、タイ国内での対日批判にも繋がっていくことになる（范 2019、49）。

　最終的には、1961年11月末に池田首相がバンコクを訪問した際、96億円は借款ではなく無償供与というタイ側の要求を日本政府が受け入れ、特別円問題は解決に向かうことになる。1962年1月に特別円新協定（「特別円問題の解決に関する協定のある規定に代わる協定、1962年」）を締結し、日本政府はタイ政府に対して8年間で96億円を支払うことになった。日本の野党社会党はこの政府の決定に対して、もともと有償であったものを無償供与に変更することは「常識では考えられない」などと激しい攻撃をおこなった（読売新聞1962年1月31日）。池田は「大所高所から考えて」政治的判断を下したと述べ、協定は自民党の賛成多数で国会を通過した。はじめの7年間は毎年5月に平均10億円、8年目は26億円が支払われ、主な供与品目は繊維工場、貨物船、漁業調査船、鉄道車両、ナムプン水力発電所関係電気資材等であった（大蔵

表2-9 タイとの特別円交渉

交渉期間	当初の要求額	妥結額	その他
1952年8月〜1955年7月(1962年1月)	1350億円	150億円	なし

出典：外務省資料より筆者作成

省財政史室編 1984、529）。

6 ▸ 賠償交渉と賠償額についての総括

　以上本章では、日本から金銭的な供与がおこなわれた国々を四つのグループに分けて、個々の交渉を論じてきた。全体を鳥瞰してみれば、次のような特徴が浮き彫りになる。

　第一に明らかになったのは、賠償交渉は徹頭徹尾、日本政府側にとって有利に展開されていたという事実である。インドネシアやフィリピンなど、当時の日本にとって到底支払えるものではない金額を最初に要求されたということもあるが、東京が早急な解決をおこなおうとする姿勢は観察されない。さらに野党の強い国会追及のために相手側の要求を簡単に飲むこともできず、それゆえ交渉は長引いた。また台湾の事例のように、そもそも賠償を供与する義務はないと突っぱねた例もある。これは第一次世界大戦後に莫大な懲罰的賠償義務を負ったドイツとは対照的である。その結果、求償国側が妥協したことが、賠償交渉が妥結する最も重要な要因となった。そしてそのような妥協をおこなった決断の背景には、求償国が国家建設のために資金を必要とした事実が存在する。すなわち第二次世界大戦後に主権国家として独立を果たした求償国側としては、どれだけ要求額が交渉過程で減額されようとも、日本からの資本が必要であったために、早期の交渉妥結を望んだのであった。

　ただし第二に、時代が経つにしたがって、求償国の請求額が大幅に減額されることなく、日本に受け入れられたことが指摘できる。これは経済復興・成長によって、日本の財政的余力が増えてきたことから説明できるだろう。

たとえば最も初期に日本に金額を提示したインドネシアは、当初172億ドルの賠償額を要求し、最終的には8億ドルで合意をみた。当初の請求額が膨大なこともあったが、インドネシア政府は当初の要求額のわずか4.7％しか得られなかった。同様に計算するとビルマが第一次交渉時に得たのは2.5％、フィリピンが10％である。それに対して60年代に入ると、ビルマの第二次交渉では85％、マレーシア・シンガポールは50％、そして韓国は100％と、当初の要求額がある程度通っていることがわかる。もちろん使用できる資金はできるだけ早く得た方が、独立後間もない国にとって国家建設に使えるというメリットはある。また1950年代と60年代ではインフレ率も異なるだろう。しかしながら、交渉期間を引き延ばすほど、求償国によってより満足度の高い賠償額が得られたことは、データから明らかである。

　第三に、請求国が他国の賠償額を常に意識していた事実も指摘できる。たとえばビルマの交渉団は、「ビルマとしては、……決して巨額を要求するつもりはないが、他国より少い額では困るので、もしフィリピンが4億ドル20年払ならばビルマも同様を要求するし、またフィリピンが1億ドルで済むならばビルマは1億ドルでよい」（南西アジア課「ビルマとの賠償交渉の経緯について」1959年11月14日『日本・ビルマ賠償及び経済協力協定関係一件　第4巻』B'-0162）と日本側に伝えている。つまりビルマ政府は、絶対利得よりも、相対利得を重視していたのである。またインドネシアへの支払総額と韓国の請求額8億ドルが、フィリピンへの支払額と全く同じ金額である事実も、この点から説明できる。日本が賠償支払い金額のバランスを常に考慮して交渉に臨んでいたことは指摘されてきたが（北岡 2000）、求償国側も他国とのバランスを保ち、面目を保とうとしていた。そうでないと、国内の理解が得られなかったからである。したがって、特に戦争被害の甚大な国々に対する賠償の額が似通ったものになるのは、自然な成り行きであった。

　第四に、日本政府は途上国に対する資金移動を、「賠償」あるいは「請求権」に対する補償という言葉をつかうことを極力避けて、日本にとってネガティブな意味を含まない「経済協力」というワードを使用し続けたことが、各国との交渉過程から浮き彫りになる。韓国に「請求権」を放棄させ、「経済協

力」に代替したことは広く知られた事実であるが、賠償対象国のビルマに対してすら、第二次交渉においては「賠償」という用語を使用することを避けて、資金贈与をわざわざ「経済協力」とした。そして当時の受領相手国はこのような日本の要求を受け入れ、名目よりも実をとったかたちであった。ただし特に韓国においてその後浮上した個人補償の問題など、「経済協力」方式は多くの課題を後世に残すことになった。

そして第五に指摘できるのは、賠償支払いの対象の大多数が、発電所や組立工場といったインフラ・工業基盤の整備関係であった点である。この事実は賠償と輸出に因果関係があるとする先行研究に再考を迫ることになるので、節を改めて論じよう。

7 ▶ 賠償の先兵効果再考

日本の賠償および準賠償は、東南アジアで日本商品を受け入れる土台を形成し、1960年代以降、当該地域に日本が経済的に進出していくための先兵となった。このような考えはよく知られており、通説的な理解となっている。たとえば初期の代表的な研究である小林 (1983) は、ビルマ、フィリピン、インドネシア、南ベトナムの賠償受領国に対して、日本が造船、機械、車輌、電機という部門を主体に、賠償という名の輸出促進政策を推し進めたとする。つまり東南アジアへの賠償は、「わが国の高度経済成長、対東南アジア輸出拡大に決定的な重要性を有する」(小林 1983, 55) と断言している。その他の研究群も、日本の輸出振興や経済的復帰は、賠償がその契機となったとする研究が多い (Olson 1970, 70；Nishihara 1976, ix；Rix 1980; Shiraishi 1990, 15-16;鷲見 1989, 128-129; Long 1999, 330; Pharr 1994, 160; Arase 1995, 28-34; Söderberg 1996, 33; Suehiro 1999; Hirata 2002, 166; 宮城 2001、34; Fujikura and Nakayama 2016, 43; Miyagi 2017, 30-31; 大海渡 2019、93-94)。序章で紹介したように日本のODAの特徴のひとつとして輸出振興は常に研究者によって指摘されてきたが、その起源として、賠償が位置づけられるのは当然であろう。

しかしながら上記の先行研究には、これも序章でも述べたように実データ

による体系的な検証が欠如している。たとえば日本から賠償・準賠償国に対する輸出量が実際に1960年代に増大したとしても、それは単なる自然増かもしれない。賠償・準賠償国への日本以外の国からの輸入量がそれを上回るほど増大していれば、あるいは日本から他の諸国への輸出量が賠償・準賠償国へのそれよりも大きければ、賠償の輸出効果を主張することはできない。すなわち、賠償の輸出効果を検証するには、賠償・準賠償国だけではなく、すべての国との比較分析をおこなわなければならない。さらには賠償・準賠償国の中にも輸出効果のヴァリエーションが観察されるはずである。すなわち仮に先行研究の主張が正しいのであれば、賠償額、あるいは無償の経済協力額が多いビルマ、フィリピン、インドネシア、韓国に対して最も強い輸出効果が得られ、タイやマレーシア・シンガポールにはその恩恵はあまりなかったと考えるのが自然である。

　しかしながら実際には、たとえばタイやマレーシアは比較的少額の経済協力額しか得られていないにもかかわらず、日本からの輸出量はビルマなどに比べてかなり大きい。このような東南アジア諸国のヴァリエーションは、戦後賠償を体系的に扱った先行研究が存在しないために、ほとんど検証されてこなかった。また、賠償によって民間企業はリスクなしで現地に進出し、ノウハウを集積することができたので日本の経済進出に繋がったとする見解が、たとえばAraki（2007, 20）などに見られる。しかしながら、そのような考えは、東南アジアの多様性を全く考慮に入れていない議論である。仏教国もあればイスラム教国もあり、またアメリカとの同盟国であるフィリピンが存在する一方で、中立主義を標榜するビルマのような国も東南アジアには含まれていた。当然ながらこれらの国の文化・言語はそれぞれ強い個性を持ち、政府の経済政策に対する考え方ひとつ取っても一様ではない。それを「東南アジア」というひとつのかたまりとして捉え、ある国での経験をそのまま他の国でも援用できると考えるのは、一種の「オリエンタリズム」（サイード1993）であろう。

▶賠償による輸出効果

賠償がアジアへの輸出効果を持ったとする考えには、三つの根拠が存在する。ひとつは、当時の政策担当者が、賠償を支払う理由として日本の経済発展にも貢献すると発言していた事実である。たとえば日本が賠償交渉を開始した時期に首相であった吉田茂は、賠償は投資のひとつと考えており、日本と相手国の経済関係を強め、相互利益に努めなければ「賠償は無意味」(吉田 1957、168) であると述べる。さらに賠償は、経済侵略と呼ばれても「邪推を神経に悩む必要は」(吉田 1958、50) ないためにむしろ好機であると吉田は述べている。また1950年代に大蔵・通産大臣、60年代前半には首相になった池田勇人も、賠償は義務感からだけではなく、日本の利益になるからでもあると述べ、相互利益を強調している (吉川 1991、70; 北岡 2000、179)。アイゼンハワー (Eisenhower, Dwight David) 政権期に米国国務長官となるダレス (Dulles, John Foster) もまた、賠償請求国が日本の遊休施設や労働力に原材料を供給し雇用を創出するといった、賠償の日本への効用を説いている ("Memorandum of Conversation, by the United States Political Adviser to SCAP," September 3, 1951, *FRUS* 1951, Vol.VI, part 1, 1315-1317)。また韓国への経済協力に関して、外務省条約局長の中川融は、「日本のカネではなくて品物や役務で支払うことであれば、将来日本の経済発展にプラスになる」(李 1995、115) と国会で発言している。さらに政治家・官僚のみならず、実業家も同様な見解を持ち、それゆえ賠償交渉に深く関与したのである。たとえばフィリピンとの賠償協定締結に関して、経団連会長であった石坂泰三は「賠償によって、日本は若干損をすることがあろう。しかし両国間で貿易関係が正常化すれば、2、3年で元は取れる」(朝日新聞1956年5月10日) と楽観的な発言を残している。

しかしながら本書が一貫して主張するように、当時の政策決定者の意図を解釈することと、実際の分配政策、そして当該政策効果の分析は区別すべきである。すなわち第一に指摘できるのは、賠償交渉は日本主導でおこなわれたものの、それが何に使われたかは日本の関与するところではなかった。すなわち賠償や経済協力の支払い対象は求償国が決定するものであり——これは要請主義の起源である——、必ずしも日本の輸出増進に役立つために選択

されたわけではない。第二に、吉田茂を中心とする政治家が賠償と日本の経済発展（輸出）との因果関係を指摘していたとしても、それが実際に彼らの思い描いたようなメカニズムで実現したか否かは、実データによる厳格な手法で検証する必要がある。筆者はかつて日本外交の通説的理解であった「吉田ドクトリン」について反証したことがあるが (Hoshiro 2022a)、それと同じことが賠償と輸出との関係にも求められる。

　賠償が日本の経済進出の先兵効果を持ったとする先行研究の二つ目の根拠は、日本の賠償は役務と資本財の提供が中心であった点である。岡崎勝男外相の東南アジア訪問直前の1953年9月に資本財も提供するという新方針を打ち出すまで、日本政府はサンフランシスコ平和条約で決められた役務賠償を譲らなかった（毎日新聞1953年9月19日）。そのために賠償交渉も上述のように長期にわたる傾向があり、時に熾烈を極めたのである。しかしながら結局のところ、この役務賠償に加えた資本財の提供は、その後の日本にとって極めて有効なものとなったと考えられている。なぜなら役務賠償とは基本的に、自国の技術者を相手国に送り、インフラ建設工事などを支援するという方式である。それに資本財による賠償が加わることで、求償国の長期的な経済インフラ構築に必要な財を日本から供与するとともに、その財を使用した技術役務が日本から派遣される。その結果として、相手国への日本からの輸出が高まる効用が期待されるからである。このような賠償の輸出効果のために、多くの研究者が両者の因果関係を信じて疑わなかった。

　さらに賠償は、完全なひも付き援助であった。これが三つ目の根拠として挙げられる。つまり求償国において、賠償に伴うダムや道路などの経済インフラの構築に関与したのは、日本の商社や建設業者であった。そしてそれは、「賠償が『ひもつき』であり、日本製品の輸出に役立ったということは、当時の国家目標からすれば、自然の成り行きであった。おそらく、賠償の過程で、日本企業と相手国政府、さらには日本の政治家との間で、ビジネスの範囲を超える密接な関係が生まれていたのであろう」（草野 1997、46）という指摘に象徴される。

　しかしながらこれらの根拠には、賠償品目・プロジェクトの輸出効果につ

いての疑問が浮上する。賠償実施計画の協議と合意の際に考慮されるべきものとして、二つの原則が存在した。すなわち、①日本とその求償国との間の通常貿易が阻害されないこと、②外国為替上の追加の負担が日本に課されないようにすること、である（賠償問題研究会編 1959、54）。後者は賠償供与するにあたって日本が生産していない部品を、新たに海外から購入することを避けること、つまり賠償は完全なるひも付きであることが示されている。そして前者は、日本の輸出品は賠償には含まないことを意味している。フィリピンへの船舶やビルマへの缶詰の供与といった若干の例外はあるものの、基本的に賠償内容は当時の日本の主要輸出品とは異なっていた[11]。

　では何が賠償の中心であったかというと、第一にバス、トラックといった輸送車両、そして第二に、ダムや発電所などの建設関係にたずさわる項目であった。実際のところ、第一の輸送車両は、日本の主要輸出品ではなかったため、賠償での対象品目となった。1970年代までの日本の主要輸出品目は、繊維、カメラや双眼鏡といった光学機器、ミシン、トランジスタ・ラジオ、テレビのような大衆向けの機械類である（堀・木越 2020、310-311）。つまり輸送車両とは無縁の商品であった。第二の建設関係も、輸出効果は乏しかったと考えられる。それぞれの求償国に締結された協定には付属書があったが、そこには賠償を利用する事業計画が列挙されていた。求償国はその付属書にしたがって、賠償を計画通りに充当しなければならなかった。たとえばビルマはバルーチャンの発電所、フィリピンはマルキナ河多目的開発、インドネシアはカリブランタス河開発、南ベトナムはダニム発電所といった内容である（加藤 1963）。このように賠償の多くは建設関係が占めていたが、その輸出効果への疑問は建設にかかわった当事者からも表明されている。すなわち、「建設業は労務も資材も大半現地で調達される関係上、工事費のなかに占める現地通貨部分が多く、外貨の手取り率が少ない。したがって輸出貢献度が小さい。逆に、長期現地に乗り込んでの仕事があるので、リスクは大きい。したがって輸出振興の対象産業とは言い難い」（海外建設協力会 1976、29）のであった。

　ただし賠償として日本製品が供給されたために、現地でそれらについて

の「知識・理解・親しみが深まり、日本製品への需要を喚起する効果をもたらした」（大海渡 2019、104）とする見解があることも確かである。したがって、賠償・準賠償と貿易量との関係を体系的に検証するために、本節では分析単位をレシピエント／年としたパネルデータによる統計分析をおこなう。従属変数は対数変換した貿易額（日本からの輸出）であり、主要独立変数は対数変換された無償の賠償・準賠償・経済協力である。すなわち後者は、たとえばビルマに対する円借款は含まれていないが、タイへの特別円支払いや韓国に対する無償経済協力は含まれている。また時代は援助データが存在する1960年からフィリピンへの賠償支払いが終了した翌年の1977年に限定している。途上国のGDPや人口などを制御して、また賠償の効果が数年後に現れることを考慮して時間をずらしたいくつかのモデルで推計した分析結果が、表2-10と表2-11である。この結果が示しているのは、賠償は輸出増進に対して何ら貢献をしていない、という事実である。モデルによっては、負に有意な相関も見られる（表2-10のモデル2-10と表2-11のモデル2-15）。

表2-10 賠償と輸出の計量分析結果（年固定効果あり）

	モデル2-1	モデル2-2	モデル2-3	モデル2-4
対数贈与全支出額	0.116***	0.084**		
	(0.038)	(0.038)		
対数被援助国GDP(t-1)	1.075***	1.425***	1.025***	1.131***
	(0.099)	(0.331)	(0.108)	(0.291)
対数被援助国人口(t-1)	-0.316***	0.094	-0.137	-0.060
	(0.107)	(1.464)	(0.092)	(1.640)
対数距離	-1.153***		-1.177***	
	(0.220)		(0.212)	
対数賠償支出額(t-1)			0.001	0.001
			(0.001)	(0.001)
対数借款グロス支出額				
対数技術協力				
対数賠償支出額(t-2)				
対数賠償支出額(t-3)				
対数賠償支出額(t-4)				
対数賠償支出額(t-5)				
切片	-6.604***	-31.738		-23.081
	(2.490)	(23.056)		(26.080)
観察数	701	701	1173	1173
レシピエント固定効果	No	Yes	No	Yes
全体R-sq	0.711	0.480	0.705	0.622

* p<0.1, ** p<0.05, *** p<0.01
括弧内はレシピエントにクラスター化された標準誤差の値
従属変数は対数日本からの輸出額

モデル2-5	モデル2-6	モデル2-7	モデル2-8	モデル2-9	モデル2-10
0.925***	1.799***	1.810***	1.869***	1.961***	2.023***
(0.141)	(0.612)	(0.628)	(0.616)	(0.577)	(0.536)
-0.484***	-0.979	-0.958	-1.197	-1.872	-2.578
(0.132)	(3.093)	(3.062)	(2.906)	(2.658)	(2.611)
-1.176***					
(0.223)					
-0.000	-0.000				
(0.001)	(0.001)				
0.078**	0.069**	0.069**	0.069**	0.068**	0.073**
(0.034)	(0.032)	(0.032)	(0.032)	(0.032)	(0.031)
0.228***	0.195**	0.203**	0.198**	0.196**	0.188**
(0.067)	(0.075)	(0.081)	(0.080)	(0.078)	(0.078)
		-0.000			
		(0.001)			
			-0.001		
			(0.001)		
				-0.001	
				(0.001)	
					-0.001**
					(0.001)
	-22.129	-23.277	-20.642	-10.905	-0.420
	(53.602)	(53.216)	(50.842)	(47.834)	(48.023)
175	175	175	175	175	175
No	Yes	Yes	Yes	Yes	Yes
0.805	0.484	0.499	0.426	0.169	0.024

第2章 • 戦後賠償とその輸出効果

表2-11 賠償と輸出の計量分析結果(年固定効果なし)

	モデル2-11	モデル2-12	モデル2-13	モデル2-14
対数贈与全支出額	0.294*** (0.048)	0.100*** (0.038)		
対数被援助国GDP(t-1)	1.607*** (0.144)	1.594*** (0.370)	2.169*** (0.155)	1.386*** (0.317)
対数被援助国人口(t-1)	-0.737*** (0.124)	2.675*** (0.937)	-0.568*** (0.162)	4.021*** (0.802)
対数距離	-0.656*** (0.248)		-0.815** (0.373)	
対数賠償支出額(t-1)			-0.000 (0.001)	0.001 (0.001)
対数借款グロス支出額				
対数技術協力				
対数賠償支出額(t-2)				
対数賠償支出額(t-3)				
対数賠償支出額(t-4)				
対数賠償支出額(t-5)				
切片	-16.119*** (3.490)	-77.053*** (8.386)	-30.519*** (4.767)	-91.104*** (6.885)
観察数	701	701	1173	1173
レシピエント固定効果	No	Yes	No	Yes
全体R-sq	0.623	0.304	0.582	0.414

* p<0.1, ** p<0.05, *** p<0.01
括弧内はレシピエントにクラスター化された標準誤差の値
従属変数は対数日本からの輸出額

モデル2-15	モデル2-16	モデル2-17	モデル2-18	モデル2-19	モデル2-20
1.252***	1.802***	1.820***	1.918***	2.008***	2.046***
(0.176)	(0.545)	(0.531)	(0.506)	(0.489)	(0.480)
-0.878***	1.919	1.908	1.594	1.373	1.348
(0.143)	(1.494)	(1.475)	(1.446)	(1.433)	(1.420)
-1.041***					
(0.267)					
-0.002**	-0.001				
(0.001)	(0.001)				
0.078*	0.079**	0.079**	0.078**	0.077**	0.081**
(0.042)	(0.037)	(0.037)	(0.037)	(0.037)	(0.036)
0.453***	0.224**	0.230**	0.229**	0.227***	0.218**
(0.079)	(0.087)	(0.087)	(0.085)	(0.084)	(0.085)
		-0.000			
		(0.001)			
			-0.001		
			(0.001)		
				-0.001	
				(0.001)	
					-0.001***
					(0.000)
-1.900	-71.354***	-71.631***	-68.651***	-67.085***	-67.578***
(3.778)	(15.877)	(15.916)	(15.711)	(15.701)	(15.741)
175	175	175	175	175	175
No	Yes	Yes	Yes	Yes	Yes
0.760	0.352	0.354	0.368	0.381	0.382

▶ 建設業界と戦後賠償

　一連の賠償の恩恵を最も享受したのは、建設業界であった。建設業は戦前、ほとんど海外に出ることがなかったが、役務賠償を通じて東南アジアへ進出する足場を築いたとされている（内海・田辺編 1991、106-107）。全国建設業協会、日本電力建設業協会、日本電設工業協会、日本管工事協会、日本道路建設業協会、日本土木工業協会という六つの団体を中心にして、1955年2月に海外建設協力会が設立された。この組織の目的は、海外で実施される日本による役務賠償の一環としての建設事業を支援することであった。その協会史は1970年代半ばに、次のように回顧している。技術力で優位に立っている先進諸国業者との競争がなく、代金の支払いは日本政府がおこなうのでリスクが存在しない。「かくてわが国業者は、まず国家の保護のもとに海外に進出し、これら諸国の実情を身をもって体験、その後の商業ベース工事にそなえることができた」（海外建設協力会編 1976、6-7）。

　ただし賠償があったから建設業界がアジアへ進出できた、と結論づけるには注意が必要である。ビルマや南ベトナムでは、賠償協定締結以前にすでに水力発電所の建設計画が固まりつつあったことは本章で示した通りである。さらに賠償による建設工事の全盛期は1960年代前半に限定され、1965年以降は「商業ベース時代に転換」していくのである。また、全盛期においても、たとえば1964年の受注は、賠償工事の7件72億8600万円に対し、商業ベースによるものは17件59億2200万円であった（海外建設協力会編 1976、12-13）。つまり後者の勢いも顕著なものであり、決して賠償に負けてはなかった。また前述したように、東南アジア諸国のヴァリエーションが存在するために、一つの国で成功したからと言って他の国で同じやり方が通用したとは限らない。つまり民間は、個別の国々に自らの努力で入っていったと考えられる。したがって、賠償は日本の建設業界がアジア全土へ進出するための呼び水になったというよりは、一助になったに過ぎなかった。これがより現実に即した、賠償による日本のアジアへの経済効果であった。

▶ まとめ

　戦後賠償は第二次世界大戦での敗北により、日本が戦勝国に対して支払う必要が生じた特殊債務であり、一般的な援助と異なることは明らかである。1960年代にはDACにおいても、賠償は援助に該当するのか、という議論が存在した（通産省『経済協力の現状と問題点』1968、107）。しかしその議論を経て最終的に、賠償支払いはDACの定義によるODAに含まれることになる。なぜならそれが「経済開発、民生安定、経済基盤の充実等に大きな効果を発揮することは明らかであり、受入国の国際収支の負担軽減にも合わせて貢献することとなる点において、低開発国の経済開発を援助する効果を有する」（通産省『経済協力の現状と問題点』1961、24）からである。ちなみに賠償を援助とカウントしているのは日本だけではなく、DAG初期メンバーであり、敗戦国でもあった西ドイツとイタリアも同様である。

　本章の目的は、近年開示された外務省の資料と、それを使用した最新の研究を利用して1950年代・60年代の日本の戦後賠償に統一的な視点を与えることであった。個別の賠償相手国を対象とした先行研究は数多くあるものの、すべての国々を全体として捉えた歴史分析は存在しなかった。本章は、それを試みた初めての実証研究である。個々の交渉の過程、賠償の実施プロジェクトや支払い品目を明らかにしたのみならず、先行研究の通説的理解にも再考を迫った。すなわち、従来言われてきたような賠償の輸出効果は全くなかった、という事実である。戦後賠償は、日本の建設業界がアジアへ進出することをサポートしたものの、それを主導したというわけではなかった。1960年代以降の日本の企業は、賠償の力ではなく、自らの力でアジア進出を果たしたのである。

註

★1──本章の内容は、Hoshiro（2023a）に基づいている。

★2──ただし準賠償（経済協力）を含めると、モンゴルに対する資金供与は1978年に始

まり、81年に終了している（大蔵省財政史室編 1984、532）。

★3——インドネシアは1949年12月、実質的な独立を果たしていた。

★4——ただし台湾に移った中華民国政府とオーストラリアは後に請求権を放棄している。

★5——役務だけではなく、「資本財」が賠償に含まれたという事実が、後の日本と請求国との経済関係に大きな影響を与えたとする論点は、本章第7節で後述する。

★6——9月30日事件。スハルト（Soeharto, Haji Muhammad）陸軍少将による軍事クーデターで、スカルノが失脚し、インドネシア共産党が大粛正された。

★7——1英ポンド＝8.57マラヤドル＝1008日本円。したがって約5億9000万円（160万米ドル）となる。

★8——リー・クアンユーは、この問題が長期化した理由として、シンガポールからマレーシアに外交権が移行するまで日本の政府が意図的に「のらりくらりと対応してきた」結果であるとしている（リー 2000、335）。

★9——ミクロネシアへの準賠償が支払われた1970年代前半、当該地域は依然としてアメリカの信託統治下にあった。そのために、ミクロネシアへの資金移動は、厳密には本書で扱うODAではない。

★10——ちなみに日韓の賠償問題は、他の賠償求償国との関係と比べて格段に先行研究数が多い。これは①当該トピックの重要性、②交渉期間の長さ、③2000年以降に両国史料の公開が大幅になされた事実、④依然として両国間でくすぶり続けている現代政治における難問であること、などに鑑みると当然なことだと思われる。本書では、これら多くの先行する優れた研究群を参考にすることができた。

★11——フィリピンへの船舶の供与額は大きく、フィリピン船舶事業の増強をおそれた日本の海運界が反対したほどであった（大蔵省財政史室編 1984、497）。

第3章

多国間援助枠組みへの参加
──1960年代

▶ はじめに

　1960年代に入ると、日本の援助外交にも新しい動きが見られる。まず、海外経済協力基金（OECF: Overseas Economic Cooperation Fund）をはじめとして、技術協力の実施機関や青年海外協力隊など、援助に関する国内組織／制度がいくつかつくられている。これらのような国内制度構築の動きと併行して、コロンボ・プランとは異なる国際的な多国間援助枠組みへの日本の参加が始まる。1960年から61年にかけて日本は世界的な援助機関である開発援助グループ（DAG）およびその後継組織である開発援助委員会（DAC）への加盟を果たし、1966年にはアジア開発銀行（ADB）の設立に深く関与した。そして同年、日本政府は東南アジア開発閣僚会議の開催といったイニシャティブをとることになる。本章では、国内のいくつかの援助関係組織の設立について解説した後に、多国間枠組みへの参加、特にDAG/DACとADBの加入／設立プロセスを中心として、1960年代の日本の援助外交を論じる。

1 ▶ 国内援助組織の制度化

▶ 四省庁体制の起源

　1961年4月に54億円の資本金でOECFが設立された。この54億円は、実

現しなかった「東南アジア開発基金」から引き継がれたものであった（保城 2001、72-73）。OECFはその後、直接借款業務を開始して日本ODAの主力となっていく。OECFの監督官庁は難航した末に、経済企画庁に決定した。ただし経企庁はOECFの予算編成には関与せず、認可または承認について外務、大蔵、通産3省との協議を義務づけられた（Orr 1990, 45; 竹原 2014、269）。その中でも特に、大蔵省の影響力は大きかった。いずれにせよこの時点において、後に「四省庁体制（Rix 1980; Lancaster 2010, 36-37）」と呼ばれるようになる日本型ODAの特徴が形成されたのである。

OECFは日本輸出入銀行の業務の一部を引き継ぐかたちで、1965年から直接借款を担当する（湯 2010）。それ以降、日本輸出入銀行の業務は「日本の貿易を主とする経済の交流の促進」となるのに対して、OECFは「開発途上にある地域の産業の開発または経済の安定に寄与するための資金で輸銀による供与が困難なものを供給することによって海外経済協力を促進すること」（海外経済協力基金法第1条）を目的とすることになった。ただし初期においては、「観念的にはこのように一応区別されているものの、実際の個別案件についてみるときは、両機関の業務分担は必ずしも明確でない場合がすくなくない」（通産省『経済協力の現状と問題点』1970、233）というのが実情だった。そのような混合期を経て、1975年7月1日からは、日本輸出入銀行とOECFの業務区分が明確にされた。直接借款はグラント・エレメントが25%以上の貸付業務、すなわちODAはすべてOECFが担当し、それ以外の貸付業務は日本輸出入銀行が担当することになった（通産省『経済協力の現状と問題点』1976、304）。もちろんひとつのプロジェクトに対して両者が同時に出資することは可能であり、数多くおこなわれてきたが（いわゆる混合借款）、それがODAであるか否かは1975年以降、明確に区別されるようになったのである。1999年に日本輸出入銀行と統合されて、国際協力銀行（JBIC: Japan Bank for International Cooperation）になるまで、OECFは約35年にわたって、日本のODAの中心である円借款事業を担うこととなった。

また1962年には技術協力の実施機関である海外技術協力事業団（OTCA: Overseas Technical Cooperation Agency）が、翌63年には海外移住事業団（JEMIS:

Japan Emigration Service）が設立されている。前者はアジア協会、ラテンアメリカ協会、国際建設技術協会、そしてメコン河総合開発調査と合併されたかたちで、1974年に国際協力事業団（JICA: Japan International Cooperation Agency）になる。また1965年には、青年海外協力隊が発足し、ラオスを皮切りに40人の日本人が戦後初めて海外でODAによるボランティア活動に従事することになる（岡部編 2018、24）。このように、現在まで続く援助実施の国内枠組みの多くが60年代に形成されたのである。

2 ▶ DAG/DACへの加盟

▶ DAG/DAC加盟における日本のユニークさ

　視線を海外に転じると、1960年代初頭に日本はDAG、後のDACに加入し、国際援助グループの一員となった。2024年8月時点で、DACの加盟国は31カ国1機関（欧州連合EU: European Union）におよぶ。DACは経済協力開発機構（OECD）の下部組織であり、国際的な援助活動をリードしてきた存在である。また広く知られているように、OECDの前身である欧州経済協力機構（OEEC: Organization for European Economic Co-operation）は、マーシャル・プラン受け入れのために1948年、原加盟国16カ国によって発足した[1]。DAGの設立はそれからかなり遅く、1960年に原加盟国8カ国によって出発している[2]。日本はDAGの原加盟国ではないが、その発足直後の第1回会合から加わったことから、実質的な発足メンバーと言える。翌年の1961年にDAGがDACに改組されると、それと同時にメンバーとなった。すなわち、日本は発足から今日にいたるまで60年以上にわたって国際的な援助行政の中心となってきたDACの原加盟国である。

　ただしその加盟に至るプロセスはかなり変則的なものであった。OECDへの日本の正式加盟が1964年であり、それに3年先だって下部組織であるDACに日本は参加していることになるからである。さらに図3–1からも明らかなとおり、OEEC諸国がすべてDAGに加盟していたわけではない。それはフランスやイギリスといった先進国に限られており、アメリカ・カナ

図3-1 OEEC（1948〜1961年）とDAG（1960〜1961年）の初期メンバー

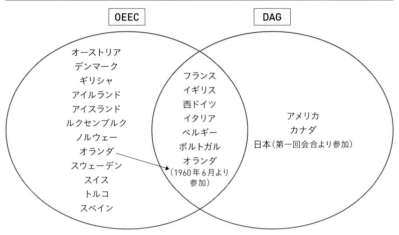

出典：筆者作成

図3-2 OECD（1961年〜）とDAC（1961年〜）の初期メンバー

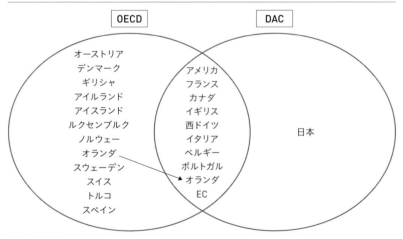

出典：筆者作成

ダ・日本の3カ国はDAGに加盟しているものの、OEEC非加盟国であった。1961年にOEECがOECDに改組すると、米国とカナダは自動的にそこに加盟することとなる。そのために、唯一OECDに加盟していないDACメンバーとなった日本の異例さが、際立つことになった（図3-2）。

　日本のOECD加盟への道程には、多くの障害が存在していた。欧州諸国は日本をパートナーと認識しておらず、日本の加盟がかなりの外交的努力を必要とするものだったことは、先行研究によって指摘されてきた（鈴木2013）。その事実に鑑みれば、DAG/DACの初期メンバーとして加入が認められたことは、むしろかなり異例なことであった。それを可能にしたのは、米国の強い後押しである。

▶ DAG/DAC加盟への道

　1960年1月にパリで開催されたOEECの特別経済委員会（Special Economic Committee）会合において、OEECに米国とカナダが加わった新たな国際機構であるOECDへの改組が決定された。その際に合わせて、DAGは援助ドナーの協議フォーラムとして生まれ変わることにも合意をみた（Kaufman 2019, 186）。米国はかねてOEECを利用した国際経済機構の創設を構想しており、そこに自国とカナダ、および日本にも参加を許可したいという考えを持っていた。その提案の背景には、冷戦要因、すなわちソ連との援助競争が強く意識されていたのである（"Memorandum of Conversation," Paris, December 19, 1959," *FRUS, 1958–1960,* Vol. VII, Part. 1）。それゆえこの会議では、米国アイゼンハワー政権のダグラス・ディロン（Dillon, Douglas）が、別称「ディロングループ」と言われているほど重要なイニシャティブを発揮していた（Führer 1994, 8; ロレンツィーニ 2022、78）。

　その特別経済委員会において、米政府は次のような希望を表明した。すなわち、現在または将来的に重要な二国間の開発援助の貢献をしている国々によって形成される、新たな組織を創設したいという希望である。原加盟国は、アメリカ、カナダ、イギリス、フランス、ドイツ、イタリアの6カ国が想定されていた（"United States Participates in Economic Talks at Paris," *Department of State Bulletin*, 1960)。また日本の参加の可能性についても、本委員会会合の議題にあがっている。貿易問題では日本と欧州諸国の間には未解決な問題が多いため、上部組織であるOECDへの改組を含む決議案で日本に言及することに欧州勢は消極的だった。イギリスやフランスといった国々はこの時期、GATTの協定を遵守しなくてもよいというGATT35条を依然として日本に対し適用しており、日本からの輸入品を差別していた。そのため日本のOECD加盟は、この時点ではほぼ実現不可能だった。他方で援助枠組みに関しては、ワシントンで開催される予定の最初の会合で、日本を正式なメンバーとして招待することにコンセンサスが得られた。つまり日本のDAG加盟は、このパリでの会議において非公式ながら認められたのである（"Telegram From the Embassy in France to the Department of State," Paris, January 15, 1960, *FRUS, 1958–1960*, Vol. VII, Part. 1)。基本的には、途上国への援助というイシューについては、日本と欧州勢に大きな懸隔はなく、日本のDAG参加はOECD加盟よりも比較的障害は少なかった。

► 日本政府の態度

　興味深いことに、DAGへの日本の参加は、米国が強く推していたものの、日本政府はそのプロセスにほとんど関与していなかったことが、日米政府高官間の会話から読み取れる。たとえばパリでの特別経済委員会について、日本政府は国務省から会議について詳細な進捗状況について説明を受けるにとどまり、自ら加盟に向けて働きかけた痕跡はない（"Memorandum of Conversation, Subject: European Regional Economic Matters," January 19, 1960, *FRUS, 1958–1960*, Vol. XVIII)。

　また当時の首相であった岸信介は、パリで特別経済委員会が開催された直後の1960年1月17日に、日米安保改定の署名などをおこなう予定で2回目の訪米を果たす。このときハーター（Herter, Christian Archibald）国務長官との会談にのぞむ際の質問項目に、開発援助が含まれていた。そこでは、欧米が途上国の開発援助のための「新たな国際的機構の設置を検討している模様」だが、それはいかなるものかを尋ねる想定質問が用意されていた（外務省「岸

総理とハーター米国務長官との会談における資料」1960年1月12日『岸総理第2次訪米関係一件　第1巻』外務省外交史料館ウェブサイト）。すなわちこの時点では、DAGの創設について伝聞以上の情報を日本側は持ち合わせていなかったのである。さらに同じく訪米準備のための文書には、米国から迫られる見込みの途上国援助の「寄与増大要請」に対しては、日本は「最近における米国及び西欧諸国の考え方に対応する体制ができていないから、各国の考え方を聴くにとどめる外ないと思われる」と記されている（島大使「岸総理ハーター国務長官会談要領（案）」1960年1月2日『岸総理第2次訪米関係一件　第1巻』外務省外交史料館ウェブサイト）。つまり外務省は、積極的にDAG加盟を目指していたわけではなく、とりあえず様子を見ようとする立場だった。

　岸はこの訪米時のナショナル・プレス・クラブにおける演説で、日本がこれまでにしてきた賠償を含む対東南アジア経済協力の実績に言及した後、次のように述べている。

　　　「最近先進工業国の低開発諸国に対する直接的援助活動を統合調整しようとの動きがあることは、自由世界の側の援助をより有効ならしめるために適切な措置であると、私は信じます。世界の進歩と安定のためのこの組織的努力にたいし、日本は応分の義務を負担する用意がある」
　　（「1960年1月20日岸総理大臣のナショナル・プレス・クラブにおける演説」『岸総理第2次訪米関係一件　第1巻』外務省外交史料館ウェブサイト）。

　この演説で注目に値するのは、岸がこの援助組織への協力を「義務」と述べている点である。岸は周知のように、アメリカの資本と日本の技術を結びつけ、東南アジア諸国を開発する地域枠組みをつくる構想を1957年に提唱していた。しかしながらそれはアメリカ・アジア諸国の双方から拒絶され、1958年にその構想の実現は断念されていた（保城2008）。かつて自ら描いて挫折した構想と同じような多国間組織が、欧米を中心に形成されつつあった。3年前の構想とは異なり、日本は負担を迫られることが予想されるが、参加することには吝かではないと、岸は公言したのである。

第3章・多国間援助枠組みへの参加　　087

続く池田勇人政権にも、DAG/DAC への加盟は義務である、とする考え
は引き継がれている。なぜならOECD加盟を希望した日本政府は、援助組
織であるDAG/DACに加入して途上国援助に貢献しているにもかかわらず、
先進国グループであるOECDから排除されているのは不公平であると、対
外的に繰り返し表明していたからである（鈴木 2013；日本経済調査協議会 1964、
63)。換言すれば、DAG/DACへの参加は負担を伴う義務的なものであるの
に対して、OECDへの加盟は権利であると日本政府は考えていた。

▶ なぜ日米両国は日本のDAG/DAC加盟を望んだのか？

　ではなぜ米国は日本の加盟を望み、そして日本は米国の強い後押しを受け
入れて初期DAGのメンバーとなったのだろうか。黒崎（2000、126）は前者の
理由として、米国政府は、①日本が開発途上国への援助に財政的な貢献がで
きることを期待していた、②日本をDAGに参加させることにより、DAGが
欧州に限定された地域的枠組みではなく、世界規模の性格を持つことになる
ことを目論んでいた、という2点を挙げている。

　そして日本政府が義務的なものであると認識していたにもかかわらず
DAGへ参加した理由は、①同盟国である米国の強い斡旋に拒否する理由
がなかったこと、②開発援助に関して他の先進諸国からの孤立を避けたこ
と、③OECD加盟に参加する足がかりとすることを意図していた、といっ
た諸点が挙げられる（黒崎 2000; 鈴木 2013; 通産省経済協力政策研究会編1966; 経総
「OECDにおけるわが国の地位―未定稿」1960年5月9日『経済協力開発機構関係　各国
の動向（加盟、脱退を含む）　日本の加盟関係』E'-0225)。特に③は、日本が先進国グ
ループとして認められ、欧州市場へのアクセスを可能にするためには是非必
要なものであった。

　DAGは1年という短命であったが、途上国への援助に関するメンバー各
国が比較可能なデータを提供することや、各加盟国援助についてレビューを
おこなうことに合意をみるなど、その後の対外援助枠組みへの橋渡しとして
重要な役割を果たした（DAC 2006; 通産省『経済協力の現状と問題点』1961、33-34;
日本経済新聞社編 1963、48-49)。また採択に至らなかったものの、加盟国は国

民総生産（GNP）の1%を援助目標とすべきであるとする決議案もDAGの時代に出されている。これは1964年3月に開催された国連貿易開発会議における勧告のひとつ、いわゆる「1%決議」のさきがけである（通産省『経済協力の現状と問題点』1964、17-18）。

　開発援助関係者には周知のように、DAGを引き継いだDACは援助の政策、管理、および有効性に関する各国の利益について話し合うための、先進国における主要フォーラムとなった。1962年には援助レビューを開始、1969年にはODAと他の資金フロー（other official flows）とを区別することを採用した。そして1972年には、序章で紹介したODAの公式な定義を確立した。日本にとってのDACは、常にアンタイド化（援助の非ひも付き化）や贈与の増額（グラント・エレメントの改善）といった、援助条件の緩和圧力をかけ続ける存在となる。このようなDACへの日本の加盟には、本節が明らかにしたように、アメリカの強い斡旋と、日本自身の経済利益の獲得——OECDへの加盟——という理由があったのである。

3 ▸　アジア開発銀行（ADB）への参画

▸ 多国間援助の利他性

　ODAには援助国が被援助国に直接資金を供与する二国間援助と、世界銀行やADBといった多国間組織に拠出して、間接的に途上国の開発に貢献する多国間援助が存在する。多国間援助の特徴としては、より政治的配慮が抑制されている点、また迅速な資金の還流が可能となる点などが指摘できる。前者に関しては、いったん資金を国際組織に拠出することは、自国の影響力が消失することを意味する。つまり「カネは出すが口は出せない」のが多国間援助であり、より利他的・政治的中立で望ましい援助形態であると考えられている。たとえば1969年に発表されたピアソン（Pearson, Lester Bowles）委員会報告にも、そのような見解を見ることができる。当該報告書は、発展途上国への資源移転の速やかな増大（GNPの1%目標）やひも付き援助の減少、融資条件の緩和など、途上国側に配慮した援助勧告がなされていたことで有名

である。それに加えて本報告書は、援助国のODAに占める多国間援助の比率を1975年までに大幅に引き上げるよう勧告していた（大来佐武郎監訳1969、190）。

この事実からも、被援助国にとっては二国間援助よりも多国間援助の方が望ましいと、援助関係者に認識されていることがわかる。ただしHook (1995, 29) が述べているように、多国間への拠出自体は必ずしも援助国が自らの国内利益を捨て去るというわけではない。むしろ多国間援助の供与を通じて各国からの信頼が高まることで、援助国は利益を得る可能性がある。また被援助国の政策——たとえばインフレ抑制的な財政政策——に介入するために多国間を通じて援助する方が、政治的という非難を回避できるために、二国間援助よりも好ましい場合がある (Baldwin 1969)。さらには、IMFが金融支援に当たって当該国に課す条件 (コンディショナリティ) の設定に介入することを通じて、米国が多国間援助に大きな影響を与えていた事実なども指摘されている (Stone 2004)。つまり多国間援助であれば大国の影響力からは離れているという議論は、ナイーブな見解なのである。

迅速な資金還流が多国間援助組織への拠出によって可能になるという指摘 (ヌシェラー1992、27) は、おそらく1980年代の日本に限られた特殊なケースだろう。第6章で論じるように日本政府は1970年代末以降、大規模な貿易黒字の還流を迫られ、ODAの急速な増大を対外的に表明していた。ただし具体的なプロジェクトやプログラムが存在して初めて拠出も可能になる二国間援助では、資金環流に時間がかかる。その点、多国間への拠出であればその必要はない。したがって多国間援助は、1970年代から80年代の日本政府にとって、都合の良い援助形態だった。

DACは援助に関与する国際機関であるものの、その主要目的はデータの整備や分析であって、自らは開発援助を実施しない。それらをおこなうのは、世界銀行や国際復興開発銀行 (IBRD: International Bank for Reconstruction and Development)、米州開発銀行 (IDB: Inter-American Development Bank) といった国際組織である。つまり援助国にとって多国間組織への参加によって実際に財政を支出するという責務を追うのは、DACへの加盟ではなく、後者の諸機関

に参加した後になる。そして本節で論じるADBは、日本が最大の拠出国であり、また歴代総裁をもれなく送り込んでいるという点で、日本の援助外交において特別な価値を持つ地域開発銀行なのである。

▶ ADBと日本

図3-3は、日本のODA全体に占める多国間の国際機関と、そのひとつであるADBへの拠出比率関係を示している。まず国際機関援助の比率であるが、1980年前後にひとつの山があり、それから1990年代後半にかけて下がったものの、21世紀に入って徐々に上昇してきた事実が確認できる。1980年前後はODA倍増計画が実施された時期である。したがってこのときに比率が上昇したのは、絶対額でも大きな増額があったことを示している。おそらくヌシェラー（1992）の前述した説明が正しく、二国間援助では処理しきれなかったODAが、多国間のそれへ向かったと考えられる。そしてADBへの拠出割合は、最初期を除けばおおむね5％以下で推移していることが見て取れる。目を引く特徴としては、1980年前後のADBへの拠出がかなり低いことでる。これは相対額だけでなく、絶対額でも低くなっている。そうした例外はあるものの、国際機関ODA全体に占めるADBへの出資比率は、初期を除けば多いときで20%を占め、平均では15%となっており、数ある国際組織の中で日本にとっての重要性が浮き彫りになっている。

ADBのメンバーはアジア域内に加えて、できるだけ多くの域外先進国の参加を得るために、投票権は域外／域内メンバーであることに関係なく、平等に行使されることが決められている。最高意思決定機関である総務会は各加盟国の代表1名をもって構成され、新加盟国の承認、増資、加盟国の資格停止、協定改定などの権限を有する。また総裁は域内加盟国から選出されることになっており、任期は5年（再任可能）で、2024年10月現在まで常に日本人が就任してきた（表3-1）。

ADBの存在は、日本の経済利益にかなってきたと言われてきた。なぜなら設立した初期のADBによる借款は、インドネシア、タイ、韓国、フィリピンといった国に多く供与され、日本の二国間援助分配と極めて似通ってい

第3章・多国間援助枠組みへの参加　091

図3-3 ODA全体に占める国際機関／ADBへの出資比率

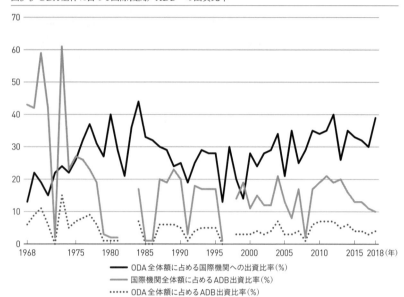

出典：外務省「国際機関への拠出金・出資金等に関する報告書」
　　　OECD/DACデータベース
注：ODA全体額に占めるADB出資比率の1982、1983、1997年は欠損値

表3-1 アジア開発銀行歴代総裁（2024年10月現在）

氏名	就任年月	退任年月
渡辺武	1966年11月	1972年11月
井上四郎	1972年11月	1976年11月
吉田太郎一	1976年11月	1981年11月
藤岡眞佐夫	1981年11月	1989年11月
垂水公正	1989年11月	1993年11月
佐藤光夫	1993年11月	1999年1月
千野忠男	1999年1月	2005年2月
黒田東彦	2005年2月	2013年3月
中尾武彦	2013年4月	2020年1月
浅川雅嗣	2020年1月	在任中

出典：筆者作成

たからである。これらの国々は言うまでもなく、日本との貿易的結びつきも強い国だった（Krasner 1981; Wan 1995; Wihtol 1988）。さらには、日本の二国間援助とADBの援助に統計的に有意な関係があることも、Kilby（2006）が指摘している。

　そのような、日本と結びつきの強いADBは、どのような過程を経て設立されたのか。それが本節のテーマである。

▶ OAEC構想の挫折

　アジアに地域的な金融機関を設立しようとする動きは、1950年代から存在した。鳩山一郎政権における「アジア開発金融機関」や「アジア開発基金」、岸信介政権における「東南アジア開発基金」などはそのような例である。ただしそのすべてが実現することなく、構想倒れに終わっていたのは、筆者の研究が明らかにしたとおりである（保城 2008）。1960年代になると、ECAFE発案による「アジア経済協力機構（OAEC: Organization for Asian Economic Cooperation）」の設立の有無が、アジア各国で議論された。ECAFEは1947年3月に国連経済社会理事会（ECOSOC: Economic and Social Council）が設置した機関で、アジア・極東地域の経済復興と他地域との経済関係の強化を目的としてつくられた（ワイトマン 1965）。日本は1952年に準加盟を認められ、1954年に正式加盟国となった（Oba 2008）。

　そのECAFEが提案したOAECの構想は、1960年3月にバンコクで開かれていたECAFE第16回総会で採択された「地域経済協力に関する決議31」に基づいている。当時のECAFE事務局長であったウ・ニュン（U Nyun）はこの採決を根拠に、アジア経済協力に関する専門家3人委員会を立ち上げ、何らかの具体策を出すよう彼らに要請した[3]。そして3人が提出した報告の中に、OAECを設立するという提案が含まれていた。その結果、日本を中心とするアジア各国は、史上初となるアジアにおける多国間地域枠組み設立の有無を討議することになる。しかしながらこの構想は結局のところ実を結ぶことはなかった。OAECが実現しなかった最も大きな理由は、アジア域内で貿易の促進を図るという目的がOAECに含まれていたからである。これに

第3章・多国間援助枠組みへの参加　　　093

国内農業の保護を掲げていた日本の農林省が反対したために、日本政府は
OAECの設立には留保するという立場をとった。アジアにおいて各国を経済
的に牽引すべき立場であった日本のこのような煮え切らない態度を目の当た
りにしたアジア諸国は、最終的に当該構想の実現に向けた積極的な努力を断
念する。OAEC構想は歴史上のひとつのエピソードとして、残されるにとど
まったのである（保城2008、第5章）。

▶ ADBの設立プロセス

　以上のようにOAECは実現しなかったものの、当該構想から貿易枠組み
の性格を消去し、開発援助の機能だけで1966年末に出発したのが、ADBで
あった。地域的な開発銀行としては、アメリカ合衆国と中南米諸国20カ国
が参加した米州開発銀行が1959年4月に設立され、翌年10月から業務を開
始している。アフリカ開発銀行（AfDB: African Development Bank）は、1961年2
月の国連アフリカ経済委員会（ECA: Economic Commission for Africa）総会におい
て設立が決議され、その後1963年8月にスーダンでおこなわれたアフリカ
諸国蔵相会議において満場一致で可決されていた。このように他の地域で開
発銀行が設立され、あるいは設立が見込まれる中、アジアにおいても同様の
機能をもった多国間枠組みへの需要は大きくなっていった。

　ADB設立の直接的な契機は、OAEC構想が頓挫した翌年1963年1月、
ECAFE域内貿易促進会議において、「輸出入資金を供給する地域銀行の設
立」提案がタイ代表によってなされたことであった（外務省経協政「アジア開発
銀行設立構想の経緯と問題点」1964年7月22日『アジア開発銀行設立関係』B'-0148）。そ
の後、ECAFE内での専門家会議（通称「7人委員会」）での報告や、ECAFE特別
閣僚会議での議論などを経て、ADB設立が実現ルートに乗ってくる。ADB
担当の日本の主官庁は外務省と大蔵省であった（鄭2005、38）。大来佐武郎の
推薦を受けて、大蔵省出身の渡辺武が代表としてECAFEに派遣され、地域
銀行設立準備に関与することになる（Huang 1975, 38）。渡辺はかねてよりアジ
アに地域銀行を設立する必要があるという考えを持ち、それに関する私案
をあたためていたが、その構想が実際に表出されることになった（渡辺1973、

11-12)。

　ただし1964年10月にバンコクで開かれたECAFE専門家会議は、加盟国を域内に限るのか、あるいは域外国を含めるのかで紛糾した (渡辺 1973、15)。域外先進国を含めたい日本の渡辺代表と、域内に限定して「アジア的性格」を強く出したいウ・ニュンECAFE事務局長らとの間で意見が対立したのである。後にADB総裁となり、当時は大蔵省からECAFEに出向していた千野忠男に言わせればウ・ニュンは、「観念論的アジア主義」者 (在エカフェ大蔵事務官千野忠男「アジア開発銀行構想について」1964年8月20日『アジア開発銀行設立関係』B'-0148) だった。したがって域外国を含めるという柔軟性を持ち合わせていなかった。

　結局のところ両者の妥協案として、域外国に門戸を開く代わりに、出資金として想定される10億ドルの過半数以上である60%をアジア地域から集めることで、「アジア的性格」を確保することになる (バンコック影井代理大使発本省外務大臣着「アジア地域協力専門家会議 (開発銀行関係) について」1964年10月22日；海外経済協力基金調査部「アジア開発銀行に関する専門家グループの報告書」1964年12月；国連局経済課「アジア開発銀行に関する諸問題点とわが方の立場」1965年8月20日『アジア開発銀行設立関係』B'-0148)。

▶ 日米の参加と拠出の決定

　日本政府が正式にADBに参加を決めた時期については諸説あるが、上記1964年10月にバンコクで開かれたECAFE専門家会議で日本の意見がかなり通った以上、同年11月から12月にかけて、政府はその設立に協力することは避けられないと判断したと言われている (曺 2009、99、261)。日本政府は、域外国であるアメリカの積極的な資金参加を強く望んでいた (大蔵省「アジア開発銀行設立構想について」1964年12月24日『アジア開発銀行設立関係』B'-0148)。なぜなら次節で論じる東南アジア開発閣僚会議の開催をめぐるプロセスからもわかるように、1960年代半ばというこの時期に、中東を含めたアジア全体の開発のために、資金的貢献を一身に背負い込むような意思と財政能力は日本にはなかったからである。ECAFEに加盟している先進国は日本を除けば、

第3章・多国間援助枠組みへの参加　　095

オーストラリアとニュージーランドのみで（米国やソ連は準加盟国）、6億ドル以上の資本金をこれら3カ国で集めることは不可能であった。

　では域外国として資金的貢献を期待された米政府は、ADBに対してどのような意向を持っていたのだろうか。1965年1月に訪米した佐藤栄作首相は、ADB構想についての支持の有無をラスク（Rusk, David Dean）国務長官に尋ねた。ラスクの回答は、ADBのアイディアは歓迎するものの、米国は参加しない、すなわち「サイレント・パートナー」に徹するというものであった（曺 2009, 99）。この時期、その他の欧米諸国も総じて消極的な態度をとり、具体的な計画が固まらない現段階においてのADBへの協力は期待できなかった（外務大臣発在タイ粕谷大使宛「アジア開発銀行（域外国の態度）」1965年2月18日『アジア開発銀行設立関係』B'-0148）。ただし米国政府内部は決して不参加で固まっていたわけではなく、消極的な財務省と前向きな政策企画会議・国務省極東局・国際開発庁（AID: Agency for International Development）とに二分されていた（曺 2009, 100-101; ウェリントン近藤大使発外務大臣着「Ecafe第21回総会」1965年3月24日『アジア開発銀行設立関係』B'-0148）。つまり米国政府内でも、ADB支持の可否について慎重な討議がおこなわれていたのである。

　そしてこの会談の直後1965年4月に、米国大統領リンドン・ジョンソン（Johnson, Lyndon B.）はジョンズ・ホプキンス大学において演説をおこなった。そこでジョンソンは、アジアの経済開発のため10億ドルの拠出を議会に要請する予定であることを明らかにしたのである。その際に、元世界銀行総裁のブラック（Black, Eugene）を政策特別顧問に任命することを表明する（"Address at Johns Hopkins University: 'Peace Without Conquest', "April 7, 1965, *Public Papers of the Presidents of the United States Lyndon B. Johnson 1965*, vol.1, 394-399）。この時期はアメリカがベトナム戦争への介入を本格化させるタイミングに当たっており、ワシントンは北爆に代表されるベトナム政策に対する内外からの批判をかわす必要性を痛感していた。そのために大統領の方針転換を含意する、歴史的演説がおこなわれたのである。そして日本を含むアジア諸国は、大いにその演説を歓迎した。演説ではジョンソンは直接ADBに言及しなかったものの、これはADBへの支持表明とも受け止められた。その考えが正しいかのように、

ジョンソン演説の直後に米政府は基本的にADB加盟の方針を固め、2億円の拠出を表明している（外務省経協政「アジア開発銀行に対する米国の参加の件」1965年4月22日『アジア開発銀行設立関係』B'-0148)。

　ではなぜワシントンはADBへの「サイレント・パートナー」から積極的な加盟へと方針を転換したのだろうか。その大きな理由は、「ジョンソン構想を円滑に推進する手段という効用」をADBが備えていたからだと曹 (2009, 106) は指摘している。すなわち、米国がジョンソン構想を推進するために、ADBを利用することがワシントンでのコンセンサスとなっていった。ちなみに米政府は、ADBを健全な運営方針に基づき、自力で存続できるような「健全な銀行 (sound bank)」となることを求めていた。これは2010年代に中国のイニシャティブによって同様の地域銀行——アジアインフラ投資銀行 (AIIB: Asian Infrastructure Investment Bank) ——が設立されたときに、米国（および日本）がその参加を拒否した理由と重なる (Miller 2019, 37)[*4]。地域的開発援助枠組みにおける制度的健全性の担保は、米国にとって必須の条件であった。そしてADBに参加することによって米国は、組織の内部から健全性を確保するルールの構築を目指していくことになる。

　日本が公式に2億ドルの出資を表明したのは、1965年6月にバンコクで開かれたADB諮問委員会である。米国も改めて資金拠出表明をこの場でおこなっている。同委員会に出席していたブラックは、2億ドルに加えて、特別基金の1億ドルまで米国は支出する用意があると表明した。このように米国はADB参加に対して公式に、積極姿勢に転換した。そのことで域外国の資金を吸収するという「最大の特色」（柏木1966、5）をもって、ADBは発足することになった。

▶ 本店所在地投票の「屈辱的敗北」

　ADBは1966年11月の東京における創立総会とともに、正式な業務を開始した。立ち上げに際しては融資活動の方針とならんで、投票権、総裁の選出、本店の所在地などが重要課題であったが、このうち投票権については、基本票と比例票をあわせた総投票件数が設定された。基本票は総投票件数の

20％を加盟国に均等に分配し、比例票は各加盟国の出資株数と同数の票となった。すなわち高額の出資をした日本や米国のような先進国が、多くの投票件数を握ることになる。ちなみに基本票の比率は、ADB創設にあたって重要な論点のひとつとなった（中川1979、38）。日本と米国が10％を主張したのに対し、「アジア」の意思を反映させようとする域内途上国サイドは20％を要求したからである（安藤1972、9）。つまりこの問題でも、「アジア的性格」を重視する途上国と域外国の権利をなるべく確保しようとする日本、という構図が観察された。

　ただしADB設立時にもっとも紛糾したのは投票権ではなく、本店所在地の問題であった。本店の所在地は最終的にマニラに決定し、日本は「屈辱的敗北（humiliating defeat）」（Wan 1995, 512）を喫することになる。本店所在地の投票がおこなわれたのは1965年11月末であり、マニラで開催された第2回ECAFE閣僚会議でそれは実施された。ウ・ニュンECAFE事務局長は当初、「アジア的方法による話し合い」で決定することを期待していたが、各候補国が話し合いに応じる態度になかったために、選挙という手段になった（国連局経済課「アジア開発銀行について」1966年2月2日『アジア開発銀行設立関係』B’-0148）。

　ADBが「健全かつ有効に運営されてゆくためには、その本店が東京に置かれることが必須である」（国経「アジア開銀に関する政府代表者会議に対する対処方針案」1965年10月13日『アジア開発銀行関係（ADB）　設立関係　準備会議関係』B’-0149）と信じて疑わなかった日本政府は当初、「日本にとり最強の相手はタイ」だと断定していた。なぜならタイは選挙のかなり前から銀行本部として提供する予定の土地、建物の図面などの具体案を公表し、誘致の実現性をアピールしていたからである。それに対して日本は出遅れていた。本店所在地の投票が3カ月後に迫っても、日本政府はタイのような具体的なオファーを準備しておらず、「東京を強力に推進することはきわめて難しい」と外務省は考えていた。したがって事前準備・工作を急ぐ必要があったのである（国連局経済課「アジア開発銀行に関する諸問題点とわが方の立場」1965年8月20日『アジア開発銀行設立関係』B’-0148）。そのひとつがタイにならった、本店設置のための土地

の確保とそのアピールであった。すなわち、「わが国はすでに本店設置のため東京都の中心部に適当な土地を準備しており、又、建物についても銀行の運営に必要なものを建造し提供する用意がある」と、ECAFEの閣僚会議において藤山愛一郎代表が表明することが予定されていた（外務省「閣僚会議藤山大臣演説案」1965年11月19日『アジア開発銀行関係（ADB）設立関係　閣僚級会議関係』B'0-149)。ただし日本政府のこのような努力は、実を結ぶことはなかったのである。

　1965年11月のマニラにおける投票は、3回にわたっておこなわれた。当初立候補していたのは日本のほか、アフガニスタン、カンボジア、セイロン、イラン、マレーシア、フィリピン、シンガポール、タイの9カ国であったが、直前にアフガニスタン、カンボジア、セイロンが撤回したため、6カ国の争いになった。11月30日午後におこなわれた第1回投票では日本が最多得票となり、イラン、フィリピンと続いた（表3-2)。したがって1回の投票では過半数を獲得する国がおらず、上位3カ国を残して再度投票することになった。

　第1回投票から第2回まではある程度の時間を経た後におこなわれるべきだとするマレーシアの提案によって、第2回の投票は翌日におこなわれた。そこでは、フィリピンがイランを逆転して2位につけ、日本とともに最終投票へと進んだ。そして食事を挟んでおこなわれた第3回投票では、8票のままの日本をフィリピンが9票と逆転したのである。外務省はこの理由を、フィリピンによる「官民を挙げての体当たり的誘致工作がいかに熾烈であり、かつ、効果的であったかが窺い知れる」（国連局経済課「アジア開発銀行について」1966年2月2日『アジア開発銀行設立関係』B'-0148) と嘆いてみせた。おそらく第2回目の投票は翌日におこなうというマレーシア提案がなければ、投票は連続しておこなわれ、外務省が言う「体当たり的誘致工作」はそもそもできなかっただろうと考えられる。

　ではどの国々が立候補国に投票したのだろうか。当該選挙はすべて秘密投票にておこなわれたために、どの国がどこに入れたのかは必ずしも明らかではない。ただし敗北した後に外務省は、独自に各国の投票行動を分析してい

表3-2 ADB本店誘致投票結果

	日本	イラン	フィリピン	タイ	マレーシア	シンガポール	棄権
第1回	8	4	3	1	1	1	—
第2回	8	4	6	—	—	—	—
第3回	8	—	9	—	—	—	1

出典：バンコク粕谷大使発本省外務大臣着「アジア開銀について」1965年12月16日『アジア開発銀行設立関係』B'-0148

表3-3 ADB本店誘致各国の投票行動

	第1回（11月30日午後）	第2回（12月1日午前）	第3回（12月1日昼食後）
日本	日本、韓国、カンボジア、ラオス、インド、ネパール、オーストラリア、ニュージーランド	日本、韓国、カンボジア、ラオス、インド、台湾、シンガポール（日本の分析）、ネパール	日本、韓国、カンボジア、ラオス、インド、台湾、シンガポール、パキスタン
フィリピン	フィリピン、台湾、南ベトナム	フィリピン、タイ、マレーシア、シンガポール（タイの分析）、南ベトナム、オーストラリア、ニュージーランド	フィリピン、タイ、マレーシア、南ベトナム、ネパール、オーストラリア、イラン、アフガニスタン、セイロン
イラン	イラン、アフガニスタン、パキスタン、セイロン	イラン、アフガニスタン、パキスタン、セイロン	
マレーシア	マレーシア		
シンガポール	シンガポール		
タイ	タイ		
棄権			ニュージーランド

出典：バンコク粕谷大使発本省外務大臣着「アジア開銀について」1965年12月16日；国連局経済課「アジア開発銀行について」1966年2月2日『アジア開発銀行設立関係』B'-0148；星国際連合局長発在パキスタン高木大使宛「アジア開発銀行について」1966年2月18日『アジア開発銀行関係（ADB）創立総会関係　総裁、副総裁関係』B'.6.3.0.41-5-1。

た（バンコク粕谷大使発本省外務大臣着「アジア開銀について」1965年12月16日『アジア開発銀行設立関係』B'-0148）。その分析を元に作成したのが、表3-3である[5]。

　この表からどのようなことが言えるだろうか。第一に、日本には韓国、カンボジア、ラオス、インドといった固定票が存在しており、それは最初から最後まで変化なかった。第二に、それに対してフィリピンの固定票は自国を

除けば南ベトナムだけだった。第三に、第1・2回で敗れ撤退を余儀なくされたタイ、マレーシア、そしてイランはその後の投票では、日本ではなくフィリピンに投票した。第四に、イランに投票していた南アジアと中東諸国は、その後フィリピンに投票した（パキスタンを除く）。すなわち日本は、完全に浮動票の取り込みに失敗したのだった。

　日本政府は後に本店誘致投票の敗因として、次の4点を挙げている。①日本が本店誘致と総裁ポストを同時に望んだため、アジア諸国の警戒心を惹起したこと、②フィリピンが開催国の立場と、第1回と第2回の間にあった半日の時間を利用し、他国に恫喝と嘆願を混ぜ合わせたあらゆる術策をおこなったこと、③南ベトナムが終始フィリピン支持の中核として暗躍したこと、④マレーシアが、自らが敗れたのちは本省の訓令を無視してまで反日を貫いたこと（国連局経済課「アジア開発銀行について」1966年2月2日『アジア開発銀行設立関係』B'-0148）である。いずれにせよ日本はこのときに「屈辱的敗北」を味わい、本店誘致に失敗した。渡辺武はこのショックを、「大きな失望感を味わった。長い間かかって育てあげた子供が遠方にさらわれていったような気持ち」と表現した（渡辺 1973、29）

▶ 総裁の決定

　そしてもうひとつの懸案事項であったADBの総裁は、1966年11月24日から東京で開かれた創立総会で決められた。日本政府は渡辺武を最初から総裁候補とする予定であった（福田大臣臨時代理発財部武内大使宛「アジア開銀について」1966年1月18日『アジア開発銀行関係（ADB）　創立総会関係　総裁、副総裁関係』B'.6.3.0.41-5-1）。東京への本店誘致に失敗した以上、総裁のポジションを得ることは不可欠であった。そして結局のところ、日本の対抗馬は現れなかった。

　もちろんこのような不戦勝を、日本政府がはじめから見通していたわけではない。たとえば本店誘致に敗れた直後、同じく敗れたタイが総裁に立候補するのではないかと外務省は水面下で情報を探っていた。そして実際のところ、タイのタナット（Thanat Khoman）外相は「タイから総裁を出したい」と

述べ、タイ銀行総裁の他、「自分もその候補の一人」であると述べていた。したがって、「日本人総裁実現は決して容易に非ず、着実に支持運動を行う」必要があった（バンコク粕谷大使発本省着「アジア開銀の総裁候補について」1966年1月25日『アジア開発銀行関係（ADB）　創立総会関係　総裁、副総裁関係』B'.6.3.0.41-5-1)。

　総裁が決定する6カ月前の5月に外務省がまとめた各国の意向は、ほとんどが日本支持であった。イランは自国の総裁立候補を予定していたが、副総裁に転換する可能性が指摘され★6、またライバルとされたタイは、この時点で日本支持にまわっていると期待されていた（経協国「渡辺武顧問のアジア開銀総裁立候補に対する各国の態度（要約）」1966年5月7日『アジア開発銀行関係（ADB）創立総会関係　総裁、副総裁関係』B'.6.3.0.41-5-1)。そして1966年11月24日、渡辺が無投票で初代のADB総裁に就任する。その瞬間を渡辺自身が記しているのでそのまま引用しよう（渡辺 1973、36)。表3-1で示したように、ADBの歴代総裁はこれ以降、すべて日本人から選出されることになる。

　まずタイの代表サーム・ビニチャヤクル蔵相が発言を求め、私を初代総裁に推したいと発議した。同蔵相も私と旧知の間柄であり、私の祖父や父のことから説き起こして、私が世銀、IMFで日本のほかタイ、ビルマ、セイロンを代表して理事を勤めたことにも触れた。それは通りいっぺんの言葉ではなく、親身のこもったものであった。この提案に対して、フィリピンのロムアルデス蔵相、ラオスのシークス蔵相、カナダのストロング対外援助局長官の三代表が支持する旨の発言をおこなった。議長は、「ほかに指名はありませんか」とたずね、発言がないので、「ほかに指名がないのでアジア開発銀行の総裁に渡辺武氏が選出されたことをここに宣言する光栄を有します」と述べた。記録によれば、昭和41年11月24日午前11時50分に初代総裁が誕生したと記されている。

　以上の設立プロセスを経たADBは、現在に至っても依然として存続し、アジア諸国の経済開発において、影響力を保ってきた。それに対して、同年

日本のイニシャティブで開催された東南アジア開発閣僚会議は、10年も経たずに消滅し、人々の記憶からも消え去ることになる。次節では、日本が1960年代に参加した多国間枠組みのひとつである、東南アジア開発閣僚会議の設立プロセスとその終焉を紹介する。

4 ▸ 東南アジア開発閣僚会議の開催

ADB設立総会から7カ月前の1966年4月、東南アジア開発閣僚会議（以後閣僚会議）が東京で開かれた[7]。これは戦後日本が初めて主催した国際会議であった（山影 1985）。当時の多くの関係者や後の研究者が、この会議は日本の援助増大の機会であると捉えていた。実際のところ、会議冒頭の挨拶で佐藤栄作首相は近い将来、開発援助を大幅に拡充することを表明しているし、福田赳夫蔵相も、アジアを中心としてできるだけ早いうちにGNPの1％を援助にふりわけることができるように努力することを誓っていた（読売新聞1966年4月6日夕刊; 朝日新聞1966年4月8日）。仮にこれが正しければ、日本は東南アジア諸国への援助を大幅に増額し、閣僚会議は華々しい日本の援助外交の成果となるはずであった。

しかしながら筆者による研究（保城 2008）が明らかにしたのは、閣僚会議は日本の対外援助を増大させるために開催されたのではなく、単なる意見交換の機会として開催されたに過ぎなかった、という事実である[8]。実際に当該会議で決まったのは表3-4に掲げるように10プロジェクトのみで、日本が明確に資金拠出をおこなったのは「東南アジア農業開発基金」と「東南アジア漁業開発センター」の2プロジェクトだけとなっている。日本に期待して閣僚会議に参加した東南アジア諸国も、このような態度に不満を高め、会議は1975年に自然消滅するに至る。

表3-4 東南アジア開発閣僚会議で決まった新規プロジェクトと日本の拠出額

年度(回)	プロジェクト名	日本の出資額
1966年(第1回)	東南アジア農業開発基金	2000万ドル
	東南アジア漁業開発センター	75万ドル
1967年(第2回)	東南アジア運輸通信地域協力	不明(経済協力開発機構関係分担金190万ドルから拠出)
	東南アジア港湾開発セミナー	同上
1968年(第3回)	なし	
1969年(第4回)	1970年代の東南アジア経済分析	不明(国連開発計画拠出金を除く国際分担拠出金260万ドルから拠出)
	東南アジア経済開発促進センター	不明
	公衆衛生・殺虫剤規制地域協力	不明(国連開発計画拠出金を除く国際分担拠出金260万ドルから拠出)
1970年(第5回)	アジア租税行政調査・研究	不明(国連開発計画拠出金を除く国際分担拠出金293万ドルから拠出)
	東南アジア家族人口計画地域協力	同上
	経営教育協力のフィージビリティ調査	同上
1971年(第6回)	なし	
1972年(第7回)	東南アジア医療保健機構(未成立)	
1973年(第8回)	なし	
1974年(第9回)	なし	
1975年(第10回)	未開催	

出典：保城(2008、253)

▶ 閣僚会議の目的

　日本の閣僚会議における第一の役割は、東南アジア諸国を束ね、経済開発の機運を醸成し、そして先進諸国からの援助を期待するための討議の場を提供することであった。同じく1966年にはADBが設立される予定であり、すでに日本は2億ドルの拠出を決めていた。そのような財政負担がのしかかる中で、東南アジア諸国の経済開発をひとり背負うような覚悟は日本政府にはなかった。援助拠出の中心と想定されていたのは、アメリカであった。

　前節で述べたように、1965年4月、米大統領はアジアの経済開発のために10億ドルを議会に対して要請するつもりがあるという、ジョンソン構想

を発表した。日本はすぐにこのジョンソン構想に対して賛意を示し、これ
に協力するための計画にとりかかることになる（"Summary of Discussions, Second
Japan-U.S. Policy Planning Consultations," April 24-27,1965, *CF-JIFA*, Reel.44)。閣僚会議
構想の主管庁は外務省経済協力局であり、当初は米国の10億ドルの他に、
日本からも5億ドルの拠出が大胆にも考えられていた（外務省「アジア平和計
画の構想について」1965年4月21日、情報公開文書2002-1242)。しかしながらこの
計画は、5億ドルもの膨大な資金を東南アジアへ供与する余裕はないとする
佐藤栄作首相に一蹴されることになる（"From Tokyo to Secretary of State," April 24,
1965, National Security File, Country File, box250, Lyndon B. Johnson Library)。またADB
設立に深く関与していた大蔵省も、閣僚会議の開催、特に日本からの資金拠
出に一貫して反対した（経協国「「東南アジア開発閣僚会議」に関する各省幹部との会
議（9月20日）」1965年9月20日、情報公開文書2003-639)。

　それらの国内的な反対に加え、外務省を悩ませたのが、中立を標榜してい
るアジア諸国の態度であった。米国のジョンソン構想にそのまま協力する姿
勢を見せれば、インドネシア、ビルマやシンガポールといった東南アジアの
中立諸国の反発を買うおそれが十分にあった[9]。それゆえ外務省は、これら
諸国の参加を得るためには、閣僚会議が米政府の構想とは異なることを示す
必要があった。しかしながら会議に対する資金援助を日本が第一に期待して
いたのは、アメリカだった。日本政府としてはジョンソン構想と閣僚会議を
関連付けることを公式に否定していたものの、地域としての東南アジア開発
をおこなう膨大な資金を提供できるのは米国以外にはない、と外務省は明確
に認識していたのである（経済協力局「東南アジア開発閣僚会議の評価」1966年4月
13日、外務大臣発武内大使宛電文「東南アジア開発閣僚会議」1966年4月13日、情報公
開文書2003-633)。

▶ **会議の終焉**

　しかし閣僚会議への米国の資金援助は結局のところ実現しなかった。日本
のDAG加盟を強く斡旋した事実からわかるように、1960年代の初めから米
国は、ソ連に対抗する意味で日本の援助増大、特にアジアに対する資金供与

を期待するようになっていた。つまりワシントンにとって、閣僚会議は米国が膨大な資金を出資する場ではなく、日本が自ら援助における国際的なイニシャティブをとった希有な機会だった。米国政府は東南アジアの経済開発については「二番目の役割（secondary role）」（野添 2009、94）に徹するべきだとする議論がこのとき現れている。このように両国の認識のずれは大きかったのである。

そしてジョンソン大統領自身、閣僚会議の開催前後（ジョンソン演説の約1年後）から、自らの構想への意欲を失っていた。ベトナム戦争のための戦費が膨張し、国内の福祉政策を実施する必要性が高まる中で、東南アジアへ10億ドルもの援助をする余裕は残されていなかったのである。閣僚会議への米国の支援は一切おこなわれなかった。

1960年代後半から1970年代前半にかけての閣僚会議の挫折は、この時点における日本の対外援助政策の限界を明らかにしてくれる。すなわち、この時期の日本には、東南アジア全体の開発援助を一手に担う意思も財政的能力もまだ持ち合わせていなかった。第6章で詳述するように日本のODA額が一気に増大するのは、倍増計画が開始された1978年以降である。残念ながら1966年に開催された閣僚会議はそれに間に合わなかった。

▶ まとめ

1950年代に始まった日本のODAは、1960年代には国内枠組みの整備と共に二国間から多国間への広がりを見せた。第一に、DAG/DACへの加盟を果たし、援助先進国グループに仲間入りをすることになる。ただしこれは日本が積極的に望んだものではなく、米政府の強い後押しがあった。日本政府はむしろDAG/DAC加盟は義務だと考えており、またそれはOECDに参加するための布石という位置づけであった。第二に、ADBが1966年に設立され、日本はそのプロセスに深く関わるとともに、域内最大の出資国となった。しかしながら最も欲したADB本店はフィリピンのマニラに決定されるという、大きな敗北を喫したのである。総裁ポストは無投票で勝ち取ったも

のの、日本がこの時期、依然としてアジアの中でリーダーシップを発揮することの困難を示したのが、ADBの本店誘致問題だったといえよう。

　そして第三に、同1966年4月に開催された閣僚会議は、そのようなリーダーシップを実現するための絶好の機会だった可能性がある。少なくとも当時の東南アジア諸国やアメリカ政府は、日本がようやく重い腰を上げたと考えていた。しかしながら東京の思惑はそれとは異なり、閣僚会議は主として米国の資金の受け皿として考案されたものであり、自らが大幅な援助額を増大させる意図はなかった。そのような閣僚会議が長く続くはずはなく、10年と経たずに自然消滅することになる。

　日本が実際に援助を増大させるのは、1970年代後半になってからである。その代表例として従来の研究は、福田ドクトリン（1977年）を挙げてきた。次章では、その福田ドクトリンが表明された背景、内容、そして各国の反応とともに、実質的な援助効果を検証する。そこで得られる結論は、今までの通説的理解を覆すことになるだろう。

　註

★1——オーストリア、ベルギー、デンマーク、ギリシャ、アイルランド、アイスランド、イタリア、ルクセンブルグ、オランダ、ノルウェー、ポルトガル、スウェーデン、スイス、トルコ、イギリス、および西ドイツ。

★2——アメリカ、イギリス、フランス、西ドイツ、イタリア、ベルギー、ポルトガル、カナダ。また国際機関である欧州経済共同体（EEC：European Economic Community）も参加していた。

★3——その3人とは、ラル（Lall, K, B.）インド商工次官、ダヴィル（Thavil, Luang）前タイ経済省次官、そして日本の経済企画庁総合計画局長、大来佐武郎であった。

★4——AIIBへの日本の対応は、本書の第8章および第9章で論じる。

★5——より詳細な分析は、鄭（2002）を参照。シンガポールの投票については日本とタイの分析が異なったため、本表では両論併記した。

★6——日本の期待どおり、イランは5月末に総裁立候補を取り下げ、その代わりに副総裁立候補への支持を日本が約束することを要求していた（テヘラン安藤大使発本省外務大臣着「アジア開銀について」1966年5月26日『アジア開発銀行関係（ADB）　創立総会関係　総裁、副総裁関係』B'.6.3.0.41-5-1）。しかしながら結局イランは、国内事情からADBに不参加を表明した。

★7——参加国はタイ、マレーシア、シンガポール、ラオス、南ベトナム、フィリピン。政変直後のインドネシアと、タイ・南ベトナムに対して小規模な紛争を継続させていたカンボジアはオブザーバーとして参加している。

★8——本節の記述は保城（2008、第7章）、に基づくので、より詳細な分析はそちらを参照のこと。ちなみに保城（2008）以降にも、閣僚会議についての論考がいくつか発表された。しかしながら本節で示した筆者の見解に対して、大きな修正を求めるような研究は本書執筆時で現れていない。

★9——ただしインドネシアは1965年の9・30事件によってスカルノ体制が揺らぎ、翌年3月のクーデターによってスハルトに権限が委譲されている。したがって閣僚会議が開催された4月には、インドネシアは中立と言うよりも親米政権になっており、それゆえオブザーバーとして参加することが可能になった。

第4章

福田ドクトリン論再考[*1]

▶ はじめに

1977年日本政府は、「わが国が戦後初めて示した積極的外交姿勢」（外務省『わが外交の近況』1978、44）を世界に向けて示した。当時の総理大臣であった福田赳夫が東南アジア諸国を歴訪した際に、最後の訪問地であるフィリピンの首都マニラで表明した外交声明、すなわち福田ドクトリンがそれである。その中で最も有名なフレーズは、次の三原則からなっている。

第一に、わが国は、平和に徹し軍事大国にはならないことを決意しており、そのような立場から、東南アジアひいては世界の平和と繁栄に貢献する。

第二に、わが国は、東南アジアの国々との間に、政治、経済のみならず社会、文化など、広範な分野において、真の友人として心と心のふれ合う相互信頼を築きあげる。

第三に、わが国は、「対等な協力者」の立場に立って、ASEANおよびその加盟国の連帯と強靱性強化の自主的努力に対し、志を同じくする他の域外諸国とともに積極的に協力し、また、インドシナ諸国との間には相互理解に基づく関係の醸成をはかり、もって東南アジア全域にわたる平和と繁栄の構築に寄与する。

第4章・福田ドクトリン論再考　　109

さらには、三原則には含まれていないものの、声明（マニラ・スピーチ）本文には、文化交流の積極的推進、ASEAN工業化プロジェクトに対する10億ドルの資金協力といった、具体的な政策も述べられている。つまり三原則だけでなく、マニラ・スピーチ全体を福田ドクトリンと捉えるならば、本書のテーマである経済援助がそこに含まれる。後述するように先行研究が福田ドクトリンを、日本のODA政策史において特別視する理由はここにある。本章では、マニラ・スピーチ全体すべてを含めて「福田ドクトリン」とし、三原則に限定する際は、「狭義の」を付す。

　このマニラ・スピーチの発表からすでに50年ほどの歳月が経過した。本章第2節で紹介するように、その間に福田ドクトリンに関する研究は多くの蓄積がなされ、多くの人々の関心を惹きつけてきた。近年においても福田ドクトリンは、日本外交研究の分析対象として、あるいは現代の日本が見習うべき外交政策として論じられることが多い。そして本書が福田ドクトリンを取り上げるのは、日本のODAの歴史上重要性を持つイベントとして位置づけられてきたからである。

　本章の目的は、このように依然として高評価が多数を占める福田ドクトリンを批判的に再検討し、新しい視角を提供することにある。福田ドクトリンが表明された1977年における、福田赳夫首相の東南アジア歴訪をめぐる政治過程の詳細を明らかにし、この時期に日本政府がおこなった援助分配額を統計的に分析することで、次の3点を明らかにする。

① 　福田の東南アジア訪問によって、ASEANの要求はほとんど実現しなかった。ASEAN諸国が最も強く求めていた貿易アクセスの改善問題はことごとく日本に拒否された。日本政府が打ち出した「ASEAN文化交流基金」は評価されたものの、これはそもそもASEANの要求するものではなかった。
② 　福田ドクトリンという名称はマスコミによってつくられたものではなく、外務省アジア局が明示的に提案したものであった。

③　本書の目的に照らし最も重要な点として、福田ドクトリンによっ
　てASEAN諸国に対する実質的なODAの増大は、実際のところほと
　んどなかった。すなわち福田ドクトリンは、日本のODA分配の歴史
　にほとんど影響を与えなかった。

　以下本章では、1970年代における日本のODA政策の変化を概観した後、
福田ドクトリンの背景と出現プロセス、ASEAN諸国との外交交渉、そして
ODAへの影響を分析していく。

1 ▶　1970年代日本のODA改革

　すでに概観してきたとおり、1989年に日本は、ドルベースで世界1位
の援助額を供与するトップドナーとなった。この原因のひとつとしては、
1985年のプラザ合意による急速な円高が挙げられる。ただし円ベース換算
においても、1970年代後半以降における日本の援助額は、着実に増加して
いた。また量的拡大だけではなく、対象国の拡大も1970年代から生じてい
る。たとえば円借款の貸与は、1960年代は賠償・準賠償国やインドを除け
ば、パキスタン、パラグアイ、ブラジルなどに限定されており、ほとんど広
がりはみられなかった。それが1973年から74年にかけて一変し、対象国が
23から37へと大幅に増えている（25頁の図1-1参照）。

　1950年代後半から60年代にかけては、援助関係の日本政府の刊行物に
は、「わが国の利益になる援助」の論調が強かった。それが転換してきたの
もこの時期、1970年代である[2]。たとえば通産省は1973年の『経済協力の
現状と問題点』で、次のように述べている。アメリカに次いで（民間ベースも
含む）援助総額第2位のドナーになった日本は、「いまやその持てる経済力を
十分に活用し、自国の直接的利益にとらわれず真に相手国の立場に立った経
済協力を積極的に展開していくことを強く求められている」（通産省『経済協
力の現状と問題点』1973、92、134）。自国のための援助政策が、レシピエントの
ためのそれにシフトしつつあることを、この一文は物語っている。

しかしながらこのような政府の認識や動きに比して、ODAに対する国民の認知は今ひとつであった。総理府が1975年7月におこなった世論調査によれば、日本が発展途上国に対する経済協力をおこなっていることを「知らない」と答えた人の割合は、日本人の25%を占めていた（通産省『経済協力の現状と問題点』1975、169）。すでに対外援助の供与が開始されて20年が経過していたにもかかわらず、このような結果に留まっていたのは驚くべきことであった。したがって政府にとって、「あらゆる機会を通じて」（通産省『経済協力の現状と問題点』1975、169）国民に経済協力の実態を知らせることが急務だった。

　1970年代には、このような日本政府内の認識と行動の転換とともに、組織改革もおこなわれている。たとえば1972年11月に日本輸出入銀行法と海外経済協力基金法が改正され、商品借款に関してアンタイド化が可能になった（海外経済協力基金編 1982、117）。アンタイド化については国際的な圧力の影響が大きかった。1970年9月に東京で開催されたDAC上級会議で、国際機関への拠出と二国間ODA借款のアンタイド化が決定され、日本も原則的にそれに支持を与えていた（通産省『経済協力の現状と問題点』1970、105）。また田中角栄内閣時の1973年2月には「経済社会基本計画」が策定された。そこでは、できるだけ早期にODAがGNP比0.7%を達成すること、無償協力の拡充、借款条件の緩和、アンタイド化の推進、国際機関を通ずる援助の拡大など、援助諸条件の改善を図ることが明記された（経済企画庁総合計画局編 1973、74）。

　国際協力事業団（JICA）が設立されたのもこの時期、1974年8月のことである。この旧JICA誕生は、1972年におこった世界穀物危機にその起源が求められる（荒木 1984）。この年、全世界における天候不良により穀物の需給が逼迫し、たとえば大豆などを米国に依存していた日本政府は危機感を募らせていた。そこで農林省は「海外農林業開発公団」というものをつくり、海外での農林業開発を支援するという構想を立ち上げた。この公団は結局のところ実現しなかったものの、通産省が同時期に「海外貿易開発公団」構想を打ち出し、両構想を統合したかたちで、JICAが設立されることが決められた。

この際、既存のOTCAや海外農業開発財団、海外貿易開発協会もそこに加えられることになる。この旧JICAが外務・通産・農林3省の共同管轄であったのは、このような歴史的経緯による。さらに1975年7月には、経済協力の基本政策に関する重要事項について、考え方の統一を図ることを目的とした「対外経済協力閣僚会議」も設置されている[*3]。

　以上のように日本のODA政策を再考する必要性の高まりとともに、組織・制度改革がおこなわれたのが、1970年代前半だった。ただし実際の日本の開発協力政策の「ターニング・ポイント」は、1977年から78年にかけてであり、そこで受動型あるいは「収益の戦略」から、能動型あるいは「供出の戦略」へと日本のODA分配政策が変化したと言われている（加藤1998、65）。

　その典型例として第一に挙げられるのが、1977年に福田赳夫首相が東南アジア歴訪中に打ち出した「福田ドクトリン」である。

2 ▸ 「福田ドクトリン」論

　福田ドクトリンについての先行研究は、その政治性に注目する。特に重視されているのは、はじめに紹介した三原則のうちの最後のもの、すなわち「ベトナムとASEANとの平和共存の呼び掛け」である。ドクトリンについての初期の研究であり、依然として最も包括的なSudo (1992) は福田ドクトリンを高く評価する。なぜなら福田ドクトリンとは日本がこの時期にASEANとインドシナ諸国の「橋渡し」を試みることによって、受動的・経済中心から積極的・政治志向へと転換した新しいイニシャティブだったからである。田中 (1999) もまた、福田ドクトリンは、戦後の低姿勢外交から脱却して、東南アジアの安定的秩序形成のために「政治的役割」を担おうとしたと論じている。田中によれば具体的には、「ASEANとインドシナを直接的に『橋渡し』しようとしたのではなくて、『橋渡し』のための環境整備をするような政策を実行することが日本の『政治的役割』となった」（田中1999、43-44）。若月 (2006) やPressello (2014) も、米国との協調をはかる一方で、社会主義諸

国にも外交的働きかけをおこなった福田ドクトリンの画期性を、東南アジアの秩序安定形成の試みに求めている。

ただし実際には、福田ドクトリンの政治的役割はすぐに達成できないことが明らかになる。1978年末のベトナムによるカンボジア侵攻により、ASEAN対インドシナという対立の構図は確定的なものとなり、両陣営の平和共存をめざす福田ドクトリンの前提が大きく崩れてしまうからである。すなわち、「外交のプロの作り上げた福田ドクトリンの第三項目は、国際政治の現実のまえにまったく実現不可能となってしまった」（田中2007、15）わけである。その後、インドシナ情勢が改善され、緊張緩和に向かうとカンボジア和平に日本が積極的な関与をおこない、その起源を福田ドクトリンに求める研究もある（Pressello 2018, 218; 五百旗頭監修 2021、571）。だが少なくとも福田ドクトリンの試みは、その直後には停滞することになる。

このように政治的目標は達成することができなかったが、それにもかかわらず福田ドクトリンは日本と東南アジア関係史上、そして日本のODA外交の歴史上無視できない意義を持つ。なぜなら福田ドクトリンは、ASEAN諸国への経済援助を増大させたきっかけとなったと理解されているからである。田中（1999、45-46）によれば、東南アジア秩序安定の環境整備のためにASEANのレジリアンスを強化しなければならないとの認識が日本政府内にあった。そしてそれを担ったのが、後述するASEAN工業化プロジェクトに対する10億ドル支援や援助の増額、ASEAN文化交流に対する資金援助であった。小林（1997）やSudo（1992）も同様に、日本が初めてその外交目的として東南アジア地域の安定を本格的・自覚的に設定したことを、福田ドクトリンの意義であるとし、その際にODAは日本の積極的な姿勢を示す手段となったとする。それ以外にも、福田ドクトリンの第二原則である「心と心のふれあい」が、ASEAN経済開発プロジェクト支援への基盤となったという見解（井原2022）もある。さらには日本の援助政策の全体像を扱った研究群は、日本によるODA分配政策の歴史の中で、福田ドクトリンの歴史的重要性を強調する傾向にある（Rix 1980, 185; Lam ed. 2013; Hirata 2002, 169; Jain 2016, 97）。

本章では、このような通説的理解を再検討してみたい。

3 ▸ 福田ドクトリン出現の背景

なぜ1977年8月に、福田ドクトリンが打ち出されたのだろうか。それは
①インドシナ諸国との関係改善の必要性、②ASEANという地域機構への評
価の高まり、という二つの国際要因と、③ODA政策の再検討、という国内
要因が背景にあった。

1970年代中旬は、東南アジア地域秩序、特にインドシナに大きな変動が
生じた時期である。ベトナム戦争の終焉（1975年4月）、そして三つの社会主
義国家、ベトナム社会主義共和国（1976年7月）、民主カンプチア（1975年4
月）、ラオス人民民主共和国（1975年12月）の成立がそれである。当該地域か
らの米国の軍事的プレゼンスが縮小していく中で、東京はこれら共産諸国と
の関係構築を模索していた。日本政府としては、インドシナ諸国が中ソいず
れの影響からも独立で、自由な路線をとることを支援する方針であった。ベ
トナムを中心とするインドシナ共産諸国を、過度な中ソ両大国依存状態にさ
せてはならない。そのために日本は、インドシナ諸国への経済援助を積極的
におこなう必要があった（枝村 2008-21 (8)、74-75）。

そして同時期、設立10周年を迎えるASEANという機構に対する評価も、
外務省内で高まりつつあった。それまでは、ASEANという機構を通じて日
本の外交をおこなうことに対して、懐疑的な見方があった（枝村ほか 1977、
132）。たとえば日本の外相がその外交演説で初めてASEANに言及したのは、
ようやく1973年1月、大平正芳のときである（「第71回特別会における外交演説」
1973年1月27日『データベース世界と日本』）。それが1976年の首脳会議の開催に
見られるように、ASEANはより実質的な機構として変化していったと外務
省は認識するようになった（中江 1977、75）。1976年12月23日（福田政権発足
の1日前）に外務省アジア局によって記された文書には、ASEANに対する高
い評価とそれへ協力する必要性が述べられている（アジア局地域政策課「日本・
ASEAN関係」1976年12月23日『福田総理東南アジア諸国訪問（資料）』2010-0031）。つ

まりこの時点ですでに外務省アジア局は、ASEANを重要視し、それへの実質的な協力を惜しまない必要性を認識していたのである。

▶ 対外援助政策の再検討

福田ドクトリン出現の背景にある三つ目の要因として、日本の援助政策の再検討が指摘できる。第2章で論じたように、1955年のビルマを皮切りに始まった戦後賠償・準賠償は、1970年代後半にはそのほとんどの支払いが終了した。さらにこの時期日本は、累積する貿易黒字に対する世界的な批判に直面していた。これをうけたかたちで、ODAの再検討が開始された。たとえば1975年に対外経済協力審議会が意見を発表したが、そこでは「開発協力の諸政策を強力に推進する」必要性が唱えられている（内閣総理大臣官房審議室対外経済協力担当事務室編 1976）[4]。1977年の初頭においても、外務省は南北問題を外交の緊急課題として掲げ、ODAの量的拡大をその手段として位置付けている（朝日新聞1977年1月5日）。1976年当時の日本のODAはGNPの0.2%という数字で、国際公約の0.7%を大きく下回っており、またグラント・エレメントも74.9%と、DAC諸国の中で米国と並んで最低の数字であった（通産省『経済協力の現状と問題点』1978、55、57、78）。

通産省もまた、経常収支の黒字減らしを意図したかたちで、援助を大幅に増額することを1977年7月に公言していた（毎日新聞1977年7月3日；朝日新聞1977年7月17日）。さらには財政的に保守的な大蔵省でさえも、1976年の時点でODAの増額方針に賛成していたのである（日本経済新聞1976年8月23日）。

そのような国内の動きを受けて1977年6月、国際経済協力会議（CIEC: Conference on International Economic Cooperation）で日本は発展途上国に対するODAを「5年間に倍増以上」すると表明した（海外経済協力基金編 1982、150）。つまり福田が東南アジアを訪問する1977年という年は、日本政府が一丸となって戦後初のODA倍増計画を打ち出した年であった。

1977年8月の福田ドクトリンは、以上のような国際／国内的背景から誕生したのである。

4 ▶ ASEAN首脳会議への日本の参加問題と対日要求

本節では、ASEAN側が日本政府に対して何を求め、また何を求めなかっ
たのかを検証する。先述したように、福田ドクトリンでは、ASEANとイン
ドシナ諸国との平和共存を日本がサポートする用意があると表明している
が、安全保障上の期待をASEANが日本に持っていたのかどうかもここで検
証する。結論を先取りすると、ASEANはタイを唯一の例外として、日本か
らの安全保障の役割を求めてはおらず、もっぱら経済的な貢献——援助と貿
易の増進——に期待したのだった。

▶ 第2回ASEAN首脳会議への参加

1977年1月、インドネシアの経済・財政・工業大臣であるウィジョヨ
(Widjojo Nitisastro) が来日し、福田のASEAN首脳会談への出席が非公式な
がら打診された (朝日新聞1977年2月12日)。フィリピンのマルコス (Marcos,
Ferdinand E.) 大統領もその前後に、日本とASEANの間で閣僚級の会議を開
き、経済協力について話し合うべきだと繰り返し主張していた (山影 1991、
199; 朝日新聞1976年10月1日; 毎日新聞1977年1月15日、1月21日)。三木武夫内閣
に対する倒閣運動、いわゆる三木おろしとそこで交わされた大福密約によっ
て前年の12月24日に発足したばかりの福田政権は、このようなASEAN側
の要請を受けて、首相の東南アジア訪問とASEANへの経済協力の対応策を
検討することになる。福田はすでに1977年の年頭会見で、「ASEANとの間
が疎遠になっており、放置されているのはよくない。私か外相のどちらかが
(訪問し)、接触を持ちたいと考えている」と早期の東南アジア訪問を示唆し
ていた (朝日新聞1977年1月1日)。ASEAN首脳会議という華々しい舞台への出
席はまさに渡りに船であった。つまりASEANを重視したい日本と、経済協
力を獲得したいASEANの思惑が一致し、福田首相のASEAN諸国訪問が実
現することになる。その後から焦点は、ASEAN諸国がどのような要求をお
こない、それに対して日本政府がどの程度それら要求を満たすかに移ってい
く。

第4章・福田ドクトリン論再考　　　117

► ASEANの対日要求

ASEAN諸国の日本に対する経済協力の要望は、日本が高度成長を遂げた後には常に存在していたと言ってもよい。前章で述べた東南アジア開発閣僚会議の場はその典型例であったが、このような要求に対して日本の腰は常に重かった。しかしながらその動きは変化しつつあった。前節で述べたように、1970年代後半には戦後賠償の支払いが終了し、また累積する貿易黒字批判を受けたかたちで、この時期の日本政府は援助政策の再検討を迫られていた。政府開発援助を5年以内に倍増するという1977年6月における福田の世界に向けた政策表明は、その再検討の結果だった。ASEANに対する経済援助も、再検討事項のひとつであった。

ASEANが日本に協力を求めたもののひとつに、「ASEAN工業化（産業）プロジェクト」がある。これは前年の第1回ASEAN首脳会議で決定された、域内の工業化を促進させるための大規模計画である。各国が1件ずつ工業プロジェクトを希望し、ASEANから承認された場合、他の加盟国はその生産品の輸入を特恵的に扱い、また競合プロジェクトを実施しない義務を負うというものであった。当時のASEAN加盟国は5カ国であったため5つのプロジェクトが基幹となっており、インドネシアとマレーシアは尿素肥料、フィリピンは過リン酸肥料、シンガポールはディーゼル・エンジン、タイはソーダ灰を担当することが、福田の東南アジア訪問後に決定されている (Suriyamongkol 1988, chap.3)。加盟各国の共同出資が前提であったが、日本に資金的な協力を求めたのは、「すでに工業基盤が整っているシンガポール以外の国では、外国からの資金・技術の協力なしにはなかなか実行できない」からであった (江森1977、154)。後述するように、このプロジェクトに対する日本の支援決定が、広義の福田ドクトリンの最も大きな貢献となるはずだった。しかしながら実際には、当該プロジェクトはASEAN側の事情により、ほとんど実施されないままに終わるのである。

福田ドクトリンの政策作成プロセスに話を戻すと、ASEANの対日要求は断続的におこなわれた。1977年3月23日には、インドネシアのジャカルタ

で初の「日本・ASEANフォーラム」が開かれた。ここでの議題として次の4項目に対してASEANが日本からの協力を要請している。すなわち、①5つのASEAN工業化プロジェクトへの協力、②ASEAN産品に対する、特恵関税供与、非関税障壁の除去、③ASEANの伝統的対日輸出商品に対する輸出所得保証メカニズム（STABEX: Stabilization of Export Earnings System）やアジア版ロメ協定の締結[5]、④ASEAN地域の食料および農産品増産のための投資促進や農業研究に対する援助、である。それに対して日本側は、「ASEAN側の要望が、ASEAN内部で十分検討され、調整されたものとして示されれば、検討する用意がある」と回答し、言質を与えることは避けた（外務省アジア局「在京リム・マレイシア大使の福田総理訪問用資料（その2　総理御発言要領）1977年6月『福田総理東南アジア諸国訪問ASEAN首脳会議と総理歴訪（第2回）』2011-0726）。また6月25日にもシンガポールで、ニヤム（Ngiam Tong Dow）シンガポール経済開発庁長官・大蔵次官を委員長とするASEAN貿易委員会と日本の外務、通産、農林、大蔵各省の代表とが話し合った（シンガポール発本省着「日本・ASEANフォラム（貿易非公式会合）」1977年6月26日『福田総理東南アジア諸国訪問』2010-6243）。ASEAN側はSTABEXの重要性や地域特恵への考慮を求めたのに対し、日本としてはロメ協定タイプの経済ブロックには反対すると答えている。

　以上のような数回の討議を経て、最終的なASEANの対日要求は7月15日のASEAN経済閣僚の訪日時におこなわれた。ラヴィウス・プラウィヨ（Prawiro, Radius）インドネシア貿易相を団長とするASEANミッションがこの日に来日し、翌日に外務、大蔵、通産、農林の関係省庁局長らと協議を開始する（朝日新聞; 毎日新聞1977年7月17日）。ここでは次の4項目に焦点を絞って、ASEAN側の要求をめぐって話し合われた。すなわち、① STABEX、② ASEAN産品の対日輸出拡大、特に一般特恵の枠内にASEANの関心項目を増加させること、③日本の非関税障壁の軽減と輸入割り当て枠の拡大、④ ASEAN工業化プロジェクトに対する日本の資金および技術援助、である。つまり福田の訪問時にASEANが求める具体的な「お土産」が、このミッションによって日本へ知らされたわけである。

　なおアジア版ロメ協定については、日本政府がこれまでの協議やインドネ

表4-1 ASEAN各国首脳による日本に対する期待

	経済問題	安全保障問題
マリク外相 （インドネシア）	ASEAN製品の輸入 ASEANとの経済協力体制の構築	日本がASEAN－インドシナの橋渡しを する必要なし
マハティール副首相 （マレーシア）	一次産品の価格安定 工業技術の提供 農業技術の提供	ASEANの政治状況を理解する
ロムロ外相 （フィリピン）	貿易バランスの是正（一次産品など の輸入拡大） 工業技術の提供	N/A
ラジャラトナム外相 （シンガポール）	自国本位の経済的ナショナリズム の停止	軍事介入望まず
ウパジット外相 （タイ）	輸入の拡大 建設分野への投資拡大	地域の政治安定のために役割を

出典：毎日新聞1977年8月1日より筆者作成

シア大使を通じて難色を示していたこともあり（インドネシア発本省着「ASEAN
経済閣僚会議」1977年6月30日『福田総理東南アジア諸国訪問』2010-6242）、ASEAN
は必ずしもその制定にこだわらないという姿勢に転じた（朝日新聞1977年7月
17日）。

　以上のように、ASEANの具体的な対日要求は日本へ正式に伝えられた。
四つのうち三つが貿易問題であり、ひとつが経済援助であった。このよう
に、ASEANの要求は経済的要求に絞られていた。では狭義の福田ドクトリ
ンの第三原則である地域安定化への貢献、いわゆる「平和共存」外交に対す
るASEAN諸国の考えはどのようなものだったのだろうか。ASEAN各国首脳
が日本に対してどのような期待を抱いているかの調査を、毎日新聞が福田東
南アジア訪問前におこなっている。表4-1は、それをまとめたものである。

　この調査によると、ASEAN諸国が日本に求めたものは、タイを唯一の例
外として、もっぱら技術の提供や輸入の拡大といった経済的貢献だったこと
がわかる。日本は経済大国として、この地域の安定に貢献することを望んで
いたが、他方でASEAN諸国は、日本に安全保障問題での貢献を期待してい

なかった。

5 ▸ 日本政府内の政策過程

　繰り返し述べると、福田首相の第2回ASEAN首脳会議への出席に対し、ASEANとしての日本政府への要求は、STABEX、ASEAN産品の対日輸出拡大、日本の非関税障壁の軽減と輸入割り当て枠の拡大、そしてASEAN工業化プロジェクトに対する日本の資金および技術援助、の4点だった。これらの要求が日本へ正式に伝えられたのは7月半ばだったが、それ以前から、公式非公式にそれら要求は日本に伝わっていた。では日本政府は、このようなASEAN諸国の貿易支援・経済協力の要請に対してどのような対応をみせ、福田ドクトリンに結びつけたのであろうか。それを検討するのが本節である。

　福田ドクトリンの立案は外務省アジア局の4人（中江要介局長、枝村純郎参事官、西山健彦地域政策課長、谷野作太郎南東アジア第二課長）が担っていた（Sudo 1992, 163）。ただし日本の対外経済方針を左右するような重要政策には、当然ながら他省庁や政治家の意向が影響してくる。さらに米国がどのような態度をとっているかもまた、日本の外交や経済政策を左右する要因のひとつである。したがって以下では、外務省内の動きだけではなく、通産省や大蔵省といった他省庁、福田赳夫を中心とする主要関係閣僚、そしてアメリカの動向を時系列的に結びつけながら、日本政府による対ASEAN政策の形成過程を詳細に構築していく★6。

　ASEANの対日要求、特に貿易問題のそれに対する日本政府の具体的な動きは、福田の東南アジア訪問が固まりつつあった5月末から始まる。そこから6月初旬にかけて、外務省内でSTABEXや特恵貿易制度新設の検討がなされている。その後、6月24日にシンガポールで開かれたASEAN貿易委員会と日本政府関係者との話し合いなどを経て、7月14日、首相官邸にて首相・外相・通産相以下、関係省庁幹部らによるASEAN諸国歴訪に臨む日本政府の方針を決める勉強会が開催された（外務省「第一回総理東南アジア訪問関係勉強

会資料」1977年7月13日『福田総理東南アジア諸国訪問』2011-0344)[7]。この勉強会は、福田が出発する8月6日までの間に、7月22日、7月29日、8月4日と合計4回開かれた。ちなみに第1回から第2回の間の7月16日に、ASEANミッションが来日して上記4点の対日要求が伝えられている。

外務省はアジア版ロメ協定以外のASEANからの要望に、なるべく応えようと考えていた。たとえばアジア局は7月中旬に書かれた文書において、日本を「経済大国」と自己定義し、「世界の安定的秩序のために、積極的に貢献することが求められる」「経済面での協力についても場合によっては、ASEAN側の要望を先取りするくらいの心構えでのぞむことにより、対日信頼感の醸成に役立てるべき」と意気込んでいた (外務省アジア局「対ASEAN外交推進の意義」1977年7月14日『福田総理東南アジア諸国訪問』2011-0344)。また福田ドクトリン発表後も、ASEANの「一次産品価格及び輸出所得安定のための措置を積極的に検討、実行すべき」であると提言として掲げており (外務省アジア局地域政策課「昭和52年度東南アジア・太平洋地域大使会議議事要録」1978年1月『ASEAN文化基金』2010-3453)、そこからもASEANの要求に真摯に対応しようとする姿勢が見て取れる。それに対して次に述べるように、財政的問題からSTABEXには反対する大蔵省と、農産業を死守したい農林省が輸入割り当てに難色を示すというのが、日本政府内で観察された構図であった。

▶ ASEAN工業化プロジェクト

福田が政権に就く以前から、激変する東南アジア情勢と、ASEANという組織の重要性の高まりを見据えて、外務省内では東南アジア政策の再検討がおこなわれてきた。これは第3節で述べたとおりである。さらにODA政策の再検討と関連させるかたちで、ASEANに対する経済援助増大の必要性も日本政府が認識しており、援助イシューに関しては他省庁の反対は見られなかった。その結果として、3月中旬にASEANへの経済援助を5割増しの1310億円と増額することが、外務・大蔵・通産の三省間で決定されている。この際に、ASEAN工業化プロジェクトについても、「企業化の可能性が確認されるならば、協力する」と福田首相が広言する (サンケイ新聞1977年3月

122

18日)。そしてこの協力方針は、福田の東南アジア訪問前にも確認されてい
る（経協局「ASEAN工業プロジェクト」1977年7月12日『福田総理東南アジア諸国訪問』
2011-0344）。つまりASEAN工業化プロジェクトへの援助に対する国内的な障
害は全くと言ってよいほどなかった。

　以上のようなASEANへの経済協力への具体的な動きと同時に、日本政府
はアメリカに対する配慮も忘れていなかった。首相となって4カ月後、1977
年3月下旬に福田はアメリカへ訪問する。この年から大統領に就任していた
カーター（Carter, Jimmy）大統領との間でおこなわれた日米首脳会談で福田は、
日本がASEAN諸国とベトナムに対する経済協力を通じてアジアの安定を図
ることの重要性を強調している（若月2006、158-160）。その後の共同声明でも、
両者はASEANとインドシナ地域を東南アジアの重要な安定化要因と認め、
日米両国がASEAN諸国の地域的結束への努力に協力・援助する、と発表す
る（「福田赳夫内閣総理大臣とジミー・カーター米大統領との間の共同声明」1977年3月
22日『データベース世界と日本』）。

　この声明は西山健彦アジア局外務参事官が述べているように、「前年の大
統領選挙戦の間殆ど東南アジアを口にせず、また勝利を収めた後も東南アジ
アについて殆ど何も語らなかったカーター大統領の東南アジア政策を明らか
にした最初の公式文書」（西山1978、6）であった。つまり日本政府のASEAN
政策、特に援助の増額は、米国の公式なお墨付きを得ていたのである。

▶ STABEX

　ASEANの対日要求のひとつであるSTABEXについては、外務省は受け入
れ可能であると考えていた。5月31日に書かれた外務省案では、ASEAN側
からSTABEXスキーム創設の要望が強く出された場合、日本としては「然る
べき国際フォーラムで検討を行うことに異議はない」。また現行の制度ある
いは所定案との関連に関して、ASEAN側と日本側の専門家レベルで検討す
ることが適当である、と記述されている（経総「対ASEAN輸出所得安定化スキー
ム（処方針案）」1977年5月31日『福田総理東南アジア諸国訪問』2011-0344）。この方
針は、7月22日や28日に書かれた資料でも確認できる。このような制度の

実施に向けてはさまざまな問題が存在するが、「ASEAN側の要望自体は理解できる」ため、「ASEAN側と検討を始める用意がある」としている（外務省「貿易・投資面における協力　総理御発言要領（案）」1977年7月22日、1977年7月28日『福田総理東南アジア諸国訪問』2011-0344）。

STABEXについては、巨額の資金が必要となることから、大蔵省が難色を示していると報道されている（朝日新聞1977年7月17日）。しかし外務省は少なくともASEANとの協議はおこなうつもりであり、これが最終的な日本からの回答となる。福田ドクトリン発表後も、ASEANの「一次産品価格及び輸出所得安定のための措置を積極的に検討、実行すべき」であると外務省は提言として掲げており（外務省アジア局地域政策課「昭和52年度東南アジア・太平洋地域大使会議議事要録」1978年1月『ASEAN文化基金』2010-3453）、そこからもASEANの要求になるべく応えようとする姿勢が見て取れる。

ちなみに米国は、日本がASEAN諸国に対してSTABEXを与えることには反対であった。その理由として、多角的貿易を推進するという目的の他に、途上国の優先的供給が増大すれば、米国の供給アクセスが阻害されるおそれがあると米国側から説明されている（外務大臣あて在米東郷大使発「ASEANの対日一次産品輸出所得補償要請等」1977年8月1日『福田総理東南アジア諸国訪問』2011-0724）。錫や天然ゴム、砂糖などの輸出が制限され、議会から攻撃を浴びるということを、米政府はおそれたのであった。ただしこの米国の警告が、日本の政策決定に影響を及ぼしたという証拠は現在のところ確認されていない。福田の東南アジア訪問後にも、STABEXの実現に向けた日本政府内会議が開かれていることからも、米国の影響は限定的だったと言うべきだろう。

▶ 対日アクセスの改善とアジア版ロメ協定

それに対してアジア版ロメ協定の創設や対日アクセスの改善といったより広い貿易問題は、外務省を含む日本政府は当初から及び腰であった。6月初旬に外務省内で作成された資料によれば、ASEAN地域特恵問題に関しては、「原則論上の問題もあり、わが方としてはGSP（一般関税特恵制度—引用者）の枠内でASEANの要望を出来るだけ取り入れていくことの方がより現実的なア

プローチであると考える」。そのうえで、GSPの「特恵スキームの改善を図っていくに際しては、①対象品目の追加、②特恵税率の引き下げないし無税化などにつき、出来るかぎりASEANの要望を盛り込むよう努力する」、としている（経総「ASEAN対策」1977年6月7日『福田総理東南アジア諸国訪問』2011-0344）。つまりこの時点において、外務省内ではアジア版ロメ協定の新設には否定的であり、ASEANへの対応は、あくまでGATT東京ラウンドの多国間交渉全体の枠内でおこないたいと考えていた（経国1（経済局国際経済第一課の略か――引用者）「対ASEAN貿易拡大措置」1977年6月8日『福田総理東南アジア諸国訪問』2011-0344）。ちなみに当時は、GATT東京ラウンド（1973〜79年）の最中であった。

　この方針は、福田が出発する直前の7月末においても変化はなかった（外務省「貿易・投資面における協力　総理御発言要領（案）」1977年7月28日『福田総理東南アジア諸国訪問』2011-0344）。なぜ外務省はアジア版ロメ協定の創設を拒否したのだろうか。その理由には、「世界経済のブロック化を助長しかねない」こと、また「実施面でも問題が多」いことが指摘されている（外務省「貿易・投資面でのASEAN側の要望と対応ぶり（外務省案）」1977年7月12日『福田総理東南アジア諸国訪問』2011-0344）。このようなブロック化は、「ASEAN自体にとっても利益とはならない」と外務省は述べている（外務省「貿易・投資面における協力　総理御発言要領（案）」1977年7月22日『福田総理東南アジア諸国訪問』2011-0344）。そして「ブロック化への懸念」は、後述するように福田首相が繰り返しASEAN各国首脳に述べた理由でもあった。

　ASEAN産品の対日輸出促進のためには、「ASEAN側による輸出努力」が必要であると外務省は主張する（外務省「総理東南アジア訪問関係勉強会」1977年7月28日『福田総理東南アジア諸国訪問』2011-0344）。そこで「ASEAN側が望むならば、ASEAN側の売り込み努力を側面から支援する」ために、ASEAN物産観光常設展示場の東京設置などが提案されている。また非関税障壁の撤廃に関しては、次のような方針が記されている。すなわち、熱帯果実や食肉に関する検疫は純粋に科学的技術的観点から必要な制度であるので緩和撤廃できないが、当該分野における技術指導等については、出来る限り協力したい。

つまり対日アクセス改善のための直接的な措置は、事実上なかった。

► **輸入割り当て枠の拡大**

　輸入割り当ての問題は、「輸入枠の拡大は国内農水産業等に影響を及ぼすことになるので、この点理解を求めたい」と7月28日付けの文書で記されている (外務省「貿易・投資面における協力　総理御発言要領 (案)」1977年7月28日『福田総理東南アジア諸国訪問』2011-0344)。この文書「貿易・投資面における協力　総理御発言要領 (案)」は、7月22日に開かれた第2回勉強会の意見を踏まえたかたちで、29日の第3回勉強会のために作成されたと考えられる。つまり、22日の第2回勉強会において、国内農水産業への配慮が主張された可能性が高い。ASEANからの一次産品輸入問題については、「パイナップル、エビなど特定品目の関税を引き下げてASEAN側の要望に応えたい」とする外務省と、「そんなことをすれば国内業者の死活問題である。政府が死刑宣告するわけにはいかない」とする農林省との論争が報道されている (朝日新聞1977年7月31日)。このような論争は、一連の勉強会での議論で生じたものだろう。すなわち、一次産品の輸入枠拡大については、ASEAN側に同情的な外務省が、農林省に押されるかたちで、否定的な回答を与えることになったのである。

► **ASEAN文化交流基金**

　ASEANの対日要求は貿易と援助の4点であったが、日本からはそこにないもの、すなわち「文化交流基金」をASEAN側に提案している。対ASEAN文化交流のあり方は、福田の東南アジア訪問が正式に決まる以前の1977年3月頃からその重要性が認識されていた。従来とは異なる抜本的なものを打ち出すことが、外務省文化事業部内で検討されていたのである (文化事業部「対ASEAN諸国文化交流強化策について」1977年3月25日『ASEAN文化基金』2010-3452)。そこで江藤淳東京工業大教授や矢野暢京都大学助教授などの意見を聴取した上で、100億円程度の規模の基金を設け、文化人や学者の域内・域外交流や地域研究、芸術・芸能等の催物の開催といった事業に拠出す

ることが考案されている（文化第一課「ASEAN交流基金構想の概要（案）」1977年5月20日『ASEAN文化基金』2010-3452）。その後、江藤淳と永積昭東京大学教授による「江藤ミッション」が7月の前半に東南アジア諸国を訪問して各国の意見を聴取し、また各在外公館の賛意も得た上で、最終的には50億円の拠出で提案することになった。この拠出には大蔵省の反対があったものの（日本経済新聞1977年7月26日）、福田首相の後押しで実現することになったと思われる。また基金方式として運営をASEAN側に任せたのは、日本政府の文化事業のダミーであるとの疑念を払拭するためであった（文化事業部「ASEAN文化交流基金構想の概要（案）」1977年7月25日『ASEAN文化基金』2010-3452）。

　ASEAN文化交流基金の提案に至る過程については、いくつかの興味深い事実があり、先行研究の理解が必ずしも正しくないことを教えてくれる。第一に、本構想は「反日論に対処することを出発点とするのは誤り」とする当初の矢野の諫言が容れられ、「域内国が自らの文化圏を築き、精神的連帯感を培うことに寄与することを出発点とすべき」だと、その推進の意義が述べられている（文化事業部「ASEAN文化交流基金構想の概要（案）」1977年7月25日『ASEAN文化基金』2010-3452）。さらに当該基金は、ASEAN域内の文化発展と相互理解の促進を目的としたものであり、「こころとこころのふれ合い」に直結するような、日本とASEANとの文化交流は想定されていなかった（文化事業部「対ASEAN文化協力（総理説明用資料）」1977年7月14日『ASEAN文化基金』2010-3454）。

　1974年に東南アジア諸国を訪問した田中角栄首相は、タイやインドネシアで反日デモに逢着した。このような反日感情を抑制するために福田が「こころとこころのふれ合い」をスローガンとして掲げ、その具体策としてASEAN文化交流基金を提案した、とするのが通説的理解であろう（波多野・佐藤2007、178；井原2023、176）。しかしながら、外務省文化事業部の本音はともかく、少なくとも文書に残っているかたちでは、本構想を推進する理由は、直接的に日本のイメージを改善させる目的ではなかったことがわかる。

　第二に、鳩山威一郎外相は、当該構想に必ずしも賛成ではなかった。財政事情の悪い中、このような基金に出資すべきは国際交流基金であって、政

府が新しい基金に50億円も拠出するのは「おかしいと思って」いた（文化第一課「今岡国際交流基金理事長の外務大臣訪問（会談メモ）」1977年7月27日『ASEAN文化基金』2010-3452）。この発言は福田が出国する直前のものであることから、ASEAN文化交流基金は、外務大臣の全くあずかり知らないところで進んでいたと言えよう。そして外相の反対にもかかわらずそれが実現したのは、首相である福田の後押しがあったからだと考えられる。

第三に、援助・貿易問題はアジア局が担い、文化交流基金は文化事業部が担当していた。つまり外務省の二つの部局が同時に別々のプロセスでそれぞれの案を作成していたのであり、最終的にアジア局がそれらをひとつにまとめてマニラ・スピーチとなるに至るのである。その意味で、経済協力を求めたASEANとそれを回避するために文化交流を強調した日本（山影1991、179; 曺2004）、というネガティブなイメージもまた、正しい解釈とはいえない。

以上が、ASEANの対日要求に対する日本政府内部の検討過程である。ASEANの要求になるべく応えようとする外務省、財政的問題からSTABEXに反対する大蔵省と、農水産業を死守したい農林省が輸入割り当てに難色を示すというのが、日本政府内で観察された構図であった。その結果、ASEAN工業化プロジェクトと文化交流基金には出資することが決定されたが、STABEXは「ASEAN側と検討を始める用意がある」ことだけが決まった。そして対日アクセス改善や輸入割り当てに関しては、直接的な措置をとることはなかったのである。

6▸　福田ドクトリンの発表

▸ASEAN首脳会議

第2回ASEAN首脳会議は1977年8月4日から5日にかけて、クアラルンプールで開催された。初日の会議では各国首脳が基調演説をおこなったが、全員が2日後から開始される福田首相との会談に触れた。シンガポールのリー・クアンユー首相は「相互の関係にとっての重要な一里塚」と述べた。またタイのターニン (Thanin Kraivichien) 首相は「歴史的な重要性」といった

言葉で日本との関係を表現した（朝日新聞1977年8月5日）。さらにそこで採択された共同声明の対外関係項目は、外務省が分析したように、「ほとんど経済面に内容が集中して」おり、さらには日本に「重点がおかれて」いた（ア地政（アジア局地域政策課の略——引用者）「第2回ASEAN首脳会議最終コミュニケ案」1977年8月4日『福田総理東南アジア諸国訪問』2011-0725）。つまりASEAN諸国首脳は、日本からの経済協力に大きな期待を寄せていた[8]。

▶ 福田東南アジアへ飛ぶ

そして8月6日の午前9時、薄曇りのなか福田赳夫は日航特別機でクアラルンプールへ向けて飛び立った。翌7日の午後から、ASEAN5カ国首脳と福田との会談がはじまった。日本の首相がASEAN首脳と一堂に会するのは、歴史上初めてのことであった。

会議の冒頭、ホスト国マレーシアのフセイン（Hussein Onn）首相が日本とASEANの貿易・経済関係の強化に関心がある旨を表明、次の5項目の議題を提案する（マレイシア発本省着「日本・ASEAN首のう会議」1977年8月8日『福田総理東南アジア諸国訪問』2011-0724。）[9]。すなわちそれらは、①ASEANと日本との間の長期的な経済関係、②関税及び非関税障壁の除去等、ASEAN産品の日本へのアクセス、③STABEX、④ASEAN産業プロジェクト、⑤第三世界に対する日本の協力方針、であった。もちろんこれら議題は以前より伝えられていた項目とほぼ同じであった。福田はそれに対して、貿易、対外援助を含む経済協力、文化協力、インドシナ社会主義諸国との関係を含む政治的問題の4点を中心に語り、次のようなやりとりをおこなっている。

第一に、福田が表明した経済協力や文化協力、そして政治問題などはおおむねASEAN諸国の要望にかなっており、彼らから好意的に受け入れられた。たとえば、ASEAN工業化プロジェクトへの10億ドル支援は、満額日本から供与することが約束され、「PRかと思っていたのに、10億ドルの援助をはっきりしていただいて感謝している」（朝日新聞1977年8月8日夕刊）というマルコス大統領の発言に繋がっている[10]。

ただし第二に、貿易問題に関しては、両者の隔たりは大きかった。対日ア

クセス問題に関して福田は、「日本は自由市場であって、売り込みの努力も強化して欲しい」とASEAN側の努力不足を指摘し、特恵関税を設定する要望に関しては「ブロック化を招来しかねず、わが方としてはしん重たらざるを得ない」と明確に否定した。その上で、GATTの多角的貿易交渉の枠内で東南アジアへの重点的な配慮をすること、ASEAN貿易観光常設展示場を東京に設置して貿易を促進すること、非関税障壁問題に関しては専門家レベルで十分に検討させること、STABEXについても前向きに検討し、ASEAN関心品目に留意することを明言している。もちろんこれらは、日本政府内で検討され出された結論であった。

　シンガポールのリー首相は、福田の自由貿易思想に共感を示しつつも、現実にはECが生まれ、アフリカ等と特別な経済関係にある事実を挙げ、日本とASEAN間にも同様の関係を構築すること（「アジア版ロメ協定」の創設）を暗に要望する。これに対して福田は、「ブロック化を防ぎとめるよう共に協力していきたい」と述べ、あくまで自身の自由貿易に対する信条を繰り返した。つまり日本の新聞報道が示している通り、貿易問題である「アジア版ロメ協定」の創設、日本市場への拡大措置、STABEXなどについては「抽象的表現にとどまり、事実上のゼロ回答」（朝日新聞1977年8月7日）だった★11。

　第三に、インドシナ諸国への経済援助に関しても福田は説明する。タイのターニン首相が当該問題について質問すると福田は、「ASEANが第1のパートナーだが、インドシナともある程度の接触を保ち、野放しにしないことが必要」であると、「緊張のないかたちでの共存」を強調する。これは言うまでもなく、狭義の福田ドクトリンの三つ目の原則を踏まえたものである。

　第四に、文化協力に関しては、「わが方から押し付けるつもりはないが」と述べつつ、「経済以外の問題でASEANとして交流強化の試みがあれば」「できるだけ資金協力をする用意がある」と述べ、50億円のASEAN文化交流基金の設立を提案する。これに対しても反対はなく、たとえばマルコス大統領は「心からかん迎する」、フセイン首相は「この分野の発展に希望がもてる」と述べている。

　以上のように、福田とASEAN首脳との初会談はほとんど想定通りの議

題に始まり、その応答で終了した。その後に発表された共同声明では、①
ASEANに対する関税障壁をGATTの多角的貿易交渉や一般関税特恵制度
(GSP) の枠内で軽減すること、②STABEXについては、ASEANがその設立
を望んでいることを日本が理解し、共同研究すること、③ASEAN工業化
プロジェクトに対して日本が10億ドルの出資をすること、またその援助が
ASEAN諸国との二国間協力に影響を受けないこと、④日本がODAを今後
5年間で倍増し、ASEAN諸国に重点を置くこと、などが発表された (外務省
『わが外交の近況』1978、364-365)。

　この共同声明の表現をめぐって、日本とASEAN諸国はかなりの労力を割
くことを強いられた。事前に日本側試案とASEAN側の対案が検討されてい
たが、一行がクアラルンプールに到着した後も、詰めの作業は続けられて
いた。特にSTABEXについては、表現をめぐって徹夜作業になるほど、最
後まで難航したと報じられている (朝日新聞1977年8月8日夕刊、8月9日)。結
局のところこの項目は、日本とASEAN側が「共同検討する (conduct a joint
examination)」との表現で落ち着いた。

▶ 各国個別訪問と経済援助

　ASEAN首脳との会談と共同声明の発表を終えた福田は、すぐに各国への
個別訪問へと移る。先行研究ではあまり触れられていないが、実はこの個別
訪問は、福田の東南アジア訪問が高く評価された重要なポイントのひとつと
なる。なぜならこの福田の各国個別訪問によって、ASEAN諸国及びビルマ
は経済援助の約束を日本から取り付けることに成功したからである。

　たとえばマレーシアでは、日本政府は第三次マレーシア経済計画に210億
円の円借款供与を約束している。ASEAN加盟国ではないビルマでも、農機
具・肥料など6億円の農業無償援助が供与されることが決定された。表4-2
と4-3は福田の各国訪問の際に確定した新規の経済協力内容と、検討を約束
したそれである。前者の総額は、約900億円にのぼっている[★12]。

　そして経済援助や「平和共存」外交と対照的に、ASEAN諸国首脳が強く
求めながら日本政府が決して譲ろうとしなかったのが、言うまでもなく貿易

表4-2 ASEAN諸国・ビルマへの新規経済協力約束額（1ドル＝267円で換算）

	金額（億円）	内容と個別の金額（億円）
マレーシア	210	(1) 第3次経済計画協力（港湾、道路整備）への円借款（210）
ビルマ	6	(1) 農業（食料増産）援助のための贈与（6）
インドネシア	98.4	(1) 米輸入に円借款（65） (2) 食料援助の贈与（約12） (3) 食糧増産支援に贈与（13） (4) 家畜衛生研究センター建設へ贈与（6） (5) 国内（アンタラ）通信施設整備に贈与（2.4）
シンガポール	0	
タイ	294	(1) 第5次円借款（275） (2) 東北タイ職業訓練センター建設に贈与（10） (3) 食糧増産支援に贈与（9）
フィリピン	294	(1) 第6次円借款（275） (2) 全国水理研究センター建設支援に贈与（6） (3) 食糧増産支援に贈与（13）

出典：朝日新聞1977年8月18日夕刊、8月26日；毎日新聞1977年8月19日；外務省（作成者・作成日不明）
「福田総理のASEAN・ビルマ訪問に際する経済技術協力」『福田総理東南アジア諸国訪問』2011-0725。

問題であった。タイでは農産品といったいくつかの対象品目の日本への輸入促進、非関税障壁の撤廃が訴えられた。マニラでも同様に、砂糖の輸出安定や、バナナ関税の低減などがフィリピン政府から要望された。しかしながら、いずれも受け入れるのは「困難」であるとして福田によって退けられている（タイ発本省着「日・タイ首のう会談」1977年8月17日『福田総理東南アジア諸国訪問（5）』2011-0722;作成者不明「総理の東南アジア諸国歴訪関係案件（フィリピン）」『福田総理東南アジア諸国訪問／フィリピン』2010-0033）。

　なぜ日本がアジア版ロメ協定に積極的ではないかを、福田は次のように説明する。「アジアの国だけが集って排他的なグループを作って外からの反ばつを招くような事態は避けるべきである」（インドネシア発本省着「総理・スハルト大統領会談（テータ・テト部分）」1977年8月15日『福田総理インドネシア訪問』2010-0032）。「ASEANが制度的なブロック化にはしらないことを期待する。

表4-3 ASEAN諸国・ビルマへの経済協力の検討を約束したもの

	約束内容
ASEAN	(1) 工業化プロジェクトへの資金支援 (2) ASEAN貿易観光常設展示場を東京に設置 (3) 5年間に政府開発援助を倍増する中で対ASEAN協力を重視 (4) ASEAN内文化協力促進のため資金協力を含めて共同研究
マレーシア	(1) 東西マレーシア海底ケーブル計画の調査に協力 (2) 技術協力の推進
ビルマ	(1) 精米、尿素肥料工場プラントなど5つのプロジェクトへの資金援助と技術協力
インドネシア	(1) ロンボク島の石油備蓄基地(CTS)開発計画への参加を検討 (2) 北スマトラの液化天然ガス(LNG)開発への協力を継続
シンガポール	(1) 日本・シンガポール技術訓練センターへの資金援助(要求額6億円)と技術協力 (2) サイエンスセンター設立を支援
タイ	(1) 農業・医療の普及のための総合プログラムの実施を検討
フィリピン	(1) 森林センター計画の調査に協力 (2) 技術協力を推進

出典：朝日新聞1977年8月18日夕刊; 外務省 (作成者・作成日不明)「福田総理のASEAN・ビルマ訪問に際する経済技術協力」『福田総理東南アジア諸国訪問』2011-0725。

日本にとってもASEANとの間に特恵制度の如きものを設けることには困難がある。日本としては現実的な協力措置のつみ重ねにより協力の実をあげてゆきたい」(タイ発本省着「日本・シンガポール閣僚会談（ASEAN・ヴィエトナム等)」1977年8月16日『福田総理東南アジア諸国訪問 (5)』2011-0722)。

　戦前、世界が保護主義化した後にいくつかのブロックに分かれ、悲劇的な大戦に突き進んだ素地をつくった事実を、若き大蔵官僚として実際に目の当たりにした福田は、地域主義への警戒を常に持っていたと言われている (福田 1995、288-289; 越智 2005、13-15)★13。特恵貿易協定はブロック化を招き、それが世界へ負の影響を与える、という信念を福田は強く持っていたのである。

　さらには、国内事情も日本市場開放に消極的な理由のひとつであることを福田は隠していない。タイのターニン首相が農産品の輸入を増やすために非

第4章・福田ドクトリン論再考　　133

関税障壁の撤廃などを要請した際に福田は、日本の景気が低迷している事実に触れ、「農産品については、わが国農業もくるしい立場であり、放置すれば一部農業は破めつしかねない程である」（タイ発本省着「日・タイ首のう会談」1977年8月17日『福田総理東南アジア諸国訪問 (5)』2011-0722）と返答している。国内の農業従事者に対する配慮が必要であり、輸入の拡大が容易ではないことを福田は訴えたのである。この国内における農産品問題は言うまでもなく、常に戦後における日本の貿易自由化の障害になってきた原因であり、前節で論じた国内政治過程でも観察された事実であった。

► 福田ドクトリンの登場

　そして福田赳夫は8月18日、昼食会の場でマニラ・スピーチの発表をおこなった。最終訪問地であるマニラで、日本の東南アジア政策を集大成した「わが国の東南アジア政策」演説をおこなうというアイディアは、南東アジア第二課長の谷野作太郎のものだった（枝村2008-21 (10)、66; 2009-22 (1)、99）。各国でそれぞれに共同コミュニケを出す時間的な余裕がないため、その代わりに最後の訪問地マニラで大きなスピーチをする、という発想がその土台にあった（谷野 2015、41-42）。そのマニラの地で、「福田ドクトリンともいうべきスピーチを行なう」ことが提言されている（アジア局「総理の東南アジア歴訪──わが国の東南アジア政策の表明について──」1977年7月5日『福田総理東南アジア諸国訪問』2010-6242）。ちなみに「福田ドクトリン」という名前の由来は諸説存在し、たとえば曹 (2004) は緻密な新聞報道分析と関係者のインタビューから、「ドクトリン」は7月26日にマスコミが名付けたことが発端だと推測している。しかしながらこの谷野作成の文書には、「福田ドクトリン」の文言がすでに書かれており、かつその日付は7月5日であった。すなわち、その名の由来はマスコミ関係ではなく、外務省アジア局であった可能性が高い。

　谷野がアイディアを出した7月5日の時点では、狭義の福田ドクトリンは三原則ではなく六原則であった。福田が日本を発った8月6日の段階ではそれが五原則となっており、最終的には三原則に落ち着くことになる（若月

2006、168; 枝村 2008-21（11）、84; 越智 2005、第2章）。

最初の六原則は、①東南アジア諸国との協調、②ASEANとビルマへの支援、③それら諸国との間の特別な貿易・通商関係の設定、④心と心のふれ合い増進、⑤首脳レベルの対話継続、⑥ASEANとインドシナ諸国との善隣友好関係の確立、が標榜されていた。そして五原則になったものは、①軍事大国にならない、②自立的な地域機構としてのASEANの認知、③東南アジア各国への経済・技術協力と貿易関係の強化、④心と心のふれ合い、⑤インドシナ諸国との共存、であった（アジア局「福田総理のマニラにおけるスピーチ案」7月22日『福田総理東南アジア諸国訪問』2011-0344）。つまり当初の六原則および五原則に「軍事大国にならない」が加わり、「自立的機構としてのASEANの認知」と「貿易関係の強化」項目が消去されたものが、最終的に8月18日に発表された狭義の福田ドクトリンであった。

なぜこのように、原則の数が変更されたのだろうか。まず「軍事大国にならない」という原則は、初期の草稿を読んだ福田首相の意向で追加された（枝村 2008-21（11）、82; 越智 2005、27）。福田は佐藤栄作政権の外務大臣時代、1972年1月に同様の外交演説をおこなっており、常々そのような政治的信念を持っていたと言われている（越智 2005、10）。そして福田が出国する際の五原則から、三原則に変更されたのは、8月10日にサンケイ新聞が最終稿の要旨をスクープしたことが発端だった（サンケイ新聞1977年8月10日）。それに不快感を抱いた福田が五原則以外に変更するように、中江要介アジア局長に指示したのである（枝村 2008-21（11）、84-86）[14]。つまり原則数の変更は、意図的というよりは、「泣く泣くそうせざるを得なかった」（枝村 2009-22（2）、85）のだった。

その結果、五原則から三原則に改変する作業は、福田が出国した後、中江と小和田恆秘書官あるいは西山健彦がバンコク滞在中におこなった（枝村 2008-21（11）、85; 谷野 2015、44）[15]。その際に前述のように、「自立的機構としてのASEANの認知」と、「貿易関係の強化」が消去されたのである。三原則に貿易問題を入れることを避けた理由をSudo（1992, 180）は、日本政府内で当該問題についてコンセンサスに至らなかったことに求めているが、これ

はややうがった見方であろう。なぜなら、貿易政策に関してASEAN諸国の要求を退けるという日本政府の決定は、すでに福田出国前に確定済みであったが、それでもなお五原則の中には、貿易関係の強化が含まれていたからである。すなわち政府としては、貿易問題を扱いたくないために当初から意図的に原則からそれを外していた、ということはなかったのである。むしろ五原則から二つを除くのにどれが相応しいか外務省高官が悩んだ末に、あまり日本が積極的な政策表明をできなかった貿易問題に手を付けた、というのが実情に最も近いところであろう。すなわちサンケイ新聞のスクープがなければ、貿易問題への言及も五原則のひとつとして、狭義の福田ドクトリンに含まれていたはずであった。

　最初の六原則は谷野の個人的なメモであり、「スピーチで実際に謳われた三原則とを比較して、その相違になんらかの政策的な意味を見出そうという試みは、残念ながら当を得ません」と枝村（2008-21（10）、69）は述べている。以上の議論から、その主張は半分正しく、半分誤っていると言うことができる。まずもって「こころとこころのふれ合い」といったフレーズなど、谷野のメモを土台として狭義の福田ドクトリンが作成されたことは間違いなく、その影響は否定できない★16。さらに「軍事大国にならない」という第一原則は、福田という個人的リーダーの存在が大きく、その意向がなければ決して三原則に入らなかったはずである。つまり原則が変更された「政策的意味」はあったのである。ただし上述したように原則から貿易問題が消去されたのは、一部の研究者が懐疑的に考えているような意図的な理由ではなく、「政策的な意味」はそこにはなかったと言える。

　ちなみに日本政府はその後、福田ドクトリンという名称を使わず、当該政策表明を「マニラ・スピーチ」で統一することになる。8月末になって、フィリピンのロムロ（Romulo, Carlos P.）外相が、御巫清尚駐フィリピン大使に、福田ドクトリンと名付けるのは上位のものから下位のものに押し付けるような感があるためによくない、と意見を述べたからである。それは公電で報告され、それ以来長い間外務省は、福田ドクトリンの呼称を避けるようになる（枝村 2009-22（1）、99）。

7 ▸ 福田ドクトリンの評価とその後

▸ 福田ドクトリンに対する同時代の評価

福田の東南アジア訪問、そして最終地でのマニラ・スピーチは大成功だった。たとえば日本の外務省が「各国紙の反応を代弁する、ひとつの代表的論評」と位置付けたシンガポールの New Nation 紙（8月19日）の社説では、「福田ドクトリンこそ、東南アジア国民が待望していたものである」と述べ、「日本はかつて試みさえしなかった規模で、アジアを支援する立場に立った。福田ドクトリンは日本のこのような役割への最初のアプローチである。ASEANにとって日本の影響は大きい。平和の原則に自らの名を冠したからには、福田首相はそのための努力を重ねるものと期待される」（報道課「福田総理東南アジア歴訪の成果とマニラ声明──ASEAN各国紙の報道と論評」1977年8月27日『福田総理インドネシア訪問』2010-0032）との論調を出した。

他の国においても、次のようにシンガポールやタイの報道機関が、今回の日本の政策表明をそろって絶賛した。「どのASEAN諸国も経済協力面での日本の積極的なし勢を高く評価して」いる（シンガポール発本省着「総理の東南アジア諸国訪問（評価）」1977年8月19日『福田総理東南アジア諸国訪問』2011-0725）。「従来そ外されていた精しん面の交流重視に加えて、日本の一層積極的な経済協力のし勢、そしてフクダ総理が説く運命共同体論は、ASEAN各国及び地域のRESILIENCE達成への大きなはげましとなるもので、高く評価したい」（タイ発本省着「KL首のう会議とフクダ総理のASEAN歴訪（評価）」1977年8月19日『福田総理東南アジア諸国訪問』2011-0725）。

以上のように援助政策や福田の姿勢は非常に好意的な評価を受けたが、当然ながら何の実質的な約束もおこなわれなかった貿易政策に関しては不満が表明された。ロムロ外相は「貿易赤字がなくなれば借款などいらない」（毎日新聞1977年8月17日）と、貿易問題の解決の方が援助よりも重要であることを明らかにして日本を批判したし、タイの『ネーション・レビュー』紙は「異常なまでの両者間の貿易不均衡」に触れ、「これは主として日本がASEAN

諸国からさらに多くのものを買うという問題であるが、福田氏の態度は極めてあいまいであった」（毎日新聞1977年8月20日）と批判した。

▶ その後

「一次産品の問題にしろ、あるいは五大産業プロジェクトの問題にしろ、すぐに結論を出そうなんてことは最初から考えていない」（中江ほか 1977、7）。中江要介アジア局長のこの発言からわかるように、ASEAN工業化プロジェクトへの援助はあくまでその実現可能性が確定してからであり、すぐに資金供与するものではなかった。STABEXや非関税障壁問題も、これからASEAN関係者との協議が始まるのであり、決して終わりではなかった。

では福田ドクトリンは実際に、どのようにASEANあるいは広く東南アジアへ貢献したのだろうか。第一に、ASEAN工業化プロジェクトは、インドネシアとマレーシアの尿素プロジェクトのみが実施された。前者は1984年、後者は1985年から生産が開始され、それぞれ2億8700万ドル、2億8125万ドルが日本から出資（借款）された（清水 1998、2）。つまり福田が表明した額のおよそ半分が、7年と8年後に実際に支出された。その他の3国は、プロジェクトの実現可能性が低かったために、頓挫することになる。そして荒木（2005、384-385）によれば、1997年時点で工業化プロジェクトが「健全に運営されているのはインドネシアのアチェにおける肥料工場だけ」という結果となった。

第二に、ASEANからの輸入を増進するために日本から逆提案した貿易投資観光促進センター（貿易観光常設展示場）は、1981年5月25日に設立された。第三に、ASEAN文化交流基金は計画通り拠出された。日本とASEANによる数回の検討を経て、1978年12月に20億円、翌年8月に残りの30億円がASEAN側に贈与されている（朝日新聞1978年12月21日、1979年8月2日）。

第四に、STABEXについての共同協議は、1978年9月と1980年5月に2回開催されただけでなんら進展もなく、自然消滅した。前述したようにSTABEXに対して大蔵省は財政的な懸念から反対しており、通産省による分析もまた、ASEANの提案であるSTABEXは「有効に機能しえない」と結論

づけた (三上 1984、62)。またASEAN側も、徐々にその実現に向けた熱意が失われつつあったことが報道されている (*FEER*, June 22 1976, 65-66; June 23 1967, 90-91)。その実現に対して誰も熱意を持って推進する関係者が存在しない以上——第2回の共同協議の際、福田はすでに総理の座を大平正芳に奪われていた——、その結末は明らかであった。

　第五に、対日アクセス問題の解決も、遅々として進まなかった。福田が帰国してから3カ月後の11月17、18日、東京で第2回日本・ASEANフォーラムが開催される。このフォーラムには、ASEAN側は代表団長であるインドネシアのラデイウス (Radius Prawiro) 貿易大臣をはじめ、ASEAN事務局長ら30名を超す代表団が出席した。対する日本側は、吉野外務審議官を団長として、外務・大蔵・通産・農林・経企の関係者総勢90名が参加している。貿易関係では、ASEAN側の要請は、日本へのASEAN諸国からの輸出に対して、制度面でなんらかの特別な措置をとって欲しいとの要求に貫かれていた (西山 1977、14)。ASEAN側は、「日本が黒字減らしに苦労しているのなら、ASEANの農水産品の輸入をふやすべきだ」との主張をおこなったのである (朝日新聞1977年11月19日)。しかしながらこの問題は、翌年1月に開催されるGATT東京ラウンドにおける多角的貿易交渉の枠内で検討する、ということで先送りされた。

　結論から言えば、フォーラムに出席した西山が記しているように、「わが国の産業構造の再編成を含めASEAN産品の輸入増大のために抜本的な対策を図っていくことが対ASEAN関係の核であり、経済協力も文化協力もそれだけでは『心と心の触れ合う』相互信頼関係を築き上げることはできない。日本・ASEANフォーラムの第二回会合はそういう意味で大きな課題を残したのである」(西山 1977、15)。このような西山の自己批判はフォーラムだけではなく、「心と心のふれ合い」を引き合いにしたことから、福田ドクトリンに対してもなされたものだと言えよう。

▶「福田ドクトリンと経済援助」再考

　最後に、そして本書のメインテーマでもある日本のODA分配について検

討する。すなわち、「『福田ドクトリン』によってASEAN諸国へのODAは
増大した」という主張の再検証である。この主張は第2節で述べたように、
研究者・実務者の間のコンセンサスとなっている。福田の東南アジア歴訪
が大成功として高く評価されている理由のひとつは、この事実があったた
めである。この点、パキスタンの外務省東アジア課長が日本の外務省関係
者に語った次の懸念は示唆的である。「そっ直にいって今次10億ドルの対
ASEAN援助の実施によって日本の対南アジア、従って対パ経済協力援助の
量が減退するのではないかとのけ念をもっている」(パキスタン発本省着「総理
の東南アジア諸国訪問」1977年8月22日『福田総理東南アジア諸国訪問』2011-0725)。
つまりこれには、限られたパイをASEANに取られてしまう他の被援助国の
心情が語られている。さらには他の先進諸国もまた、福田ドクトリンに注目
していた。なぜなら日本によるASEAN諸国への経済援助が増大することに
よって、他の西欧ドナーは、ASEANに対する援助増額の必要性が弱まると
見ていたからである (Kuroda 2014, 245-246)。

　しかしながら、1977年6月に日本が表明したODAの5年間倍増計画は、
福田ドクトリンのためだけにあったものではない。当然ながら、ASEAN以
外の途上国への援助も視野に入っていたはずである。またASEAN工業化
プロジェクトも、その出資の実現は二つのみであり、かつ7、8年後のこと
であった。さらにはASEAN文化交流基金の総額50億円は、日本のODA全
体から見ればそれほど大きな額ではない。つまり福田ドクトリンによって
ASEAN諸国への援助が増大したという事実を、実際に数字で示した根拠は
ないのである。

　そこで本節では、ASEANへの日本からの二国間ODAが、1977年(ある
いは新しい援助政策が施行される1978年)を境にして、どれくらい増加したかを
統計的に検証した。これをおこなうには1977年以前とそれ以後の日本から
ASEAN諸国へのODA量を比較すると同時に、ASEANと他のレシピエント
との比較をおこなう必要がある。ASEAN諸国への二国間ODAは確かに増え
たかもしれないが、他の国への援助額がそれ以上増えていれば、ASEANに
対するODAは相対的に減少したことになる。その場合は、福田ドクトリン

140

がASEANへのODAを増やした、という主張は意味をなさなくなるだろう。この点たとえば、「福田ドクトリンによって日本は軍事大国にならなかった」と主張する人はいない。狭義の福田ドクトリンの第一原則は、日本の外交を変えたわけではなく、従来の政策を確認したに過ぎないからである。それと同様に、ASEAN諸国へのODAが増大していなかったならば、それが依然として高水準にあったとしても、福田ドクトリンの恩恵というわけではない。なぜならそれは、アジア重視という日本の従来の援助分配を踏襲しているに過ぎないからである。このようにある政策効果を検証するために、異なる時代と異なるレシピエントを二重に比較分析する統計手法は、「差分の差分 (difference in differences)」と呼ばれる (詳しくは、Wooldridge 2010, 147-151などを参照)。

表4-4は、日本から各被援助国の二国間ODA (の対数) を従属変数に、日本からの輸出 (の対数) や被援助国GDP (の対数) などを制御変数として、「差分の差分」推定をおこなった結果である。モデル1は1971年から1976年と、1978年から1988年までを比較したもので基準年は1977年であり、モデル2は同期間で基準年を1978年としている。モデル3から6は、モデル1と2の分析時間をそれぞれ短くしたものである。

分析結果から次の諸点が明らかになる。第一に、変数「1977年後」と「1978年後」はそれぞれ、1977年あるいは1978年以降を1、それ以外を0とした時間ダミーである。いずれのモデルにおいても、この二つの変数は正に有意となっている。すなわち、1977 (1978) 年以降、全体として日本の二国間ODAはそれ以前と比較して増大したことが確かめられた。第二に、変数「ASEAN」は、ASEAN加盟5カ国であれば1、それ以外を0としたダミー変数である。これも正に有意となっていることから、ASEAN諸国はそれ以外の被援助国よりも、分析時期を通じて多くのODAを日本から供与されていることがわかる。この二つの結果は納得のいくものであろう。

第三に、輸出やレシピエントのGDP、人口、民主主義度といったその他の変数も、序章で示した統計結果と大きく異なっておらず、時代が限定されていても長期的な傾向と類似していたことがわかる。第四に、輸入とODA

表4-4 日本のASEANに対する二国間ODAの「差分の差分」計量分析結果（福田ドクトリン前後）

	モデル1	モデル2	モデル3
	1988年まで比較 1977年基準	1988年まで比較 1978年基準	1983年まで比較 1977年基準
ASEAN1977年後	-0.941*** (0.336)		-0.874** (0.384)
1977年後	0.852*** (0.167)		0.635*** (0.182)
ASEAN1978年後		-0.837*** (0.291)	
1978年後		0.962*** (0.177)	
ASEAN	2.071*** (0.346)	1.859*** (0.325)	2.053*** (0.352)
対数輸出	0.416*** (0.086)	0.467*** (0.087)	0.375*** (0.089)
対数輸入	0.200*** (0.059)	0.186*** (0.061)	0.228*** (0.064)
対数被援助国GDP(t-1)	-0.941*** (0.126)	-0.975*** (0.123)	-0.868*** (0.138)
対数被援助国人口(t-1)	1.280*** (0.110)	1.290*** (0.110)	1.272*** (0.119)
民主主義指標（VDEM、t-1)	1.413*** (0.536)	1.430*** (0.535)	1.310** (0.618)
自然災害発生数(t-1)	-0.012 (0.046)	-0.018 (0.046)	-0.001 (0.056)
国連総会投票シンクロ率(t-1)	3.988** (1.592)	4.353*** (1.624)	3.578** (1.774)
対数他DACのODA(t-1)	2.311*** (0.585)	1.613*** (0.586)	3.981*** (1.082)
切片	-9.875* (5.430)	-6.553 (6.143)	-16.387** (7.597)
観察数	1480	1479	964
調整済みR-sq	0.588	0.588	0.598

* p<0.1, ** p<0.05, *** p<0.01
括弧内はレシピエントにクラスター化された標準誤差の値
従属変数は対数ODA約束額

モデル4	モデル5	モデル6
1983年まで比較 1978年基準	1980年まで比較 1977年基準	1980年まで比較 1978年基準
	-0.849** (0.386)	
	0.650*** (0.183)	
-0.765** (0.338)		-0.741** (0.334)
0.509** (0.239)		0.750*** (0.237)
1.820*** (0.331)	1.884*** (0.362)	1.598*** (0.347)
0.452*** (0.093)	0.466*** (0.098)	0.574*** (0.105)
0.204*** (0.070)	0.197*** (0.062)	0.162** (0.070)
-0.914*** (0.136)	-0.876*** (0.143)	-0.937*** (0.141)
1.282*** (0.121)	1.306*** (0.127)	1.321*** (0.131)
1.337** (0.625)	1.472** (0.650)	1.536** (0.653)
-0.008 (0.056)	-0.007 (0.064)	-0.021 (0.065)
3.496* (1.763)	2.908 (1.851)	3.036 (1.885)
3.823*** (1.387)	2.421*** (0.915)	0.816 (1.363)
-13.737 (11.154)	-13.340 (8.210)	-3.897 (13.587)
963	688	687
0.598	0.594	0.596

分配が正に有意な結果となっており、この時期の日本の援助は、輸入との相関があったことがわかる。これはさらなる検証が必要であるが、全体としての分析とは異なった結果となっている。

　そして第五に最も重要な変数は、「ASEAN1977 (1978) 年後」である。この変数は1977 (1978) 年以降のASEAN加盟国が日本から受け取ったODAの増加量が、非加盟国の伸びに比べて多いか少ないかを意味している。驚くべきことにこの変数は、負に有意となっている。この結果が意味していることはすなわち、福田ドクトリンが発表された1977年 (あるいは1978年) 以降、ASEANに対する日本のODAは、相対的に減少した、という事実である。つまり日本の援助分配を計量分析で検証した結果は、福田ドクトリンはASEAN援助を増大させた、という先行研究のコンセンサスを覆すものだった。

　確かに日本政府は福田の東南アジア訪問時に大幅な経済協力を表明し、その実現意欲も示していた。すなわち解釈の問題としては、福田ドクトリンが日本による援助増大の機会であったとする見解は正しい。しかしながら実際には、主にレシピエント側の都合により、その増大表明は実現していなかったのである。

▶　まとめ

　外交政策の「ドクトリン」とは、ある国 (特に大国) が一方的に宣言する政策原則である。たとえばモンロー・ドクトリン (1823年) は、アメリカ大陸と欧州との政治的相互不干渉を表明したものであった。トルーマン・ドクトリン (1947年) は、トルコやギリシャなど共産主義運動の激しかった国への政治的援助表明であり、ブレジネフ・ドクトリン (1968年) は共産主義ブロック全体の利益のためには、一国の主権を制限しても構わないという論理であった[17]。福田ドクトリンもその例に違わず、(経済) 大国による一方的な政策表明であった。つまり東南アジア諸国に向けて表明した外交政策原則ではあるが、それは東南アジア側の求めていた政策をおこなうよう約束したことを意

味しない。

　したがって、ASEANの要求がもっぱら経済にあり、政治的な貢献を求めていなかったにもかかわらず、日本政府の政治的なイニシャティブを重視する研究者は、福田ドクトリンに高い評価を与える。それに対して、ASEANの要求実現をはじめとする実質的な日本の貢献を重く見る先行研究は、特に狭義の福田ドクトリンに評価を与えていない（山影1991; 曺2004）。福田ドクトリンに対する評価の違いはここに起因する。

　ASEANの求めていたものは4点、①STABEX、②対日輸出拡大と特恵関税、③日本の非関税障壁の軽減と輸入割り当て枠の拡大、④ASEAN工業化プロジェクトに対する日本の資金および技術援助、である。その中で日本が正面から応えたものは、④の経済援助のみであった。この点、ASEANに対する日本のODAが福田ドクトリンによって増額されたという見解は、ほとんどの実務家・研究者で共有されたものだろう。実際に日本政府は、10億ドル支援を満額回答し、そして東南アジア諸国への個別訪問時に多大な経済援助を約束した。

　しかしながらこの約束は、福田ドクトリンの恩恵と言うより、日本がODA政策の転換期にあったから実現したものである。そして日本の責任外のところで、ASEAN工業化プロジェクトは半分以上が頓挫するのである。その自然な帰結として、日本からASEAN諸国への二国間ODAは相対的に減少していたことが、統計分析で確かめられた。すなわち、福田ドクトリンが影響を与えたASEAN諸国への経済的貢献は、ゼロであった。

　枝村（2009-22 (2)、82-84）は、福田ドクトリンがなお高い評価を受けているのは、時の試練に耐える明確な「理念」が存在していたからだと説明する。しかしながら理念だけで外交が成功するのであれば、交渉など必要ない。福田の東南アジア訪問が当時の東南アジア諸国から高い評価を受けたのは、ASEANの要求のひとつである経済協力という明確な約束があったからである。ただし実質的な経済協力がない状況のなか、日本に対する評価はさほど上昇せず、対日批判は数年後にはタイなどで再び繰り返されることになる（下村2020, 127; タンシンマンコン2023）。

第4章・福田ドクトリン論再考　　145

ただ、そこから「心と心のふれあい」や「対等な協力者」という言葉が独り歩きし、人の心に残っていった★18。つまり、キャッチフレーズとしては非常な成功を収めた、と言ってもよいだろう。経済協力を約束したものの、結局はそれほど財政的な痛みを伴わずに高く評価された福田ドクトリンは、非常にコスト・パフォーマンスに優れた外交例であったと言えるかもしれない。

註

★1——本章の内容は、保城（2018）に基づいている。転載を許可してくださった現代史料出版に感謝申し上げます。

★2——援助に関係する日本政府の言説、特に国益との関係については、第8章参照。

★3——構成員は、経企庁長官、外務大臣、大蔵大臣、農林大臣、通産大臣、内閣官房長官、総理府総務長官。

★4——対外経済協力審議会は佐藤栄作政権下の1969年に組織された、学界や財界などから成る諮問機関である。永野重雄を会長とするが、会長代理の大来佐武郎が事実上の指揮をとっていたと言われている（Arase 1995, 61-64）。

★5——ロメ協定とは1975年2月に調印（翌年4月に発効）された、欧州経済共同体（EEC）とアフリカ・カリブ海・太平洋諸国（ACP: Africa, Caribbean, and Pacific）との間に結ばれた特恵貿易枠組みのことである（Migani 2014）。主に欧州の旧植民地諸国であったACPからの、農産物や鉱山資源のEECに対する輸出にかかる関税が、この協定によって免除された。さらには、EECからの援助をACP諸国に供与することなども取り決められている。

★6——政策過程の「構築」という言葉はやや耳慣れないかもしれない。しかしある種の仮説をもって政策過程を「追跡」するよりも、時系列的に発端から最後まで積み上げるように「構築」する方が、より恣意性（理論負荷性）を排除できると筆者は考えている（保城 2015, 第5章）。そこで敢えてここでは、過程の「構築」という語を使用している。

★7——参加者は、政治家は福田総理、園田直官房長官、鳩山威一郎外相、田中龍夫通産大臣。外務省からは吉野文六外務審議官、中江アジア局長、菊池清明経済局長、溝口道郎経済局次長、西宮一文化事業部長。大蔵省から旦弘昌国際金融局長、戸塚岩夫関税局長。農林省から今村宣夫農林経済局長、志村純農林経済局国際部長。通産省からは、矢野俊比古通商政策局長。経企庁から宮崎勇調整局長。

★8——共同声明の全文は、"Joint Communique, The Second ASEAN Heads of Government Meeting", August 5, 1977, Kuala Lumpur『データベース世界と日本』。

★9——以下、断りのない限り当該文書からの引用。

★10——ただし日本政府は、10億ドルをすべてODAから出資するのではなく、この中には輸出金融や民間の出資・貸付も含まれているという認識であった（菊地1977、18-19）。

★11——ただし後述するように、STABEXについては、日本とASEANの協議が後におこなわれている。

★12——この中には、ASEAN工業化プロジェクトへの資金援助（10億ドル＝2670億円を表明）が含まれていない。それは正式の契約ではなく、「プロジェクトがフィージブルな場合は協力する」に過ぎないからである。後述するように、実際におこなわれた日本からの当該プロジェクト支援は、インドネシアとマレーシアの尿素プロジェクト二つのみであった。ちなみに福田自身は、自民党本部で船田中元衆院議員ら党長老を招き、今回東南アジア訪問の説明をおこなった際に、援助の「確定は1315億円だけ」（新規援助が825億円、交換公文で約束したものが490億円）と述べている（朝日新聞1977年8月25日）。この1315億円という金額は、3月中旬に開催された外務・大蔵・通産の三省会議で決定された、「ASEANへの経済援助1310億円」とほぼ同額である（122頁参照）。つまりASEANへの援助増額は、福田ドクトリンの発表によって大風呂敷が広げられたわけでは決してなく、それ以前からの計画的な支出であった。

★13——修士論文の閲覧を許可してくださった越智隆雄氏には、記して感謝申し上げる。

★14——この五原則をリークした犯人について、枝村は園田官房長官であった可能性を示唆している（明示はしていない）。枝村は園田のスタンドプレーを苦々しく見ていたようで、たとえば福田が訪問した各国での共同声明は省略するという日本政府方針を、インドネシアで反故にしたのが園田であった事実を、否定的に論じている（枝村2009-22(1)、96）。

★15——この作業をおこなったのは誰かについて、枝村と谷野の記憶は異なっている。前者は中江と小和田と述べ、後者は西山であると述懐している。

★16——ちなみに「こころとこころのふれ合い」は、6月10日に記者会見をおこなった福田が使用したフレーズである（朝日新聞1977年6月11日）。谷野はそのフレーズをマニラ・スピーチに入れるように福田から要請されていた（谷野2015、45）。

★17——その意味で、戦後日本外交の基盤となったと言われている「吉田ドクトリン」は、後世の研究者がつくりあげた概念であるために、正確には外交ドクトリンの定義には入らない（Hoshiro 2022a）。

★18——ちなみに「こころとこころのふれ合い」というフレーズは、1960年代に池田勇人がインドネシアを訪問した際に使用しており（読売新聞1963年9月27日）、決して目新しいものではなかった。

第5章

対中ODAの開始

▶ はじめに

「福田ドクトリン」の提唱から約2年後の1979年12月。中国を訪問していた大平正芳首相は、中国政府から要請のあったプロジェクトに対して円借款を供与することを表明した。これが以降40年以上にわたる、ドナーとしての日本とレシピエントとしての中国との経済協力関係の始まりだった[*1]。日中関係という重要性に鑑みて、日本の対中援助に関してはすでに多くの研究蓄積が存在する。日本の政策決定を理論的に分析したものや、一次資料も使用した緻密な歴史分析、あるいは対中援助が果たした政治的・経済的な影響など、その多様性も目をみはるものがある（徐 2004; 岡田 2008; 関山 2008; 徐 2011; 高嶺 2016; 梅 2022）。

日本の対中ODAの研究がこれほど進んだ理由としては、1970年代末の開始から2000年代末の終了までの間、①世界政治／経済において日中関係が重要なイシューだったこと、②天安門事件や核実験など、さまざまな国際政治上の重要なエピソードが当該テーマと関係していたこと、③約40年間で援助の内容が劇的に変化し、ひとつのナラティブとして描きやすい特徴を持っていたこと、などが挙げられる。3点目についてもう少し解説すれば、沿海部の大規模な経済インフラから内陸部の環境重視へと日本の援助の重点がシフトし、中国の政治経済的な台頭と軌を一にしていたのである。

それら多くの先行研究業績と当時の新聞記事、そして外交資料を使用して、1970年代末における日本の対中援助開始のプロセスを描き出すのが、本章の目的である。1990年代の対中ODAはODA大綱との関係にからめて第7章で、また2000年代以降は国益との関連において第8章で扱う。さらに第9章では、日中の援助競争の現状を分析している。

1 ▶ 中国の外資導入開始

▶ 債務の記憶と四人組

　戦後中国は、ソ連からの援助を受けていたレシピエントであった。1950年2月、初めての中ソ借款協定が結ばれ、3億ドル・年利1%の借款がソ連から中国へ供与された。その後、1950年代を通じて中国の156の重点プロジェクトに対して、ソ連が19億ドルの資金援助をおこなっている。またその間、両国の科学技術協力を通じてソ連は1390名の専門家を中国に派遣した（岡田2003、30）。しかしながら中ソ関係の悪化により、1960年にソ連はすべての対中経済協力協定を破棄する。すべての技術者を撤退させ、さらに中国に債務返済を強く迫ったのである。1964年までに57億ドルにおよぶソ連からの債務をすべて中国は返済したが、「国民経済に大きな打撃を与え、また債務返済を迫られるという屈辱は中国の指導層に忘れられない記憶と教訓を残し、その後の中国政府の対外援助に対する態度と政策に極めて大きな影響を与えた」（岡田2003、27）。したがって、1968年にすべての公債を完済し、「独立自主・自立更生」路線を強調するようになった中国が、その後の10年間外資導入をほとんど拒否するという政策を採用したのは理由がなかったわけではない。たとえば1976年7月に唐山で大地震がおき、100万人規模の工業都市がほぼ壊滅する状況だったときも、中国は世界からの救援物資・人員提供の申し入れすら拒否している（倪2003、39）。

　また海外資本に対してイデオロギー的に批判的な勢力が政権中枢に居座っていたことも外資導入の拒否に拍車をかけていた。中国は1966年から10年間、文化大革命という大混乱に陥るが、その終結直前の1976年4月に発生

した (第一次) 天安門事件で国務院副総理の鄧小平は失脚する。その背後には
江青・張春橋・姚文元・王洪文の「四人組」がおり、その四人組が批判し
ていたのが「洋奴哲学」、すなわち外国を盲目的に崇拝する考えだった (岡田
2008、119)。工業、農業、国防、科学技術の「四つの現代化」を唱えた鄧小
平は、このような哲学を持つ最たる人物であると批判されたのである。

　そのため日本を含む外資の導入が開始されるには、四人組の失脚を待たな
ければならなかった。ただし、その機会はかなり早くやってきた。1976年
9月に毛沢東が死去すると華国鋒が実権を握り、四人組は逮捕される。その
直後に華は『『洋奴哲学』批判」を強く非難し、外国の経験・技術を吸収し
て自力更生の基礎とする方針を打ち立てる (岡田 2008、118)。1978年2月に
提起された「国民経済発展10カ年計画」は、それを実現するための具体案
であった (国分 1983)。

▶ 鄧小平の復権と外資導入

　そして1978年12月に開催された中国共産党第11期第3回総会 (三中全会)
は、中国現代史の分水嶺と言われ、それはいわゆる「通説」となっている (益
尾 2010)。そこで華国鋒に代わって鄧小平が実権を握り、また毛沢東の「階
級闘争論」が否定されるに至ったからである。対外関係においても、世界の
先進技術および設備を積極的に取り入れることが決定され、外資導入の政治
的基盤が形成された。また三中全会の開催直後には、米国と国交を樹立する
という決定が世界中に発表されている。以上のような中国政府による諸方針
の下で、日本を含む西側諸国からの、中国へのプラント導入が一気に増大す
ることになる。

　ただし、しばらくは依然として、中国と日本の経済交流は民間主体にとど
まっていた。中国当局はこのような民間からの金融債務を通常の商業ベー
スの決済条件としてみなし、それを債務とは定義していなかった (徐 2004、
54)。日本からの中国へのODA (円借款) 供与は1979年12月からであったが、
その直接的なきっかけは、宝山製鉄所プラント建設をはじめとする日本の民
間契約を、中国政府が凍結するという通知だった (田中 1991、108-109)。前述

の「国民経済発展10カ年計画」はやや非現実的なものだったため、すでに
中国は三中全会の時点でその見直しを迫られていた。したがって、日本企業
が中国政府と契約した多くのプロジェクトを保留したい、との意向が1979
年2月に中国側から出された。多くの日本企業はその決定に、大きな衝撃を
受けたのだった。

▶ 対中ODAの開始

　日本からのODA供与の可能性は、この凍結表明以前から議論はされてい
た。日本からの資金導入には大きく分けて三つのルートが存在した。ひとつ
目は、すでに開始されていた民間銀行からのシンジケートローン。二つ目は
これもすでに合意をみていた日本輸出入銀行を通じた天然資源開発借款であ
り、これらは定義上ODAとはならない。そして三つ目が、低利・長期返済
が可能なOECFからの円借款、すなわち政府開発援助であった。

　1978年9月下旬に日中経済協会会長の稲山嘉寛が訪中し、中国側に
OECFの利用を提案したところ、中国側は深い関心を示したようである（朝
日新聞1978年9月30日）。その翌月、10月22日から29日にかけて鄧小平が来
日し、日中平和友好条約の批准書交換をおこなった。その際におこなわれた
記者会見では、「政府間の借款については、これから研究する問題だ」と述
べ、正式なODA供与の話はまだ開始されていないものの、その実現に鄧小
平は意欲を見せた。そしてこの発言は、「従来の中国側の発言とニュアンス
を異にするもの」として外務省内で注目されていた（外務省アジア局「鄧小平総
理の訪日とその評価」1978年10月30日、情報公開文書2001-1980-3）。また同発言は
「人民日報」でも取り上げられ、中国における日本の「対中ODAに関する
最も早い報道」（王2014、299）となった。さらに翌月の11月26日、民社党訪
中団の佐々木良作委員長に対して鄧小平は、日本の政府借款受入の意向があ
ると初めて明言したのである（読売新聞1978年11月27日）。

　以上のように、日本からのODA供与の打診と中国の前向きな動きはあっ
たものの、やはり対中円借款供与の実現を決定付けた（あるいは早めた）のは、
1979年2月の中国政府による民間契約留保表明だったと考えられる。その

表5-1 1979年9月に初めて中国政府が要請した円借款プロジェクト

プロジェクト 円借款	計画期間 (年)	資金見積もり (億ドル(百万円))	初年度提供金額 (百万円)
石臼所湾建設(山東省)	3	3.2(80000)	7085
兗州―石臼所鉄道建設(山東省)	3	3(75000)	10100
龍灘水力発電所建設(広西自治区)	6	15.5(387500)	―
北京―秦皇島鉄道拡充、電気化(北京市、河北省)	3	6.5(162500)	2500
衡陽―広州鉄道拡充(湖南省、広州省)	4	9.1(227500)	11400
秦皇島港拡充(河北省)	3	1.6(40000)	4915
五強渓発電所建設(湖南省)	6	8.1(202500)	14000
水口水力発電所建設(福建省)	6	8.4(210000)	―
計		55.4(1385000)	50000

無償

中日友好病院(北京市)	―	0.6(15000)	430

(網掛けは日本が協力したもの。1ドル＝250円として計算)
出典：岡田(1980、50)；梁井(1980、82)；通産省『経済協力の現状と問題点』(1980、405; 1982、302)。

直後の1979年5月におこなわれた鄧小平と鈴木善幸との会見で両者は、政府借款の受入に基本的に合意したからである。その3カ月後に中国側は、円借款を鉄道、湾港、発電等八つのプロジェクトに利用することを正式に提案し、谷牧副総理が9月に訪日、日本の円借款を正式に要請した。

　その後、中国は病院建設プロジェクトの要請もおこなったため、中国が要請したプロジェクトは表5-1が示しているように合わせて九つ、総額約1.2兆円(56億ドル)となった。しかしながらこのような谷牧の要請に対して大平首相や園田直外相、金子一平蔵相らは「貴方からの要請はきわめて膨大」であり、短い期間であるいは日本だけではできない、といずれも否定的な返答をおこなっている(外務省中国課「谷牧副総理の訪日(政府首脳との会談録)」1979年9月10日、情報公開文書2001-1921-1)。最終的には、10月初旬の対中借款政府調査団(団長：梁井新一外務省経済協力局長)の訪中を経て、六つのプロジェクトに

対して円借款として500億円の資金援助することが決定されることになる。また、病院建設案件はすべて無償で協力してきた事実に鑑み、日本政府としては中国の病院建設に関しては無償協力の対象とした（経協1「対中政府資金協力問題」1979年11月26日、情報公開文書2004-595-11）。借款の条件は金利3％、償還期間30年、据置期間は10年だった。

　ただしその決定に至るまでには、いくつかの問題をクリアする必要があった。

2 ▶ 対中円借款三原則

　よく知られているように経済協力に関して日本政府は、次の三原則を中国に提示した。中国への経済協力は、①軍事協力はおこなわない、②米国、西欧諸国と協調をはかりつつおこなう、③アジア諸国、特にASEAN諸国とのバランスを考える、というものである（外務省中国課「谷牧副総理の訪日（政府首脳との会談録）」1979年9月10日、情報公開文書2001-1921-1）。このような三原則を示さなければならなかったのは、対中円借款開始に対する、国内外からの懸念が存在したからである。

▶ 非軍事協力

　「軍事協力はしない」という第一の原則は、二つの意味を含意している。ひとつはソ連に対する配慮である（倪 2003、51-52）。1972年の日中共同声明では反覇権条項を書き込むことで、日本はソ連よりも中国を友好国として選択・重要視したと考えられていた。さらに日本が中国への経済援助を促進して日中関係が強化されることを、ソ連は強く警戒していた。たとえば日本向けモスクワ放送は11月23日の論評で、「中国指導部の借款要請は公には中国の近代化のためであるかのように言われているが、その近代化の土台に置かれているものは戦力の増強と戦争準備だ」と、中国に対する警戒心を隠さなかった（朝日新聞1979年11月24日）。同時に同放送は、中国への多額の円借款は、日本による他の国への資金援助がその分減少し、発展途上国との関係

154

で日本の立場が弱まることを強調していた。このような批判を受けて日本政府は、対中円借款の供与は軍事協力ではないことをわざわざソ連に説明している（朝日新聞1979年12月11日）。

「軍事協力はしない」という原則の二つ目の意味は、日本国内の軍事忌避感情への配慮である。前述した中国の四つの現代化のひとつには、国防、すなわち軍事力強化が含まれていた。第二次世界大戦後の日本の政策として、そのような他国の軍拡に協力するつもりはない、という表明がこれであった（外務省中国課「柳谷アジア局長の中国出張の際の中国側要人との会談記録（項目別）」1979年6月25日、情報公開文書2001-1981-1）。第8章で論じるように、2000年代における対中援助見直しの根拠のひとつに、日本のODAが中国の軍拡を促してきたという議論の存在があった。そのような見解が正しければ、大平内閣が示した対中円借款の三原則は、20年後には有名無実となっていたということになる。

▶ 欧米諸国との協調姿勢とアンタイド

対中円借款三原則の二つ目は、欧米諸国が実際に不満を表明していたことに対する配慮である。アメリカおよび欧州各国は、日本が中国という潜在的な巨大市場を経済協力という名の下で独占する可能性をおそれていたのである。当時外務省経済協力局長だった梁井新一の言葉を借りれば、「10億人の勤勉な中国国民と、日本の資金と技術が結びつくと、どえらいことになる」（梁井1980、84）。そのような欧米諸国の警戒心を払拭するために、「開かれた中国」を目指して、決して中国市場を独占するものではないとする意図を、日本政府は示さなければならなかった。

そのような欧米の懸念を無くすには、日本からの援助を非ひも付き（アンタイド）にする必要があった。なぜなら円借款を中国に供与したとしても、アンタイドであれば欧米企業の入札も可能になり、日本による中国市場の独占という批判をかわすことができるからである。しかしながらこの問題――タイドにするのかアンタイドにするのか――に関しては、国内対立が生じていた（経協一課「対中国政府直接借款を一般アンタイドとすべき理由」1979年9月26日、

9月29日、11月24日、情報公開文書2004-595-1, 2004-595-2, 2004-595-9)[★2]。

　円借款の分配はこの時代、外務・通産・大蔵・経企のいわゆる四省庁体制によって決定されていたが (Rix 1980)、対中円借款もその例外ではなかった。中国に対する借款をアンタイドにするかどうかについては、大蔵省と経企庁は、外務省の主張する一般アンタイド化に賛成していた。それに対して通産省は、「強い抵抗」を示していた。通産省によれば、その理由は次の三つであった。第一に、援助のアンタイド化を日本政府がおこなったのは、米国を中心とするDAC諸国からの圧力がかつて存在したからであった。しかしながら、現状ではそのような国際圧力は存在しない[★3]。第二に、日本企業の貿易構造を変えるために商品輸出からプラント輸出への転換を進めているこの時期に、それを後押しできないアンタイド借款は通商政策上好ましくない。第三に、プロジェクトの一部ならともかく大部分を外国企業が落札すれば、日本企業の輸出機会を損なう。そうなってしまっては、援助関係予算拡大についての国民の理解を得ることができない。

　10月25日におこなわれた四省庁連絡会議では、柳谷謙介アジア局長が他省庁からの代表に対して説明をおこなった。それによれば、対中円借款についてワシントンは日本援助のグラント・エレメントを大きなものとし、またアンタイドするように要求している。その説明に対しておそらく通産省の宮本四郎通商局長の発言だと思われるが、かなり過激な不満が吐露されている。すなわち「米国が対中円借款のグラントエレメントを86%以上にせよと言い出すにおいては"頭がおかしい"のではないか？」という発言である (ア中「アジア局主催日中経済関係各省連絡会 (第7回) について」1979年10月29日、情報公開文書2004-595-4)。ちなみに1980年代初頭から援助政策における通産省の影響力が低下しつつあり、その理由は円借款の「アンタイド比率」の上昇であると下村 (2020、78-79) は述べている (Kawai and Takagi 2004, 259も参照)。中国への円借款開始における上の議論は、日本がトップドナーになりつつある時代の、通産省による最後の抵抗であったかもしれない。

　以上のような通産省のひも付き援助推進論と米国への反発に対して、外務省は次のように、アンタイドの必要性を訴える。第一に、DACの中で日

本が最初の借款供与国となり、中国市場を独占して「日中結託」することを、欧米諸国が懸念を表明している。特に1978年1月に発表された「牛場・ストラウス共同声明」[*4]では日本の援助をアンタイド化することをうたっており、その点からもこの問題において米国は「最大の関心を有して」いる。第二に、日本がアンタイド借款を供与するとそれが前例となり、その後のDAC諸国のアンタイド援助が促進される。少なくとも、日本が他の諸国にアンタイドを求める正当性が付与される。これは長期的に見ても、日本企業の輸出拡大に貢献することになるだろう。第三に、中国から要請のあった八つのプロジェクトは、すでに日本の経済界が密接に関与していたものが多く含まれている。したがって、アンタイドにしても事実上は日本企業が落札する可能性が非常に高いことが見込まれる。第四に、アンタイド化することによって、中国をDACの被援助国リストに入れるための理解が広がり、対中国援助をODAとカウントすることができる。

　最後の点は少し解説が必要だろう。先述のように中国は外資や対外援助の導入に拒絶反応を持っていたため、1968年以降はソ連を含む諸外国からの援助受け取りを拒否してきた。また中国は共産主義国だったために、そもそも西側諸国の援助対象とはなっていなかった。そのためにDACの被援助国リストに入っておらず、対中円借款を「ODA」として認めてもらうためには、中国がそのリストに加わる必要があった。そのために日本政府は、DACに対して外交努力をおこなうことになる。具体的には、1979年11月に開催されたDACパリ会議で、中国をDACの被援助国リストに入れるよう説得し、成功する（朝日新聞1979年12月1日）。その説得手段のひとつとしてアンタイド援助をおこなうという名目は、大きな効果を伴うはずであった。

　最終的にタイド／アンタイドの問題は、大平正芳首相・大来佐武郎外相の政治的決断によって終了した。大平は「原則アンタイで」おこない、「実際は多少ケース・バイ・ケースでやればよい。……プラントものなどは、はじめから相談してやるのだからタイドでないとやれないものもあるようだ。例外を作っていけばたいした違いはない」と述べ、タイド援助を含めることも許容していた。それに対して大来は全面的にアンタイドと表明することで、

第5章・対中ODAの開始　　157

「対米・対欧の印象がずい分違います」と大平に提言し、それが受け入れられた（経協一課「対中円借款に関する総理・官房長官に対する説明」1979年11月30日、情報公開文書2004-595-14）。

▶ ASEANへの配慮

　日本が対中経済協力をおこなうに際して中国に示した三原則の三つ目は、ASEANへの配慮である。「福田ドクトリン」を提唱した前政権から、外相時代に日中国交回復に尽力した大平を首相とする内閣に移行したことにより、日本のASEAN重視の方針が変わったのではないか、という強い憂慮がASEAN諸国の間に広まっていた。また、欧米の主要援助国にも、他の開発途上国に対する日本の援助が減少する場合には、対中援助は賛成しがたいという意見があることを外務省は認識していた。実際に1979年9月20日、中国政府による円借款の要請についてASEAN諸国は日本の外務省に対して、「懸念を表明」してきた。ASEAN側としては、①日本の資金協力によって中国の経済的な近代化が促進され、東南アジアに対して輸出攻勢をかけるおそれがある、②東南アジアのみならず他の世界市場にまで中国が輸出攻勢をかけると、ASEANの工業化と輸出の芽が摘み取られる、③日本が巨額の円借款を中国に供与すれば、ASEANが受け取る額が減少する、という理由を挙げて当該問題を慎重に対応するように申し入れてきたのである（毎日新聞1979年9月21日）。

　日本政府は、このようなASEAN諸国による懸念の解消に腐心することになる。そのためにまずおこなったのは、援助額の抑制である。特にASEAN最大の対日援助のレシピエントであるインドネシアの供与額を中国のそれが上回ることは好ましくないと、外務省は考えていた（経協1「対中国円借款について考慮すべき諸点」1979年11月10日、情報公開文書2004-595-7）。したがって、援助額がインドネシアを上回るかどうかは、ひとつのメルクマールとなった。このような配慮があったために最終的に対中円借款は、インドネシアと同規模（前年の約束額548億円）の500億円となった（経協1「経協局長説明用メモ」1979年11月19日、情報公開文書2004-595-8）。第二の配慮は、単年度か多年度かとい

158

表5-2 対中円借款の推移

第一次	1979〜1983年度	3309億円
第二次	1984〜1989年度	4700億円
第三次	1990〜1995年度	8100億円
第四次	1996〜2000年度	9700億円

出典：関山 (2008、86)

う問題である。最終的に日本政府は対中円借款を、毎年援助金額を決定する「単年度主義」にすることを決定した。多年度にわたって供与することは、巨額になり過ぎて対外的に大きなインパクトを与えかねないこと、また中国側の数字が明確に根拠づけられていないことからリスクが大きいとして、単年度方式が好ましいと外務省は考えていた (経協1「経協局長説明用メモ」1979年11月19日、情報公開文書2004-595-8；経協1「対中資金協力問題」1979年11月24日、情報公開文書2004-595-10)。そして第三に、金利に関しても「対ASEAN配慮」がおこなわれている。すなわち金利は、フィリピン、タイと同じく3%、30年 (据置10年) にすることが適当とされたのである (経協1「経協局長説明用メモ」1979年11月19日、情報公開文書2004-595-8)。

このような「ASEAN配慮」があったものの、表5-2で見るように中国への円借款供与額はすぐに膨れ上がった。また単年度主義も自然消滅し、2000年まで複数年度にわたって供与額を約束するラウンド方式が採用された (2001年以降は円借款候補案件リストに基づく単年度へと移行)。中国への大規模な円借款の供与の結果、ASEANに対する配慮は有名無実になったのだろうか。

中国が存在していたからASEANへの援助額が相対的に減少した、という問題点には実証的な検証が必要である。前章で分析したように、確かに1970年末を境にして、対ASEANのODAは相対的に減少した。この原因として中国への円借款開始が影響しているのではないか、という仮説は興味深い[5]。したがって本節では、前章で使用した計量分析結果に若干の修正を加えて、中国とASEANへの援助の関係を考察してみたい。具体的には、前章

第5章・対中ODAの開始　　159

表5-3　日本のASEANに対する二国間ODAの「差分の差分」計量分析結果（福田ドクトリン前後＆中国

	モデル1	モデル2	モデル3
	1988年まで比較 1977年基準	1988年まで比較 1978年基準	1983年まで比較 1977年基準
ASEAN1977年後	-0.975*** (0.350)		-0.911** (0.394)
1977年後	0.848*** (0.167)		0.629*** (0.182)
ASEAN1978年後		-0.871*** (0.303)	
1978後		0.967*** (0.178)	
ASEAN	2.031*** (0.349)	1.814*** (0.328)	2.010*** (0.355)
対数輸出	0.426*** (0.086)	0.478*** (0.088)	0.385*** (0.090)
対数輸入	0.201*** (0.059)	0.187*** (0.061)	0.229*** (0.064)
対数被援助国GDP（t-1）	-0.951*** (0.127)	-0.985*** (0.123)	-0.880*** (0.138)
対数被援助国人口（t-1）	1.286*** (0.111)	1.297*** (0.111)	1.285*** (0.120)
民主主義指標（VDEM、t-1）	1.381** (0.540)	1.398** (0.540)	1.291** (0.620)
自然災害発生数（t-1）	0.000 (0.055)	-0.005 (0.055)	0.008 (0.059)
国連総会投票シンクロ率（t-1）	4.032** (1.596)	4.410*** (1.628)	3.633** (1.779)
対数他DACのODA（t-1）	2.332*** (0.586)	1.611*** (0.591)	4.066*** (1.081)
切片	-27.702*** (7.421)	-19.827*** (7.188)	-47.210*** (12.921)
観察数	1342	1342	893
調整済みR-sq	0.579	0.581	0.588

* $p<0.1$, ** $p<0.05$, *** $p<0.01$
括弧内はレシピエントにクラスター化された標準誤差の値
従属変数は対数ODA約束額

を除外)

モデル4	モデル5	モデル6
1983年まで比較 1978年基準	1980年まで比較 1977年基準	1980年まで比較 1978年基準
	-0.871** (0.390)	
	0.649*** (0.183)	
-0.806** (0.348)		-0.768** (0.338)
0.505** (0.240)		0.745*** (0.237)
1.774*** (0.334)	1.856*** (0.365)	1.569*** (0.349)
0.462*** (0.094)	0.472*** (0.099)	0.580*** (0.105)
0.206*** (0.070)	0.199*** (0.062)	0.163** (0.070)
-0.926*** (0.136)	-0.886*** (0.143)	-0.947*** (0.141)
1.295*** (0.122)	1.318*** (0.128)	1.334*** (0.132)
1.316** (0.627)	1.464** (0.651)	1.529** (0.653)
0.002 (0.059)	-0.004 (0.066)	-0.017 (0.067)
3.556** (1.768)	2.907 (1.858)	3.032 (1.892)
3.908*** (1.388)	2.507*** (0.913)	0.934 (1.362)
-44.660*** (15.830)	-30.893*** (10.853)	-13.450 (14.712)
893	644	644
0.587	0.592	0.594

の差分の差分モデルから、中国だけを外したものを再度推定する。仮にその分析によって、ASEANへの相対的なODAが減少したという前章の結果が変わったのであれば、対中円借款開始の影響が認められるだろう。次の表がその分析結果である。

表5-3の分析結果は、表4-4（142-143頁）のそれとほとんど異なっていない。本結果から見る限り、中国への援助開始は日本のASEANへのODAには影響しなかったと言うことができる。すなわち福田ドクトリン後にASEANへの援助額が相対的に減少したのは、中国ではなく、他のレシピエントへの援助が増大した結果だったのである。

3 ▸ 対中円借款と賠償問題

日本の戦争被害に遭った国に対して経済援助をおこなったという点で、中国への円借款と東南アジアへの賠償は重なり合う。しかしながら日本の対中円借款と賠償は何の関係もない、というのが両政府の公式な見解である。日本政府にとって中国との賠償問題は、法的には日華平和条約で決着済みであるために、北京からの請求は拒否できるという立場を東京はとっていた。そして日中国交回復がおこなわれた1972年に発表された日中共同声明の第5項において、中国政府は「中日両国国民の友好のために」日本に対する戦争賠償請求（権）を放棄することを宣言した。つまり日本から中国へのODAは、最初から賠償という名目を伴ったものではなく、二国間の国交回復の条件として、すなわち「戦後処理外交」の一環としてのものではなかった（田中1991、110-111）。ちなみに賠償放棄に関しては、日本政府は「賠償請求権」ではなく「賠償請求」の放棄を求めた。なぜなら台湾がすでに中国の代表として賠償請求の権利を放棄していたので、すでに放棄した権利を再び放棄することはできない、というのが日本側の論理だったからである（添谷1995、210）。

中国が対日賠償放棄を正式に決定したのは、1964年1月頃であったと言われている（朱1992）。それまでは北京政府も、戦中日本によって被った大損

害に鑑みて、賠償要求の権利を持っていることを常に公にしていた。しかしながら周恩来および廖承志のイニシャティブの下、強い反対意見を抑えたかたちで、賠償請求の放棄が決定された。この決定がなされてから、中国政府は日本側に幾度となく賠償請求放棄の方針を示唆してきた。しかしながら自らの国民に対しては、1972年の国交正常化直前までその方針を打ち明けることはなかった。なぜなら戦時下日本によって多大なダメージを負った中国にとって、賠償問題は非常にセンシティヴで政治的なものであり、世論工作も慎重におこなわなければならなかったからである（朱1992）。

　日中国交回復に尽力した周恩来は、賠償請求放棄の理由として次の三つを挙げていた（「第1回竹入義勝・周恩来会談記録」1972年7月27日『データベース世界と日本』；服部2011、215）。第一に、中国の建設は自力更生原則に基づくものであり、外国からの資金を必要としない。第二に、蔣介石の台湾が賠償請求を放棄している。第三に、賠償金は日本の負担となり、日中友好が永遠に妨げられる。第一の点は、投資や援助ではなく賠償であれば「外国資本」とは捉えられず、1950年代に外資導入を嫌ったインドネシアのように、何の抵抗もなく請求できたはずである。また第二点は、蔣介石は決して利他主義的・自発的に賠償を放棄したわけではなく、そうせざるを得ない状況であったことは本書の第2章第5節ですでに論じた。したがって、「最も説得的」（服部2011、215）だったのは、第三点であった。その意味で中国への円借款は、賠償というよりはむしろ1958年から開始されたインドへの円借款型に近い。インドは米国主導のサンフランシスコ平和条約への出席を拒否し、日本への賠償請求も放棄した上で、円借款を要請した唯一の国だったからである。

　しかしながら賠償と円借款は無関係であるという両国の公式見解に反して、中国の政治的リーダーにとっては、賠償と円借款のリンクは常に意識されてきたし、それがしばしば政治問題にもなった。たとえば1987年、京都大学がかつて管理していた光華寮をめぐって、すでに日本との外交関係のない台湾の所有権を認めた判決が下された（光華寮裁判）。この結果について反発した鄧小平は、中国が賠償請求をしなかったので日本は世界のどの国よりも中国に対する借りがあると述べ、日本は中国の発展を助けるために、もっ

と多くの貢献をすべきだと日本を非難した（田中 1991、155-160）。また1995年、中国の核実験に抗議して日本政府が無償援助を凍結したことについて、首相の地位にあった李鵬は、「日本の過去の侵略戦争による損害は援助額とは比べものにならない。過剰な反応は中日関係にとってマイナスだ」（朝日新聞1995年9月20日）と述べ、日本の侵略と援助のリンクを明言している。日本による「戦時の損害に対する償いとしての援助」という考えは、両国のリーダーが公式に否定しようとも、少なくとも中国側の本音では決して消し去ることができないものだった。

　また東南アジア諸国への戦後賠償がおこなわれた1950年代から60年代にかけての時期と、中国への円借款が開始された1980年前後では、日本の国際・国内環境が大きく変化していたことも指摘できる。レシピエントの市場を日本に席巻されるのではないかという欧米の警戒は、1950・60年代には決して存在しなかったものである。援助増額によって自国が供与する資金が相対的に減るという懸念は、賠償国間でも存在した。しかしながら他のドナーから懸念が表明されるというのは、20年前には考えられないことであった。その意味で、日本は比較的短期間のうちに、経済大国へと登り詰めていたのである。また、経済的な問題のみならず、中国という政治大国への援助開始が与えた影響もある。1950年代後半に日本は、インドという政治大国へ円借款を供与した。インドは中立主義を標榜しており、米ソは競ってインドへ援助をおこなっていた（Merrill 1990）。したがって日本のインドへの円借款開始が、その当時の国際問題となることはなかった。それとは異なり中国に対する円借款の供与開始は、中国との関係が悪化していたソ連の反発を引き起こした。このような援助開始における国際的な反応も、日本が初めて経験するものだった。

　さらに日本国内を見れば、新たな省庁間対立が観察された。すなわち、東南アジアへの賠償あるいはインドへの円借款では、できるだけ資金を減額しようとする大蔵省と、それ以外の省庁間対立が典型的に見られた。そのような大蔵省の態度が変化しつつあったのは、第4章第3節で述べた通りである。すなわち財政保守的な大蔵省ですら、増大する日本の貿易黒字に対

する批判をかわすために、1970年代後半には援助の増額を容認しつつあった。そして中国への円借款では、タイド化を進めたい通産省と、大蔵省を含むそれ以外の省庁が意見を異にしたのである。米国を中心とするDAC諸国は、日本の援助条件をより利他主義的なものにするように迫った。援助大国となりつつあった日本に自国利益のためだけの援助をおこなうことは、先進諸国が許さなかった。そのために、あくまで自国企業の利益を優先する通産省が、欧米と歩調を合わせようとする外務省と対立することになった。このような国内の省庁間対立は、基本的に1950年代には存在せず、日本が経済大国・援助大国になりつつあるなかで生じた、新たな問題であった。

▸ まとめ

　1979年12月に大平正芳首相は訪中し、華国鋒主席、鄧小平副主席と会談した。中国から要請のあった総額15億ドルにわたる湾港建設、鉄道整備、水力発電所建設など六つのプロジェクトに対して初年度に500億円の円借款を供与する、さらに中日友好病院建設に無償援助することを大平は表明した。確かにこの日本の決定は当初の中国側による要求より大幅に少なかった。ただし鄧小平や谷牧は次のように述べ、満足の意を表明した（中国発本省着「総理訪中（大平―トウ会談）」1979年12月6日、情報公開文書2001-1378-3; 中国発本省着「大来・コクボク会談」1979年12月8日、情報公開文書2004-589-1）。中国の希望は当然ながらプロジェクトは多く、金額も多いに越したことはない。しかしながらこれは初めての円借款であって、これをきっかけとして今後の両国間の経済協力がおこなわれればよい。またこのような短期間で両国が合意に達したことは前例も少なく、日本の積極的姿勢に感謝したい。

　さらには『人民日報』もこれを報道し、「平等互恵を基礎にした経済協力は幅広い輝く未来がある」と賞賛した（王 2014、299）。これがそれから40年以上にわたって供与されることになる、対中ODAのはじまりであった。そこに「輝く未来」が約束されていたかどうかは、その後の歴史が語る通りである。

註

★1 ——日本の対中ODAの支払い（disbursement）は、円借款が2018年、無償資金協力は2019年、そして最後に残された技術協力は2022年3月に完全に終了した。

★2 ——以下断りのない限りこれら三つの文書からの引用。

★3 ——前章第1節で述べたように、日本は1970年代前半に欧米の強い圧力を受けて基金法を改正したりすることによって、商品援助（借款）のアンタイド化を図った。通産省の指摘する「DAC諸国からの圧力」はこの時期のものだと考えられる。

★4 ——1978年1月13日に牛場信彦対外経済担当大臣とストラウス（Strauss, Robert S.）米国通商代表によって発表された共同声明。これによって日本は、経常収支の黒字削減への継続した努力、輸入増大のために貿易障壁の撤廃、農産物（牛肉、オレンジ）輸入枠の拡大等を約束した。またその中に、ODAのアンタイド化も含まれていた（外務省『わが外交の近況』1979、資料）。

★5 ——当該仮説は、2017年の日本国際政治学会研究大会で筆者の報告に対するコメントとして、政策研究大学院大学の田中明彦学長（当時）から示唆されたものである。記して感謝したい。

第6章

経済安全保障・お土産外交・外圧反応型援助

> ► はじめに

　前述のように、日本政府は1977年に「ODAを5年間で倍増する計画」を発表した。これは第5次まで続く「ODA中期目標」の嚆矢となった（表6-1）。最初の5カ年計画は翌年に3年間に前倒しされ、1980年には計画が達成されることになる。

　そして福田赳夫政権から始まった日本のODA増額政策は、その後の政権にも引き継がれた。たとえば中曽根康弘内閣は、貿易黒字対策として「資金還流政策」を打ち上げた。当初は「黒字還流」という名称を使用していたが、黒字は民間所得なのに政府が勝手に処分できるはずはないと批判されたために、資金環流に訂正されたと言われている（荒木 2005, 86）。この例からわかるように、日本のODA増額の背景には、日本企業による貿易黒字の増大とそれに対する日本への国際的な批判があった。5回におよぶ倍増政策の結果、ODA予算は増加の一途をたどった（図6-1）。それに伴って日本のODA支払い額は、1989年についに世界のトップに立ったのである（図6-2）。

　このようにODAが急激に増加して国内外の注目を集めた結果、1980年代には日本の対外援助外交に関するいくつかの議論が浮上することになる。一つ目は経済安全保障という考えであり、これは大平正芳政権末期に日本政府によって提出された。その中でも特に石油資源獲得のために日本は援助を増

表6-1 ODA中期目標

	実施年	目標	実績
第1次	1978年	1977年ODA実績14.2億ドルを3年間で倍増	1980年実績33.53億ドル(達成)
第2次	1981年	1981～85年の支払い額を、1976～80年実績106.8億ドルの2倍以上	5年間実績180.7億ドル(達成率84.6%)
第3次	1985年	1986～92年の支払い額を、400億ドル以上とする。	
	1987年(繰り上げ)	上記目標の2年繰り上げおよび1990年のODA実績を1985年実績37.97億ドルの2倍	1987年実績74億5300万ドル(達成)
第4次	1988年	1988～92年の支払い額を、1983-87年の実績250億ドルの2倍	5年間実績496億8400万ドル(ほぼ達成)
第5次	1993年	1993～97年のODA総額を700～750億ドルに	5年間実績577.84億ドル(達成率82.55%)

出典：通産省『経済協力の現状と問題点』1985、201；外務省『我が国の政府開発援助』1987（上）、202-203；朝日新聞1988年6月14日、1993年6月11日；OECD/DACデータベース

図6-1 一般会計ODA当初予算の推移（単位：億円）

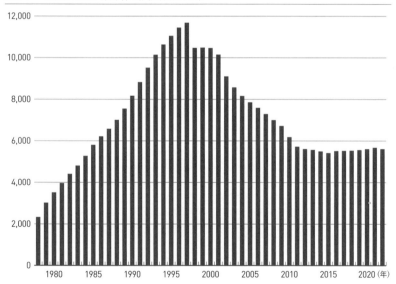

出典：外務省『我が国の政府開発援助』（各年度版）

168

図6-2　主要ドナーによるODA支払い額の推移（単位：100万ドル、カレント値）

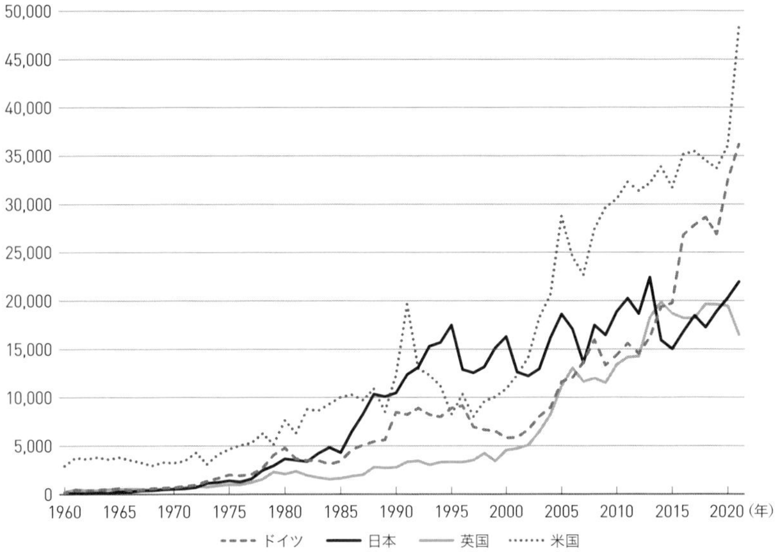

出典：OECD/DACデータベース

大した、という考えは、先行研究の通説となっている。二つ目は、首相が外遊する際に途上国に対して援助の約束をおこなう、いわゆる「お土産外交」と研究者がやや皮肉を込めて述べる援助政策である。そして三つ目は、経済大国になったにもかかわらず日本は依然として自律的に動かず、米国の圧力——外圧——があって初めて重い腰を上げるという「外圧反応国家」の特徴が、対外援助政策にも現れている、という見解である。

　本章では、上記三つの議論が日本政府によるODA分配行動を実際に系統的に説明しているかどうかを、計量分析によって検証する。結論を先に述べると、次のようになる。

①　石油資源の獲得のための援助という経済安全保障の考えは、実データによる検証では確認できなかった。

第6章・経済安全保障・お土産外交・外圧反応型援助　169

② 日本の首相や外相がレシピエントへ訪問する際に華々しく発表される援助の約束である「お土産外交」は、印象論ではなく数量データでも確認できた。しかしながら長期的には、日本の首相・外相が訪問すればするほど、援助額は徐々に減らされている、という結果が明らかになった
③ 米国からの「外圧反応」は、援助分配行動においても生じていたことが確認できた。その内容は、米国の援助が多い国には日本のそれも多く、少ない国には日本も少ない、というものだった。

1 ▸ 経済安全保障とODA

▸ 総合安全保障論の登場

「わが国も国際協調の理念を基調として、低開発国の経済開発に積極的に協力するとともに、資本財輸出の振興、重要原料の供給源をはかるため、海外投資の促進、技術協力の推進等経済協力の充実強化に務めている」（通産省『経済協力の現状と問題点』1958、1）。

『経済協力の現状と問題点』が初めて出版された1958年、同書はこのように述べ、輸出増進とともに、資源獲得の手段としても援助（賠償）を活用していく方針を明らかにした[*1]。ただし1970年代に「商業主義的な援助」というDAC諸国からの批判を浴びたために、それ以降、日本政府は輸出増進を対外援助の明示的な目的として掲げることを控えるようになっていた。第7章と第8章で論じるように、ODA大綱や外相の外交演説といった機会において、日本経済のための援助、という目的を明示的に掲げることが復活するのは、21世紀に入ってからである。

ただし1970年代、輸出増進という目的は以上のように外されたものの、他方で資源獲得の手段としての援助という考えは残された。たとえば1979年度版の『経済協力の現状と問題点』は次のように述べている。

「資源・エネルギーのほとんどを海外からの輸入に依存する我が国が安定的な経済発展を遂げていくためには、発展途上国との友好関係を維持していくことが必須となってきております。経済協力は、我が国の経済安全保障を確保する上でも不可欠なものだといえましょう」(通産省『経済協力の現状と問題点』1979、1)。

　また外務省が1981年4月に出版した『経済協力の理念：政府開発援助はなぜ行うのか』(1981、第3章)では、ODAが「日本の総合的な安全保障を確保するための国際秩序構築のコスト」と位置づけられている。そこでは、石油を中心としたエネルギーや食料など、経済的に対外依存度が高い日本の脆弱性を補強するために、経済協力(すなわち対外援助)をおこなう必要性が説かれている。

　以上からわかるように、資源獲得目的としての援助という文脈で1950年代末には存在せず、1970年代末に新たに台頭してきたのは、「安全保障」という考えである。具体的には、「総合安全保障 (comprehensive national security)」という概念が、この時期に政府から提出された。それは「国家が守るべき対象は領土、人民、財産の三者であるとしても、……たんに他国からの軍事的な侵略に備えることだけではなく、経済など他の分野の目標も安全保障との関連で高度に重要な国家目標として掲げ、……非軍事的な手段を最大限に活用する、という政策(行動)原理」(衛藤・山本 1991、67)を示している。国際政治学においては、軍事力に焦点を当てる high politics と、国際経済現象を扱う low politics という区別が、1970年代にはすでに曖昧なものとなりつつあった。そのような国際政治学の潮流と軌を一にして現実の日本政治に導入されたのが、総合安全保障であった (中西 1997、107; 山口 2023、18-20)。

　総合安全保障論そのものは、1970年代半ばから大平正芳や中曽根康弘、そして福田赳夫といった政治家、あるいは経済同友会といった財界によって唱えられ始めていた (中西 1997)。1978年に大平政権が誕生する前に、民間人や若手・中堅官僚からなる政策研究会が大平の下でいくつかつくられたが、

財団法人平和・安全保障研究所理事長の猪木正道を議長として発足した総合安全保障研究グループは、そのひとつであった。大平が政権に就くと、総合安全保障グループの研究は京都大学の高坂正堯教授が中心になってとりまとめられ、1980年7月に報告書が提出される（内閣官房内閣審議室分室・内閣総理大臣補佐官室編 1980）。しかしながら大平はその直前、参議院選挙の最中に急逝したため、グループが報告書を手渡したのは伊東正義臨時総理であった。

　この報告書では、世界におけるアメリカの明確な優越が終了しつつあり、それに代わる秩序のない時代に入っているという認識が示されている。その現実認識が、安全保障問題を部分的なものから総合的なものとしている、と報告書は述べる。そして米国との合同演習を含めた日米安保体制の強化、防衛費の増大による装備と能力の向上とともに、エネルギー安全保障のために代替エネルギーの開発などが必要だと提言されている。さらにODAとの関係では、産油国を含む開発途上国の工業化への協力と、食料安全保障のために食料生産を世界的に増大させることを援助によって助ける必要性が述べられている。最後に、安全保障政策を総合的、有機的に推進していくための機構として、「国家総合安全保障会議」の設立が提案された。以上のような総合安全保障という概念は、後にインドネシア、マレーシア、シンガポールといったASEAN諸国においても受け入れられることになる（Emmers 2003, 49）。

　しかしながら、対外援助を含む実際の外交政策において、総合安全保障研究グループの報告書が忠実に反映されることはなかった。なぜなら前述のように報告書が完成したのは大平の急逝後であり、その提言に具体的に取り組む政権は存在しなかったからである。大平の後に首相に就任した鈴木善幸や中曽根康弘も、総合安全保障を推進することに意欲を示したものの、実際の内容は研究グループの報告書とは異なるものであった（山口 2023）。すなわち「総合安全保障は、PTA会議での親のいない子のように扱われている」（ヤストモ 1989、84）という状況に陥ったのである。また報告書の提言に沿ったかたちで、総合安全保障関係閣僚会議という組織が鈴木内閣で設置されたものの、各省庁、特に外務省のセクショナリズムのために「安全保障政策の立案や実質的決定のための機関とはならなかった」（山口 2017、56）。また「閣僚

会議における討議のどの論点をとっても、それが有機的な総合安全保障の概念の発展につながったとはいえない」（ヤストモ 1989、90）という厳しい評価も下されている。したがって、当該会議が1990年9月26日を最後に開催されなくなり（各新聞情報検索による）、2004年に正式に廃止に至ったのは理由なしとしない（読売新聞2004年10月2日）。

▶ 石油資源獲得のための援助

　以上のように大平の政策提言グループの提出した報告書は、実質的な役割を果たさないまま1980年代に消えることになった。ただし総合安全保障という多様な意味を持つ概念そのものものは、その後も引き継がれた（Akaha 1991; 山口 2023）。その中でも、紛争周辺国への援助および石油資源確保のための援助は、総合安全保障の数少ない実現例と位置づけられている。すなわち、パキスタン・トルコ・タイといった紛争周辺国への戦略援助を日本が増大させたという見解と（ヤストモ 1989; 山口 2023、第4章）、産油国と良好な関係を構築し、石油へのアクセスを確保するために日本の援助は重要な手段となった、という通説である（Arase 1995, 75; Lancaster, 2007, 116; 金 2002、74; Jain 2016, 97）。特に後者は本節の最初に述べたように、日本政府が援助を開始した1950年代より表明してきた目的のひとつとも合致している。つまり解釈学的には正しい。しかしながら本書が繰り返し主張してきたように、政策決定者の意図を読みとったとしても、その意図通りの援助分配がおこなわれているとは限らない。それを検証するためには、実データによる分析が必要不可欠である。

　石油資源確保のための援助として、最も初期の事例としてしばしば挙げられるのは、第一次石油危機である。1973年10月に第四次中東戦争が勃発し、石油輸出国機構（OPEC: Organization of the Petroleum Exporting Countries）加盟国による原油価格引き上げ、アラブ石油輸出国機構（OAPEC: Organization of Arab Petroleum Exporting Countries）による石油生産および供給削減措置は、世界中に大きなショックを引き起こした。さらに日本が「非友好国」として指定されると、石油を海外に大きく依存する日本は衝撃を受けた。そして中東政策で

アラブ寄りの姿勢を「明確化」し、11月22日に二階堂進官房長官談話において、アラブ支持を打ち出した。さらにその後、アラブ諸国に三木武夫副総理を団長とする政府特使を派遣するといった外交活動により、12月末にはOAPECから「友好国」に認定されることになった（白鳥2015、第3章）。

　その後、たとえば稲田（1985、295）は、石油ショックによって日本は中東各国に多額の援助を申し出たと述べている。具体的には、エジプト、シリア、イラク、アルジェリア、ヨルダン、スーダン、モロッコ等に対する政府借款は総額1400億円にものぼった。さらに石油ショックは東京にとって、石油を含む「資源全般の安定的確保を援助政策の最重点課題として浮上させる」ことになった、と稲田（1985）は論じる。日本の総合安全保障に批判的なヤストモ（1989、10）ですら、石油ショックが転機となり、日本の経済援助は「資源外交」を展開するうえで重要な外交手段となったと述べている。さらに浅沼・小浜（2017、108）は、1970年代におこった二つの石油危機により、日本の援助目的は輸出市場の確保から石油を含む資源供給路の確保にシフトしたとする。その結果として日本のODAは、従来のアジア諸国に対する重点的な分配から、ラテンアメリカの資源国を含むより広い地域的な分配へと拡大したと、浅沼・小浜（2017）は主張している。

　ただしそのような、日本政府が資源獲得目的のための援助分配をおこなってきたという通説に本書はかなり懐疑的である。なぜなら第一に、産油国はそもそも多額の資金（オイル・マネー）を保持しており、資金援助の必要性があまりない。むしろ産油国は、クウェートやアラブ首長国連邦のようにドナー側にまわっている場合もある。おそらく産油国が望むのは先進諸国からの技術移転だろうが、それは援助額全体から見れば、少額の技術協力に過ぎないのである★2。そして第二に、石油を買うのは民間企業であって政府ではない。確かに石油を必要とする企業が政府に中東との関係改善を要求することはあるだろうが、最終的に石油が日本へ輸入されるか否かは、政府ではなく、民間の努力にかかっている。これは1960年代の建設業界の経験と同じである（第2章第7節）。この点、白鳥（2015、182）が指摘するように、石油の流通を握っていたのは産油国ではなく、国際石油資本であった。したがって

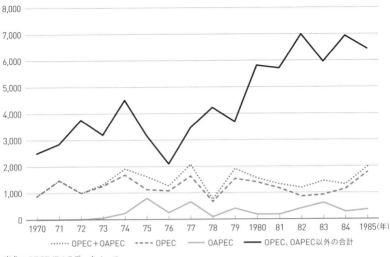

図6-3 OPEC、OAPEC諸国とそれ以外への日本のODA総額1970〜1985年（単位：約束値、100万ドル）

出典：OECD/DACデータベース

　いったん石油がタンカーに積まれてしまえば、国際石油資本が流通の過程で産油国の意向に関係なく石油を再分配することが可能になる。つまり日本が産油国に対して援助を増額して、石油を確保する必要性はほとんどなかったのである。

　そしてそれを裏付けるように、石油危機（1973年の第一次／1978年の第二次いずれも）を境にして、OPECあるいはOAPEC諸国に日本の援助が急速に増大したという証拠はほとんど見出せない。図6-3はOPECあるいはOAPECに1970・80年代に加盟していた諸国に対する、日本の援助総額（約束値）を示したものである[★3]。ここから見て取れるのは、この時期のOPEC/OAPEC諸国に対する日本の援助は、何ら変化が見られないという事実である。たとえばスエズ運河改修のためにエジプトに相対的に多額の借款（380億円）を1975年4月に取り決めたのは確かであるが（通産省『経済協力の現状と問題点』1976、424）、それは一過性のものに過ぎなかった。その後もOPEC/OAPEC諸国に対するODAが伸びたという事実はない。むしろODA倍増計画（1978年）の

表6-2　石油産出国と二国間ODAの関係の計量分析結果

	モデル6-1	モデル6-2	モデル6-3
	全DACドナー ODAトータル	全DACドナー ODAトータル	日本のみ ODAトータル
石油輸出 （商品輸出に占める割合）	0.001 (0.002)	0.000 (0.002)	0.002 (0.003)
対数輸出	0.108*** (0.025)	0.104*** (0.026)	0.393*** (0.070)
対数輸入	-0.004 (0.011)	-0.003 (0.011)	0.001 (0.034)
対数被援助国GDP（t-1）	-0.615*** (0.146)	-0.436** (0.178)	-0.781*** (0.229)
対数被援助国人口（t-1）	0.864*** (0.232)	1.252*** (0.301)	2.318*** (0.389)
民主主義指標（VDEM、t-1）	0.537*** (0.202)	0.750*** (0.207)	0.945*** (0.346)
自然災害発生数（t-1）	0.014* (0.007)	0.018*** (0.006)	-0.034*** (0.012)
国連総会投票シンクロ率（t-1）	-0.541*** (0.179)	-0.388* (0.207)	-0.177 (0.573)
対数他DACのODA（t-1）	0.126 (0.134)	-98.953*** (24.832)	-0.080 (0.289)
切片	-0.036 (2.328)	1132.130*** (287.239)	-17.194*** (3.532)
観察数	72935	72935	5023
年固定効果	No	Yes	No
全体R-sq	0.164	0.139	0.415

* p<0.1, ** p<0.05, *** p<0.01
括弧内はレシピエントにクラスター化された標準誤差の値
従属変数は対数ODA約束額（モデル6-1から6-4）と対数技術協力約束額（モデル6-5から6-8）

　後は、他の諸国の増加率よりもOPEC/OAPEC諸国への援助額は相対的に低いことが図6-3から確認できる。

　では石油危機以外の時代においてはどうだろうか。実のところ、日本の援助分配は石油資源の獲得という目的にどれほど影響されたのかを、系統立ってデータ分析した研究は皆無である。したがって本節では、世界における産油国の石油輸出（レシピエントの商品輸出に占める石油の割合）を独立変数として、

モデル6-4	モデル6-5	モデル6-6	モデル6-7	モデル6-8
日本のみ ODAトータル	全DACドナー 技術協力のみ	全DACドナー 技術協力のみ	日本のみ 技術協力のみ	日本のみ 技術協力のみ
0.002 (0.002)	0.002 (0.001)	0.001 (0.001)	0.002 (0.001)	0.001 (0.002)
0.255*** (0.066)	0.086*** (0.017)	0.081*** (0.017)	0.276*** (0.058)	0.178*** (0.061)
-0.028 (0.031)	0.017* (0.009)	0.013 (0.009)	0.023 (0.028)	-0.000 (0.027)
-0.537** (0.216)	-0.220*** (0.084)	0.089 (0.099)	-0.224 (0.185)	0.064 (0.208)
1.702*** (0.502)	-0.221 (0.137)	0.184 (0.179)	1.774*** (0.308)	1.254*** (0.399)
0.735** (0.367)	0.435*** (0.145)	0.641*** (0.143)	1.243*** (0.308)	0.907*** (0.324)
-0.023** (0.011)	0.014*** (0.005)	0.014*** (0.004)	-0.021** (0.010)	-0.029*** (0.009)
2.144*** (0.641)	-0.972*** (0.170)	-0.747*** (0.185)	0.286 (0.439)	1.216** (0.566)
-114.578*** (20.053)	-0.212** (0.089)	-59.466*** (14.406)	-0.478** (0.230)	-70.042*** (18.261)
1306.825*** (232.301)	11.293*** (1.411)	680.365*** (166.490)	-18.650*** (2.643)	784.824*** (211.212)
5023	58689	58689	4869	4869
Yes	No	Yes	No	Yes
0.463	0.006	0.155	0.407	0.435

序章でおこなった計量分析を再度試みる。その際、従属変数を二国間ODA全体だけではなく、技術協力に限定した分析もおこなった。分析結果は表6-2のとおりである。

　表6-2が示しているとおり、世界においても、日本に限定しても、二国間ODA／技術協力と石油の統計的に有意な関係は確認できなかった。第1章第3節で述べたように、佐藤（2012、100-101）は行沢（1973）の研究を引用する

かたちで、鉄鉱石・石炭・原油という3大原料のうち、インドの鉄鉱石輸入以外は日本の援助との関係は薄い、と結論づけた。本書もその見解に同意するものであり、計量的にもそれは裏付けられた。すなわち、日本政府が石油資源獲得目的のための援助分配をおこなってきたという通説は、データ分析の観点からは現実を反映しているとは言えないことが明らかになった[*4]。日本が必要としてきた石油資源の確保は、政府の援助ではなく、民間が主導しておこなわれたのであった。

2 ► お土産外交の虚実

► 途上国リーダーの日本への外交訪問とODA

次に取り上げるのは、外交訪問と対外援助の関係である。筆者の研究によると、途上国リーダーの日本への外交訪問は、日本からのODA増額効果がある (Hoshiro 2020)。その理由としては、次の3点が考えられる。①外交訪問はお金・時間というコストがかかる。そのようなコストをかけてまで途上国の指導者が外国へ訪問することで、ドナー（日本）政府に自らは援助が必要であることを、より説得力をもって訴えることができる。②途上国の指導者による援助国訪問は、記者会見や現地メディアとのインタビューの機会を提供し、彼／彼女らが経済協力や援助への要望を表明することを可能にする。このような声明の公共性により、受入国の政府がそのような要求を無視することは困難になるだろう。さらに、外交訪問の最終段階で、ホスト国と訪問国の指導者が共同声明を発表することが一般的であるが、両国間の経済協力の拡大を約束する共同声明の場合、援助国政府はそのような約束を履行せざるを得なくなる。③ドナーの政府にとってほとんど利害関心のない遠方の国には、援助を供与するインセンティブは低い。またそのようなレシピエントの情報は限られており、政府首脳は当該レシピエントについて漠然とした知識しかないというのが通常であろう。そこで一度でもレシピエントの指導者がドナーへ訪問することによって、リーダー同士が直接的な会談が実現すれば、そのような状況は変化するだろう。つまり親近感を醸成することによっ

て、援助が増額される可能性がある。

　詳細はHoshiro（2020）に譲るが、外交訪問と援助の逆因果関係を考慮した操作変数法や、長期・短期の援助に対する外交訪問効果を検証した誤差修正モデルといった筆者の分析の結果、次の結論が得られた。すなわち、①途上国リーダーの日本への外交訪問は、日本からの援助増額に繋がっている。②より多くの訪問機会があればあるほど、多くの援助が供与される。③対外訪問と通信手段がより高価であった1986年以前と、より安価になった2000年以後の外交訪問効果を比較すると、前者の効果の方が高かった。④途上国が日本から物理的により離れれば離れるほど、その訪問効果は大きかった。⑤大統領あるいは首相といったトップリーダーの訪問は、その他の閣僚レベルのリーダーよりも大きな援助増額へ繋がっていた。⑥外交訪問の援助に対する短期的な効果はなく、長期的に援助増大に影響していく。

▶ 日本からの外交訪問は援助を増額するのか？

　では逆に日本の首脳によるレシピエントへの訪問は、当該国家への援助を増額するのだろうか。福田ドクトリン以来、1980年代に日本の首脳は途上国へ訪問する際に対外援助の約束、すなわち「お土産 (gift/souvenir)」を持参して相手国の支持・賞賛を得ようとする動きが常態化してきたと論じられてきた（ジェイン 2014、19-20; Katada 2010, 56; Söderberg 2002; Rix 1993; Jain 2016, 97）。たとえば荒木（2005、382）は、これまでの首脳外交、特に途上国に対する首脳外交は、多くの場合、ODAのお土産つきが定型であったとする。中国に限っても、79年の大平が「中日友好病院」、84年の中曽根は「日中青年交流センター」、88年の竹下は「日中友好環境保護センター」の提供を申し出ている。これに加えて、訪中時にタイミングを合わせるように、莫大な円借款が表明された。「まるで対中外交が"援助漬け"になっているような印象を強く与えてきた」と荒木（2005）は批判的に述懐する。

　確かに、前章と前々章で論じた福田ドクトリンや大平の訪中と円借款の開始など、ひとつひとつのエピソードは印象的である★5。また、日本の首相や外相による途上国への外交訪問回数はそもそも限られており、その際に大規

図6-4 日本の首相・外相による途上国訪問の回数1970〜2022年

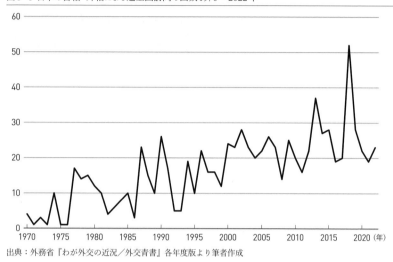

出典：外務省『わが外交の近況／外交青書』各年度版より筆者作成

模な援助供与を表明することは、国家間関係の改善に大きなインパクトを与えるだろう。研究者やジャーナリストがそのような外交行為を「お土産外交」と揶揄する理由もわからないでもない。ただし先行研究はいずれも、少数事例の印象論にとどまっており、系統立ったデータで日本政府首脳の外交訪問と援助の関係を検証したものは管見の限りでは存在しない。そこで本章では、首相・外相の途上国外交訪問データセットを構築・使用して、それと日本のODAとの関係を分析する。

　下記の図6-4と表6-3は、1970年から2022年までにおいて、ある年に日本の首相・外相が途上国へ訪問した回数を、『わが外交の近況／外交青書』の年表から抽出し、数量化を施したものである[*6]。図6-4は各年の回数合計の時系列推移を示している。各年に変動はあるものの、全体の傾向としては回数が増加していることがこの図から見て取れる。最も多かったのは、安倍晋三首相・河野太郎外相時の2018年である。後者の表6-3は、国別・年代別に訪問回数の順位（上位5ヵ国）を表したものである。容易に想像できるよ

表6-3 日本の首相・外相によるレシピエント訪問の回数上位5カ国、1970〜2022年

	1970年代	1980年代	1990年代	2000年代	2010年代	2020〜2022年
1	中国	タイ	中国	韓国	中国	インドネシア
	(6)	(10)	(13)	(24)	(17)	(5)
2	タイ	中国	韓国 マレーシア	中国	韓国	カンボジア タイ
	(5)	(8)	(12)	(23)	(15)	(4)
3	メキシコ フィリピン	メキシコ フィリピン	タイ	インドネシア シンガポール タイ	インドネシア	シンガポール ベトナム
	(4)	(7)	(11)	(11)	(12)	(3)
4	ブラジル インドネシア イラン 韓国 マレーシア ミャンマー	インドネシア 韓国 マレーシア シンガポール	インドネシア		シンガポール	
	(3)	(5)	(10)		(11)	
5					インド ベトナム	
					(10)	

括弧内の数字は訪問回数
出典：外務省『わが外交の近況／外交青書』各年度版より筆者作成

うに、中国や韓国という北東アジアの2カ国への訪問回数は多く、必ず上位5カ国に入っている。その傾向は1990年代以降に強くなる。さらには、インドネシア、タイといった東南アジア諸国も上位に位置している。例外は1970年代から80年代にかけてのメキシコである。1990年代以降はメキシコへの訪問回数は減少している。そして近年では、インドへの訪問回数の上昇が観察される。

　以上のような傾向を持った日本からの外交訪問は、訪問国に対する日本からの対外援助増額に影響するのか。すなわち「お土産外交」は日本の系統立った行動であるのかを、計量的に分析した結果が表6-4である。ここでは首相・外相のレシピエントへの訪問回数と、当該国家への二国間ODAの因

表6-4　日本の首相・外相の外交訪問と二国間ODAの関係の計量分析結果

	モデル6-9 1年前	モデル6-10 1年前	モデル6-11 1年前
首相・外相の訪問回数(t-1)	0.134*** (0.049)	0.109** (0.052)	0.110** (0.050)
首相・外相の訪問回数(t-2)			
対数輸出	0.371*** (0.063)	0.257*** (0.067)	0.382*** (0.061)
対数輸入	0.017 (0.032)	−0.012 (0.030)	0.036 (0.031)
対数被援助国GDP(t-1)	−0.758*** (0.235)	−0.460* (0.245)	−0.898*** (0.223)
対数被援助国人口(t-1)	2.068*** (0.350)	1.428*** (0.519)	2.259*** (0.358)
民主主義指標(VDEM、t-1)	0.696** (0.311)	0.399 (0.351)	0.448 (0.329)
自然災害発生数(t-1)	−0.038*** (0.014)	−0.046*** (0.014)	−0.032** (0.013)
国連総会投票シンクロ率(t-1)	−0.001 (0.513)	1.824*** (0.615)	−0.378 (0.511)
対数他DACのODA(t-1)	0.385*** (0.053)	0.398*** (0.054)	
対数他DAC(米国を除く)の ODA支出(t-1)			0.398*** (0.056)
対数米国のODA			0.063* (0.036)
切片	−16.580*** (3.217)	−14.246 (8.857)	−16.295*** (3.333)
観察数	4986	4986	4522
年固定効果	No	Yes	No
全体R-sq	0.442	0.466	0.428

* p<0.1, ** p<0.05, *** p<0.01
括弧内はレシピエントにクラスター化された標準誤差の値
従属変数は対数ODA約束額

モデル 6-12 1 年前	モデル 6-13 2 年前	モデル 6-14 2 年前
0.091* (0.053)		
	0.093* (0.053)	0.071 (0.058)
0.276*** (0.064)	0.368*** (0.064)	0.252*** (0.068)
0.008 (0.029)	0.019 (0.032)	−0.011 (0.030)
−0.465* (0.263)	−0.754*** (0.236)	−0.452* (0.245)
1.870*** (0.483)	2.067*** (0.350)	1.433*** (0.519)
0.253 (0.381)	0.704** (0.312)	0.416 (0.354)
−0.040*** (0.013)	−0.036** (0.014)	−0.044*** (0.014)
1.438** (0.609)	0.004 (0.517)	1.817*** (0.617)
	0.384*** (0.053)	0.397*** (0.054)
0.345*** (0.059)		
0.100*** (0.035)		
−21.284** (8.886)	−16.648*** (3.212)	−14.513 (8.870)
4522	4973	4973
Yes	No	Yes
0.432	0.442	0.465

表6-5　日本の首相・外相の外交訪問と二国間ODAの関係の計量分析結果（誤差修正モデル）

	モデル6-15	モデル6-16
短期的効果		
Δ首相・外相の訪問回数(t-1)	-0.134*** (0.041)	-0.115** (0.045)
Δ対数輸出	-0.068* (0.039)	0.044 (0.041)
Δ対数輸入	-0.005 (0.018)	0.024 (0.017)
Δ対数被援助国GDP(t-1)	1.656*** (0.361)	2.132*** (0.386)
Δ対数被援助国人口(t-1)	9.098*** (2.514)	8.519*** (2.315)
Δ民主主義指標(VDEM、t-1)	1.332*** (0.397)	1.147*** (0.397)
Δ自然災害発生数(t-1)	0.063*** (0.012)	0.063*** (0.013)
Δ国連総会投票シンクロ率(t-1)	-1.697*** (0.368)	-2.670*** (0.458)
Δ対数他DACのODA(t-1)	-0.163*** (0.030)	-0.160*** (0.032)
長期的効果		
首相・外相の訪問回数(t-1)	0.285*** (0.063)	0.247*** (0.071)
対数輸出	0.204*** (0.044)	0.084* (0.047)
対数輸入	0.020 (0.022)	-0.013 (0.022)
対数被援助国GDP(t-1)	-0.681*** (0.140)	-0.322** (0.155)
対数被援助国人口(t-1)	1.945*** (0.204)	1.566*** (0.309)
民主主義指標(VDEM、t-1)	0.360** (0.180)	0.126 (0.218)
自然災害発生人口(t-1)	-0.047*** (0.012)	-0.052*** (0.013)
国連総会投票シンクロ率(t-1)	1.033** (0.425)	3.676*** (0.580)
対数他DACのODA(t-1)	0.404*** (0.034)	0.403*** (0.036)

	モデル 6-15	モデル 6-16
首相・外相の訪問の長期的な乗数効果	-0.727***	-0.655***
	(0.048)	(0.049)
切片	-16.648***	-20.247***
	(1.920)	(5.367)
観察数	4772	4772
年固定効果	No	Yes

* p<0.1, ** p<0.05, *** p<0.01
括弧内はレシピエントにクラスター化された標準誤差の値
従属変数は Δ 対数 ODA 約束額
Δ は今期と前期の差分を示している
日本の二国間援助に対する首相・外相の訪問の長期的な乗数効果は、De Boef and Keele (2008) の式から計算している。

果関係を検証したいために、前者の独立変数を一期前、二期のラグに設定している。また、次節で検討する米国の援助分配を制御変数に加えるなど、頑健性チェックもおこなっている。

モデル6-9からモデル6-11は、いずれも統計的に正に有意（p値<0.05）となっており、モデル6-12も90％の有意水準にある。つまり前年における日本の首相・外相のレシピエントへの外交訪問は、翌年の当該国家への二国間ODAを増大させてきたと言うことができる。ただし2年前の外交訪問は、二国間ODAの約束額と有意な関係になっていない。おそらくこの原因として、首相・外相が途上国へ訪問した際のお土産の内容は、すでに訪問前に事務レベルで大方が決まっているということが考えられる。後は発表を待つだけ、ということが多いだろう。したがって外交訪問とODAの公式な約束は、それほどタイムラグがないわけである。

以上のように実データにおいても、お土産外交は確認できた。この結果を踏まえて、本節では両変数の関係にさらなる分析を加えた。具体的には、誤差修正モデルによる、外交訪問の短期効果と長期効果の検証をおこなった。結果が表6-5に示されているが、この結果はやや予想を覆すものだった。

この表6-5からは、次のように言うことができる。第一に、前年の首相・

外相のレシピエントへの訪問回数が当年の二国間ODAを増大させるのは表6-4の結果と同じである。第二に、2年前の訪問回数と前年のそれとの差は、負に有意となっている。つまり同じレシピエントへの年ごとの訪問回数差が開けば、それだけ援助を多く供与するというわけではないということがわかる。

そして第三の点は、変数「首相・外相の訪問の長期的な乗数効果」である。これは文字通り、外交訪問が長期的な二国間ODA分配のトレンドに与える影響である。表6-5では、この共変量の符号が負に有意となっている[7]。すなわち、長期的には、日本の首相・外相が訪問すればするほど、当該国への援助額は徐々に減らされている、という結果である。この結果に関しては改めて検証が必要だが、少なくとも次のことが主張できる。

まず、確かに首相・外相のレシピエントへの訪問は、お土産を伴うことが多い。その年あるいは翌年はしたがって、日本からのODAの約束が交わされることになる。それは1970年代から80年代にかけて、特にアジアのレシピエントにとって自国の経済発展にとって大きな恩恵となったと考えられる。そして1990年代以降には、それら日本の近隣アジア諸国のうち、中国、韓国、そしてシンガポールの3カ国は、ODAの卒業国となった。これらの国々への日本からのODA供与が終了したことによって、訪問が多ければ多いほど長期的な援助額は少なくなる、という負の相関関係が出現した。つまりこの両者における負の関係は、日本政府関係者が意図的・戦略的におこなったというよりは、1970・80年代に訪問数が多かった国々の援助が1990年代以降にゼロとなったことからくる、意図せざる帰結であった。

3 ▸ 外圧とODA分配

▸ 外圧反応国家論と政府開発援助

最後に本章では、日本外交研究者の間で長らく論点となってきた問題を分析する。その論点とは、日本のODA政策は米国の圧力に左右されてきた、という主張である。言うまでもなく戦後日本の外交は、圧倒的に米国の影響

力下にあった。安全保障政策はもとより、市場開放といった貿易政策、あるいは金融政策においても、米国の影響は日本政府の中に深く根を張っている。そのために日本は、積極的な経済外交のイニシャティブをとるのに十分な国力を有しているにもかかわらず、そのような振る舞いを控えてきた。その外交路線に何らかの変化があるときは外部からの圧力がかかった後であり、そこでようやく政府は重い腰をあげることになる。このような日本の特徴をCalder（1988）は「外圧反応国家（reactive state）」と定式化し、その主原因をセクショナリズムや利益団体といった、日本の国内政治構造に求めた。

　このような「外圧反応国家」の議論が援助政策にも通用するかどうかを検証した研究が、主に1990年代から2000年代前半にかけて現れた。たとえばYasutomo（1995）は、日本の援助政策に対する米国の圧力を疑問視し、むしろ日本政府は「積極的な（proactive）」援助政策を、特に世界銀行やアジア開発銀行への出資に対してとってきたとする。それに対してOrr（1990）やMiyashita（2003）は、日本の二国間ODAの国別分配における米国の影響力の存在を指摘してきた。特に後者は、日米の非対称的な関係のために、米国は日本に対して強い影響力を発揮してきたと述べている。すなわち、日本がどれほど経済大国になろうとも、貿易と安全保障で米国に依存している限り、東京はワシントンの見解に敏感にならざるを得ないのである。それ以降、たとえば日本がトップドナーの地位から転落した後においても、日本の二国間ODAの国別分配の要因として、米国の影響力は依然として論じられてきている（Lancaster 2007, 117; Jain 2016, 103）。また第8章で論じるように、2000年代前半におけるイラクへの復興支援を日本政府は「国益」と述べ、米国に次いで無償援助を供与した。このような大規模支援は、イラクの復興そのものが目的と言うより、米国に対する配慮からきたと考えられる。つまり近年においても、日本のODA政策に米国の影響力は残っているというのが、一般的な理解であろう。

　しかしながら、日本のODAの分配政策は一方で（少数ながら）「積極的」と論じられ、他方では「外圧反応」と主張される。なぜ両者の見解がこのようにぶつかり合うのだろうか。Miyashita（2003）によれば、それは方法論的な

問題に起因する。Yasutomo (1995) が選択し分析したのは、日本が積極的な援助政策をとったものに限られている上に、それらはすべて米国の利益とは抵触しない事例であった。したがって、そもそも外圧の対象とはならない。Miyashita (2003, 42) によれば外圧の効果を検証するのであれば、米国と日本の利益がぶつかり合い、かつ両国にとって重要なケースをとりあげなければならない。天安門事件後の中国に対する援助停止——日本は援助を継続したかったが、米国は停止するよう要請した——や、北朝鮮に対する援助解禁——中国とは逆の事例——などがそれに当たる[8]。この二つを含む五つの事例分析を通じて、日本が当初の政策を変えたことを実証することによって、外圧がそれに影響したと Miyashita (2003) は結論づけている。

　このようなリサーチ・デザインに基づいた研究は有用であり、また説得的である。ただし Miyashita (2003) に限らず、事例分析の手法を使用する際に問題になるのは、「すべての事例を枚挙する」(保城 2015、第4章) ことが困難な点である。当然のことながらわれわれは、日本政府の援助分配政策の形成過程をすべて観察することができない。ある時期のある国への援助供与に外圧が影響していたか否かは、政府内部資料をつぶさに調査しない限り見えてこない。あるいは、記録に残されていない、当事者しか知らない事実があるかもしれない。これはオーラルヒストリーという手法をとらない限り明らかにはならないだろう。つまり日本が外圧をはねのけた重要な事例が、歴史の中に埋もれているかもしれないのである。また一般に知られている事例に限っても、Miyashita (2003) が分析対象から取りこぼした、米国と日本の利益がぶつかり合うケースがありそうである。たとえば軍事政権が長らく続いたミャンマーに継続して援助を供与してきた日本は、長い間米国からの不興を買ってきた。この点、米上院対外予算小委員会委員長のマコーネル (McConnell, Mitch) 上院議員 (共和党) は 2004 年 10 月に、「日本はなぜ、アウンサンスーチー (Aung San Suu Kyi) ら民主化勢力が軟禁されている中で、ラングーンのちんぴら (thugs) に援助を供与しているのか？」と疑問を投げかけている (*FEER*, October 28, 2004, 8)。これはすなわち、日本が米国の不満を意に介していないことを意味する。

アジア以外の地域において日本は米国の要請を容易に受け入れるが、ミャンマー、カンボジア、中国への援助といったアジアの事例では、日本は米国の意に添わない援助をおこなってきたとのHook and Zhang（1998, 1063-1064）による指摘もある。Miyashita（2003）の選択した諸事例には、以上のような外圧をはね除けている重要な事例が含まれていない。仮にミャンマーのような事例が他にも見つかれば、援助政策に対する外圧の影響ありという結論は、大きく揺るがされることになる。これは日本による援助の国別分配事例のすべてを検討しない限り、消えることのない問題である。有り体に言えば、Miyashita（2003）もYasutomo（1995）がおこなった方法論上の疑念──自分の主張に都合のよい事例を選択したのではないか？──を回避できていない可能性がある。本書では以上のような問題点をカバーするため、次節で数量データによる計量分析をおこなう。日本が二国間ODAを供与してきたすべての期間とすべての国を分析範囲に含むことによって、事例選択の恣意性を避けることができると考えるからである★9)。

　日本のODAと米国の外圧を計量的に分析したものとしては、本節の元になった筆者による研究（保城2017）以前に、Tuman and Strand（2006）とTuman et. al.,（2009）らの研究がある。彼らは、米国の外圧要因は日本のODAの国別分配に影響を与えていないと結論づけている。それ以降にも、Iwanami（2020）が、日本は米国の援助政策と協調的、すなわち米国の援助が多い国には日本も多くの援助を、逆に少ない国には日本もまた少ない援助をおこなうと論じている。さらには、贈与は米国の影響力を最も受けやすい外務省の管轄であるため、その圧力を受けやすく、逆に他省庁の政策関与がある貸与はそれほど影響を受けないとIwanami（2020）は主張している。

▶ 米国と日本のODA分配行動──三つの仮説

　日本の援助政策における米国の影響を計量的に分析するに際しては、次の三つの状況とそれぞれに沿った仮説が浮かび上がる。第一に、日本の援助分配政策に、米国からの影響を排した独自性（distinctivenessあるいはproactiveness）が存在してきた場合である。部分的にはMiyashita（2003）が論じたように外

圧に左右された事例も存在したものの、それは重要ではあるが少数事例に過ぎず、長期的・全体的には日本の援助分配政策は日本独自のものであったとしよう。この場合は、米国の援助分配と日本のそれは、なんら統計的に有意な関係がないことが予想される。これを独自性仮説と呼ぼう。

　独自性仮説：日米のODA分配は統計的に有意ではない。

　第二の仮説は、他の諸要因をコントロールした上でも、日本の援助分配が米国のそれと同じような傾向にあり、したがってある程度の米国の影響を受けていると考えられる場合である。これが現実であれば、両者の援助供与分配パターンには正の相関があることが予想される。これを共鳴仮説と呼ぼう。

　共鳴仮説：日米のODA分配は統計的に有意な正の関係にある。

　第三に考えられる仮説は、米国の二国間ODA供与が少額である国に対して日本のそれはむしろ多く、逆に米国が多く援助している国には日本からの分配額はより少なくなっている場合である。これが正しければ両国の援助分配には負の相関がみられるだろう。これまでの議論や証拠により、日本政府が同盟国である米国に意図的に逆らった援助分配行動をとるということは考えられない。したがってこの結果が現れた場合は、日米の政策調整の結果として、援助配分の重点が異なったと考えるのが適切である。すなわち、たとえば歴史的に米国が重要視してきたイスラエルや中南米諸国などに対しては、米国自身が重点的に援助をおこなうが、その他の手薄になるアジアの国々には、日本に援助の依頼をし、日本政府が了承するという状況である。この点、Katada (1997) はラテンアメリカ諸国への援助において、日米の公式／非公式な政策調整の存在を指摘した上で、日米の援助における分業が部分的 (1975年から1982年までの間) に働いていることを計量分析で明らかにしている。このような、供与の重点が意図的に異なるような援助分配を両国がおこ

なっていた可能性を、分業（division of labor）仮説と呼ぼう。ちなみに詳細は第9章で論じることになるが、2000年代以降のアジアにおける日本と中国のODA分配は、このような分業が意図せざるかたちで観察されることになる。

　分業仮説：日米のODA分配は統計的に有意な負の関係にある。

▶ 外圧の有無と日本の予測的援助分配行動

　日本による二国間ODAの国別分配における米国要因は、以上三つの仮説——独自性、共鳴、分業——のうち、いずれが事実を反映しているのか。その解答を計量的に検証するのが本節の目的である。ただしその際に注意すべきは、共鳴あるいは分業いずれかの場合、日本の政策が米国の外圧によるものであるのか、あるいは自律的（autonomous）なものであるのかは、明確には断言できないという点である。日本政府が自らの規範に従って——つまり自律的に——援助分配したとしても、結果として米国と一致、あるいは分業することは大いにあり得る★10。外務省アジア局長や中国大使などを歴任した中江要介の次の発言は、そのような日本の行動が存在することを裏付けている。

　　　「……一般論として言えることは、日本はアメリカの影響を受けすぎて、アメリカに頼る癖がついてしまったということです。東南アジアへの援助となると、日本はまず、アメリカはどうだろうかと考えてしまいます。……日本はそういうアメリカのことを慮って、東南アジアへの援助についても、われが、われがと、出ていってしまうと、きっとアメリカは嫌がるのではないか……」（中江 2010、167）。

　これは、「黙示的な（implicit）」米国の圧力とMiyashita（2003, 26）が指摘するものに等しい。「明示的な（explicit）」圧力とは文字通り、米国の要請によって日本政府が対外行動を変更するものを指す。これにはたとえば、1993年におけるイランに対する援助供与停止の米国からの要求に対し、日本政府が

応じた事実がある。それに対して黙示的な圧力というのは、日本政府が米国の意図を忖度し、自発的に（voluntarily）自国の援助政策を変更する場合である。後者の場合は、日本の援助分配の変更がいわゆる「予測的対応（anticipated reactions）」となる（Miyashita 2003, 26; Nagel 1975, 16）。これは極端な場合、米国の援助分配の決定よりも時期的に早く、むしろ日本が米国に先駆けて政策変更をおこなう可能性もあることを示唆する。これは計量分析の観点から言えば、日本の援助行動と米国のそれとの同時性により、説明変数と誤差項に相関があるという内生性が生じているということになる。

　すなわち援助政策において従来の政策変更に外圧が作用していたと断言するには、①政策変更前と後の間に米国から日本政府へ明示的な圧力が存在した、②政府内部でその圧力を検討した結果、当初の政策を変更するべきであるという結論に達し、そして実行に移した、という二つの点を実証しなければならない。しかし政府内部文書が公開されていない事例では、上記2点を実証分析することは難しい。それら事例の詳細が明らかになるのは、情報公開が進み、歴史家が分析対象として取り上げる将来まで待つしかない。その意味で、実は事例分析も計量分析と同じ問題を抱えている。

　本稿が計量的に検証するのはしたがって、日本の二国間ODA分配政策に明示的な「外圧」が存在したか否かではなく、（黙示的・事後的なものも含めた）米国の影響を受けているのかどうか、受けているとすれば両仮説いずれであるか、という点になる。そして米国と日本の援助分配行動が必ずしも時系列的に順序だっていないのであれば、同時期における両者の関係を推計することに問題はないと考える。したがって、本節における従属変数は日本の二国間ODAの約束額であり、主要独立変数は同じ年の米国による二国間ODAの約束額である。表6-6は、両変数によるパネルデータの固定効果モデルによる分析結果を示している。

　表6-6の分析結果が示しているのは、米国と日本の二国間ODAは正に有意に相関しているという点である。すなわちある年において、米国の援助分配が多い国に対しては、日本のそれもまた相対的に多く、逆もまた真である、ということが確認できる。上記三つの仮説の中では、共鳴仮説が支持さ

192

表6-6　米国の援助分配行動と日本の二国間ODAとの関係の計量分析結果

	モデル6-17	モデル6-18
対数米国のODA	0.067* (0.036)	0.103*** (0.035)
対数輸出	0.382*** (0.060)	0.278*** (0.065)
対数輸入	0.033 (0.031)	0.005 (0.029)
対数被援助国GDP(t-1)	-0.880*** (0.221)	-0.448* (0.260)
対数被援助国人口(t-1)	2.233*** (0.356)	1.848*** (0.479)
民主主義指標(VDEM、t-1)	0.441 (0.330)	0.235 (0.382)
自然災害発生数(t-1)	-0.032** (0.014)	-0.039*** (0.013)
国連総会投票シンクロ率(t-1)	-0.343 (0.501)	1.524** (0.606)
対数他DACのODA(t-1)	0.397*** (0.056)	0.342*** (0.058)
切片	-16.335*** (3.329)	-21.369** (8.853)
観察数	4543	4543
年固定効果	No	Yes
全体R-sq	0.427	0.432

* $p<0.1$, ** $p<0.05$, *** $p<0.01$
括弧内はレシビエントにクラスター化された標準誤差の値
従属変数は対数ODA約束額

れたことになる。これは日米関係の性格に鑑みれば、自然な結果であるとも
言える。

▶　まとめ

　日本がトップドナーに到達した1980年代後半は、多くの研究者が日本の
援助分配行動に関心を示した時期である。そこでは、次章で紹介するように

多くの批判も出た一方で、戦略援助や総合安全保障といった概念に学術的に注目するする研究も現れた。本章で日本のODAデータを使用して分析したのは、経済あるいは総合安全保障に基づく石油資源獲得のための援助、お土産外交、そして援助分配行動における外圧反応、という3点である。

　石油獲得と援助の結びつきを示唆する第一の論点は、データによっては確認できなかった。第一次石油危機後に日本は中東諸国に政府特使を派遣して関係改善に努めるとともに実際に援助増額もおこなったが、それは一時的なものに過ぎず、長期的に見た場合、石油獲得のために援助を利用し続けたという証拠はない。

　それに対して、日本の首相や外相がレシピエントを訪問する際に華々しく発表される援助の約束、すなわちお土産外交は、系統立った計量分析でも確認された。ただし長期的に見た場合、日本の首相・外相が訪問すればするほど、援助額は徐々に減らされている、という結果が本章の分析で明らかになった。この事実に対して説明を加えるには、さらなる検証が必要である。

　最後に本章では、日本の援助分配行動は米国に影響されているのか、されているとすればどのような行動に現れるのかを検証した。計量分析の結果は、両者のODA分配は正に有意な関係があるという、おそらく誰しもが納得のいくものだった。すなわちある年において、米国の援助が多い国には日本も多く、少ない国には日本も少ない、ということが確認された。日本にとって米国が唯一の同盟国であり、最も重要な国家である限り、このような援助分配行動は外圧がなかったとしてもおこなわれるだろう。

註
──────

★1──ただし実際には、賠償が輸出増進に繋がったという事実がなかったことは、第2章で明らかにした通りである。
★2──したがって、日本からの技術協力と石油輸出の関係は検証する意義がある。
★3──1970・80年代におけるOPEC加盟国、OAPEC加盟国はそれぞれ以下の通り。
OPEC：アルジェリア、エクアドル、ガボン、インドネシア、イラン、イラク、クウェート、リビア、ナイジェリア、カタール、サウジアラビア、アラブ首長国連邦、ベ

ネズエラ。OAPEC：バーレーン、エジプト、イラク、クウェート、リビア、カタール、サウジアラビア、シリア、チュニジア、アラブ首長国連邦。

★4——ただしここで、データの問題点を指摘しなければならない。本分析で使用した世界銀行提供によるデータは、産油国の商品輸出に占める石油の割合であって、日本への直接的な石油輸出量ではない。後者のデータは、本書執筆時点では取得できなかった。仮に今後、1960年以降におけるそのようなデータを取得——あるいは構築——できた場合、それを使用して次のような計量分析をおこなう価値はある。ひとつは石油を日本へ多く輸出している国は日本からの二国間ODAが相対的に多くなるのかという問題で、石油が原因、ODAが結果となるだろう。もうひとつは、日本が多くのODAを供与している産油国からの石油の日本への輸出は、他の国と比べて多いかどうかという疑問である。こちらの方は、ODAが原因で石油の輸出が結果となる。いずれにせよ、本分析結果は上記データの問題点により、あくまで仮説にとどめたい。

★5——ただし福田の東南アジア諸国訪問が、ASEAN側の都合によりODAの増額に繋がらなかったのは、第4章で論じた通りである。

★6——『わが外交の近況』は1987年（第31号）以降、『外交青書』と名称変更されている。

★7——ちなみにレシピエントの政治的指導者の日本への訪問とODA分配の関係を分析したHoshiro (2020)では、当該共変量の符号は正に有意であり、訪問の長期的な正の効果があることが明らかになった。

★8——ただし日本は公式には、北朝鮮に対して二国間ODAを供与したことはない。

★9——厳密に言えば、データが存在する中でのすべての期間とすべての国である。

★10——日本外交の「自立」「自律」あるいは「独立」といった概念と戦後日本外交史分析の再検討については、保城 (2007) 参照。

第 **7** 章

政府開発援助大綱の30年
——日本の援助政策は変わったのか？ [1]

▶ はじめに

1992年6月、日本政府は「政府開発援助大綱」を発表した（外務省 1992）。コロンボ・プランへの加入と戦後賠償で1950年代半ばから始まった日本のODAだが、40年弱の歳月を経て政府ははじめて自国ODAの基本指針を明示したのである。この発表から11年後の2003年に大綱は改定され（外務省 2003）、さらに12年後の2015年には、「開発協力大綱」という名で大綱は刷新される（外務省 2015a）。そして2023年6月9日には、開発協力大綱もまた改定された（外務省 2023）[2]。

本章の目的は、3回の改定がおこなわれたODA大綱にそれぞれ分析を加え、次の諸点を明らかにすることである。第一に、各ODA大綱は日本の援助分配行動に影響を与えたのか否か。そして第二に、仮に与えているのであれば、それは大綱に盛り込まれたどのテーマなのか。ODA大綱が日本のODAの指針である限り、大綱は日本の援助行動に深く関与しているはずである。しかしながら日本の援助を扱った大半の先行研究は、大綱の影響力を軽視してきた。特に実際の日本の援助分配に対するODA大綱の影響を系統的に分析した研究は限られており、その検証自体に学術的価値がある。

上記二つの疑問点に対する解答は、次のとおりである。

① ODA大綱は確かに日本の援助分配行動に影響を与えてきた。途上国による大量破壊兵器の実験、そして一般兵器の軍事支出額が、1992年大綱の発表以降、日本の援助額とネガティブにリンケージされてきた。

② 日本の利益のための援助が初めて記載された2003年大綱以降は、日本の経済利益にかなう援助の比率が増大している。

③ 「民主化の促進」に関しては、ODA大綱の影響は確認することができなかった。民主化の促進という、いわば外部から持ち込まれた規範は、日本の援助政策を変えるほどのインパクトを与えなかった。

④ 2015年大綱の新しい指針のひとつである「軍関係者への非軍事目的の協力」もまた、2015年大綱発表以降に増大しており、その影響が認められる。この援助対象テーマは大綱改定前に政府によってあらかじめ想定されていたものであり、その後に増加していくのは必然的な帰結であった。

本章の構成は次の通りである。第1節では先行研究の紹介をおこない、それらODA大綱の分析にどのような問題があるのかを浮き彫りにする。続く第2節では、各ODA大綱が生成された背景とプロセスを分析し、どのような政策的な意図が存在したのかを明らかにする。第3節では、検証可能な仮説を導き出すために各ODA大綱の内容を精査し、理論的に検討した上で、新規テーマや相互に相反するテーマをあぶり出す。そして第4節では、前節で導き出された諸仮説を定性的・定量的に検証し、結論へと繋げる。

1 ▶ ODA大綱と日本の援助分配行動研究

▶ 先行研究とその問題点

日本政府によるODA政策の基本的な指針であるにもかかわらず、ODA大綱と実際の日本によるODA分配行動との関係——換言すれば、日本の援助政策に対する大綱の影響——を明らかにした研究は総じて少ない。たとえ

ば日本の援助政策におけるNGOの役割を論じたHirata (2002) や、米国の影響力を論じたMiyashita (2003) には、ODA大綱の言及はほとんどない。日本のODAによる途上国の民主化支援を検証したIchihara (2018, 37) は、その支出開始を2006年としており、後述するように1992年大綱で民主化の促進が明記されたことをほとんど無視している。つまり日本のODA政策に関する多くの先行研究は、ODA大綱が実際の援助分配行動に与える影響を意識的・無意識的に軽視してきた。そのようななかでも大綱による援助分配行動の影響を検証しているのが、Asplund (2017)、Eyinla (1999)、Hook and Zhang (1998)、下村・中川・斉藤 (1999)、Tuman and Strand (2006)、Tuman et. al., (2009) である。

　ASEANの4カ国における人権や政治的自由と日本援助の関係を分析したAsplund (2017) は、それらの国々対する2003年大綱の影響力は弱いと結論づけている。1992年大綱の実際の運用が、サハラ以南の国々に対しておこなわれたどうかを検証したEyinla (1999) は、ほとんどの途上国が日本からの圧力は感じていないとしながらも、特にナイジェリアでODA大綱の運用が厳密におこなわれたとしている。またHook and Zhang (1998) は、日本の援助政策を通産省型と外務省型の二つに分け、1992年大綱には、社会福祉・民主化・軍事支出への注視という、国際社会からの外圧に影響を受けやすい外務省型の言説が多く反映されているとする。ただし実際には大綱発表後においても、通産省型である日本の貿易や投資を補完するという従来の日本型援助が継続されていると結論づけている。Tuman and Strand (2006) とTuman et. al., (2009) は、日本のODA大綱の影響を計量分析で検証した数少ない研究である。彼らは1992年大綱前後ではODAの全体額には変化はなく、アジア諸国に対する援助量だけがやや減少した、という結果を出している。

　そして下村・中川・斉藤 (1999、3章、補論) は、ODA大綱4原則 (後述) が実際に運用されてきたのかを、定性・定量両分析を駆使して最も包括的に検証しているほとんど唯一の研究である。定性分析の章では、1991年から98年の間に、91の運用事例が存在することをODA白書提供による情報で明ら

かにし、「4原則はかなりの頻度で政治的コンディショナリティとして運用されてきた」と認めている。ただし定量分析の補論では、政治的自由度と日本の援助分配を検証し、ゆるやかな影響は認められるものの、民主化と人権保障の度合いは援助額を決定するほどの強い影響は与えていないとしている。したがって、ODA大綱は4原則に基づいてアドホックな事態に対応すべく運用されたことはあるが、援助に関する全体的な政策決定は概ね従来どおりの方針であり、1992年大綱は大きな影響を及ぼしていない。それが下村・中川・斉藤（1999、124、153、208-209）が下した結論であった。

　以上の先行研究——ODA大綱を軽視するものも、その分析を重点的におこなうものも——が示唆するのは、ODA大綱は日本のODA分配行動を左右する要因ではない、という通説的理解である。ただしこれらODA大綱の影響を分析した少数の先行研究には、いくつかの方法論的な欠陥が存在する。

　第一に、定性分析では、外務省の公表するデータに基づき、内戦の勃発や民主化状況に対して実際にODA大綱が運用された事例が示されている。しかしながら外務省が公表したデータには、強い事例選択の偏向傾向が存在する。つまりODA大綱の運用と日本の援助分配の関係を系統立てて分析するには、大綱成立前後の比較とともに、成立後においても本来であれば援助が停止してもおかしくないにもかかわらず大綱が運用されなかった事例も含めて、すべての途上国に対する日本の援助分配を検討しなければならない。第二に、定量分析では日本の援助対象となる国をすべてサンプルに含めることで、上記の欠点を回避することが可能である。ただし唯一の本格的な定量分析をおこなっている下村・中川・斉藤（1999、補論）では、クロスセクション分析を複数年（1980、1985、1990-1995）おこなうという手法をとっているため、1992年大綱が発表された前後で日本の援助分配行動が変化したのかという問いには正面から答えていない。さらには当該研究では民主化と人権保障のみに焦点が当てられており、たとえば途上国の軍事支出注視といった、ODA大綱に盛り込まれた他のテーマと援助分配との関係が分析されていない。その点、ODA大綱を「冗長なリスト（laundry list）」「なんでもあり」と

批判する論考は数多く存在するが (Arase 1995, 126; 恒川 2013、181)、そのような多種多様な大綱の内容を吟味したうえで、どの分野が新規なもので、どのような相互矛盾を抱え、そして実際の援助分配に関係するのかを検討した先行研究は存在しないと言ってよい。

▶ 本章のアプローチ

本章では、以上の欠陥をカバーするべく、次のようにODA大綱を包括的に分析することを目的とする。第一に、各大綱策定の背景と立案プロセスを分析することで、なぜそれぞれの大綱が生まれ、どのような内容がどういう経緯で盛り込まれたのかを明らかにする。そのような背景と内情を知ることにより、各大綱に盛り込まれた各テーマがどのような意図によるものであったのかが明らかになるからである。

第二に、それらODA大綱の内容は、実際の日本政府による援助分配政策にどのような帰結をもたらすのかという問題を、理論的に検討する。まず検証するのは、新規に挿入された援助テーマが現状の追認であるのか、あるいは新しい政策指針であるのか、という点である。前者であれば、大綱の発表はその後の日本の援助分配行動に大きな影響を与えないだろうが、後者であればそれを変える可能性を持っている。次に検討するのは、各大綱の内容の多様性に由来する相互矛盾性の有無である。援助のパイが無限ではない限り、相対的に援助が増額される国や分野があれば、減額されるそれらは必ず存在する。その点で、本章で明らかになるように、ODA大綱の内容はそれぞれ矛盾する内容を含んでおり、分配の優先順位が問題となってくる。本章では、大綱に掲載された新規テーマと矛盾するテーマを抽出し、実際の分配行動への含意 (仮説) を導き出す。

そして第三に、理論的含意を受けたかたちで、日本の二国間ODA分配にそれぞれの大綱が及ぼした影響を検証する。具体的には、①1992年大綱以降、日本の援助が民主主義国家や軍事支出の低い国に優先的に供与されてきたのか、あるいはアジア重視は変化がないのか、②2003年大綱以降は日本の経済利益にかなう援助がおこなわれてきたのか、そして、③2015年大綱

以後、以前は禁止されていた軍関係者への援助がおこなわれているのか、を
データで検証する。

　本章は上記三つの分析手続きを踏むことで各ODA大綱の影響を検証し、
日本の対外援助研究に新しい光を照射することを試みる。

2 ▸ 三つのODA大綱の背景と政策立案プロセス

▸ 初のODA大綱（1992年）

　日本政府が初めて制定したODA大綱は、1992年6月30日に閣議了承さ
れた。本大綱は①基本理念、②原則、③重点事項、④効果的実施のための方
策、⑤内外の理解と支持を得る方法、⑥実施体制等、という六つのパートに
分かれている。1992年大綱で最も強調されているのは、環境問題への配慮
である。原則や重点項目の中でも当該テーマが繰り返し出てきており、やや
冗長な印象すら与える。また最貧国への重点的支援も、この大綱で複数回強
調されている。そのほかには、軍事的用途の禁止と民主化の促進という目的
も注目に値する（219頁の表7-2も参照）。この項目はいわゆる援助の政治的コ
ンディショナリティ（Stokke ed. 1995）であり、要請主義（後述）を原則とする
それまでの日本の援助指針にはなかったものである。

　日本政府初めての試みである1992年大綱は、なぜこの年に策定されたの
だろうか？　その要因として最も大きいのは、先行研究も明らかにしている
ように、日本のODAに対する国内外からの強い批判であった（下村・中川・
斉藤1999、第2章）。第6章のはじめに述べたように、日本のODAは1989年に
ドルベースで世界のトップに立った。それに伴って、日本のODAへの各方
面からの関心は高まっていった。また1986年3月にフィリピンのマルコス
大統領による不正蓄財が明らかになり、日本のODA、特に商品借款がそこ
に関与したのではないかという疑惑が生じた。この事件によって、国会や世
論におけるODA論争は高まりをみせたのである（横山1990、第3、4章）★3。

　また前章で触れたようにこの時期、日本のODAを分析対象にする国内外
の批判的研究が増大する。それら研究群は、基本理念の不在、援助資金の流

れの不明瞭さ、セクショナリズムの弊害、日本企業のための援助、被援助国の先住民保護や環境的配慮の欠如、といった日本型ODAのさまざまな負の特徴を挙げ、声高に批判している (Rix 1980; Orr 1990; 村井・ODA調査研究会編 1989; 鷲見 1989)[4]。特に日本の援助に理念がないという批判は広く共有されていた。経済企画庁が有識者を対象にしたアンケートによれば、回答者の96%が、「理念が必要」であると答えている (朝日新聞1990年7月19日)。さらには貿易と投資との繋がりが強い日本型ODAから多くの恩恵を受けているはずの財界団体である経団連ですら、カナダのODA検証をモデルに、1990年7月に日本独自の憲章制定を求める意見書を提出している (朝日新聞1990年7月4日)。もちろん、このような批判に反論してODA擁護論を展開する研究者や政府関係者もいるが (渡辺・草野 1991; 笹沼 1991)、内外からの高まる批判や要望に対して、政府は何らかの対応を迫られたのである。

　そして1990年8月にイラクがクウェートを侵攻し湾岸戦争が生じたことは、否が応でも日本政府、特に自民党首脳に援助と軍事用途との繋がりを強く考えさせられることになった。特に1991年の2月から3月にかけて、軍事支出や武器輸出の高い国家へのODA供与を見直す動きが、政府自民党首脳陣から公然となされるようになる。たとえば1991年2月27日、海部俊樹首相が衆議院予算委員会において、「必要以上に軍事力を強化する、あるいは他国に軍事援助する国に日本は援助すべきではないと思う」と述べ、それらの国への援助供与を見合わせる考えを明らかにした (毎日新聞1991年2月27日夕刊)。また3月13日の衆議院外務委員会において中山太郎外相は、核不拡散条約 (NPT: Treaty on the Non-Proliferation of Nuclear Weapons) 未締結国へのODA供与見直しを示唆している (第120回国会　衆議院外務委員会第7号　1991年3月13日)。また3月16日に河野洋平自民党外交調査会長が、ODA増減の基準として、被援助国の軍事費や民主化状況を考慮に入れるように「私見」として示している (日本経済新聞1991年3月17日)。さらに自民党外交部会は27日、武器輸出国、軍事大国に対するODA供与の抑制などを求めた中東政策への提言をおこなっている (毎日新聞1991年3月28日)。

　そのような自民党要人の発言を受けたかたちで1991年4月10日、参議院

予算委員会において海部首相は、「開発途上国の軍事支出等と援助の在り方」（ODA4指針）を発表した★5。それは途上国の①軍事支出、②大量破壊兵器・ミサイルの開発・製造、③武器の輸出入等の動向、及び、④民主化の促進、市場志向型経済導入の努力並びに基本的人権の保障状況に十分注意を払いつつ、援助分配をおこなうというものであった。首相はその際に、「湾岸戦争によって軍備管理、軍縮のあり方が注目されるようになり、わが国としても援助のあり方を示すことが重要になった」と、指針づくりの理由を湾岸戦争に求めている（毎日新聞1991年4月10日夕刊）。

　またODA4指針が発表される直前の1991年3月26日、首相の諮問機関である対外経済協力審議会（大来佐武郎会長）が、環境問題への配慮を重視した経済協力が必要であるとする意見書を提出している（対外経済協力審議会1991）。このような環境問題への配慮は、国際的な援助潮流への対応でもあった。1989年のアルシュ・サミットでは、環境問題が主要議題となり、経済宣言全体の3分の1が環境問題に関するものであった。また同年DACに「開発援助と環境に関する作業部会」が11月に設置されている。そのような国際的な流れを受けたかたちで、自民党は翌年度予算の基本方針である「予算編成大綱」を決め、新たにODAを環境対策などに振り向けることを盛り込んだのである（朝日新聞1989年12月19日）。1992年大綱に最も多く盛り込まれた環境への配慮は、このような国際潮流と軌を一にしていた。

　それらODA4指針や、環境問題への配慮を含んだ1992年大綱の制定に重要な役割を果たしたのは、第三次臨時行政改革推進審議会（行革審）の「世界の中の日本」部会（稲盛和夫部会長）であった。行革審そのものは1983年に発足し、第一次（会長・土光敏夫・元経団連会長、〜86年）、第二次（会長・大槻文平・元日経連会長、1987〜1990年）を経て、元日経連会長である鈴木永二のもとで、1990年10月末に第三次のそれが立ち上がっていた。この行革審の部会のひとつである世界の中の日本部会が、1991年12月に「ODA大綱（仮称）」の策定を提言することによって、その実現が本格化されることになる。ちなみに部会のメンバーの大半は経済界の重鎮であり、次に元官僚・大学教授が占めていた。つまり2000年以降に見られるような、NGO関係者は1人も含まれ

204

ていなかった。

　当該部会は22回の審議の後、1991年6月24日に第一次報告書を、その後さらに18回の審議を経て同年12月4日に第二次報告書を提出する（臨時行政改革推進審議会・世界の中の日本部会1991）★6。ODA大綱（仮称）の策定を提言したのは、第二次報告においてであった。

　これら二つの報告書では基本的方向として、①ODAの拡充、②透明性の確保、③ソフト面の充実、④環境の重視、が唱えられ、同時に被援助国の軍事支出や民主化・貧困格差などに留意することが重要であると述べられている★7。それら基本的方向に加えてODAの改善を図るために、より貧困な国への贈与の増加、アンタイド化のさらなる促進、評価の客観性の確保、NGOなど国民参加への援助といった方策が提言されている。さらには、援助効果を高めるために四省庁と関係省庁間の連絡・協議体制を確立するとともに、有償・無償・技術協力間の有機的な連関が必要とされた。つまり本報告書は概ね、1992年大綱に盛り込まれた内容と一致していた。

　ただし実際のところ、大綱を策定するという具体的なアイディアは、外務省・通産省および経済企画庁という官僚側から当該部会へ持ち込まれたものであった。たとえば外務省内では、1991年9月に「対外経済協力憲章」の策定が計画されていた（経協政策課『『対外経済協力憲章』の取り進め振り（案）」1991年9月24日、情報公開文書2019-741-0003）。はじめてそのそのアイディアが「世界の中の日本」部会に出されたのは、部会第32回審議（1991年10月23日）だった。この会合で外務省の川上隆朗経済協力局長が、援助要員の拡充とともに「政府開発援助（ODA）大綱」（仮称）を策定したいと、部会メンバーに報告している。翌週の第33回審議（1991年10月30日）では通産省の岡松壮三郎通商政策局長が、「援助憲章（仮称）」の制定を検討する必要があると述べている。そして次の第34回審議（1991年11月6日）においても、経済企画庁の吉冨勝調整局長から、「ODA憲章（仮称）」の制定を考えているとの報告がなされている。つまり3回連続して、官僚の側からODA大綱策定の必要性が唱えられた。それらの諸報告を受けたかたちで、第37回審議（1991年11月20日）において、そのアイディアが部会委員のコンセンサスを得るに至るのである。

3省庁の局長が提案したものはそれぞれ名前が異なることから、事前に省庁間での根回しはなかったと考えられる。しかしながらODA大綱を作成する必要性は、関係省庁内ですでに認識されていたのである。そして彼ら官僚側はいずれも、ODA基本法の制定と、ODA政策の一元化を目指すための「援助庁」設置には否定的であった。基本法は援助の機動性・弾力性を損なうおそれがあり、また現行の四省庁体制は十分な連携をとって順調に機能しているため、援助庁の新設は不要、というのがその理由である。そして「世界の中の日本」部会メンバーの多数も、官僚側の立場に近かった。たとえば第19回審議では、「経済協力基本法」の作成を考慮すべしという意見に対し、「法律でしばることは弾力性・効率性を害し妥当ではない」との反論があった。さらに「援助庁」設置にも、多くは否定的であった。なぜなら、「行革審として新たな組織の設置を提言する以上は、そのメリットが相当確実であることが必要だが、援助庁にはそうしたメリットが認められない」（第32回審議）からである。援助庁を創設するというアイディアはこれ以前にもこれ以後にも幾度となく立ち現れて消えているが（佐藤2016、第9章）、このエピソードが示すように実現しなかった理由のひとつとして、援助関係省庁による反対が大きかった。

　この部会報告に基づき、1991年7月4日（第一次）と12月12日（第二次）に第三次行革審は、「国際化対応・国民生活重視の行政改革に関する答申」を海部および宮沢喜一首相に提出した。この答申を受けて外務省は、翌年の1月末より大綱の作成に入る（読売新聞1992年1月31日）。その5カ月後、6月30日にODA大綱は閣議決定される。

　以上のように、世界のトップに立った日本のODAに対する内外からの批判と、湾岸戦争といった国際環境を背景として、いくつかの組織的動き——第三次行革審の「世界の中の日本」部会を中心として、政府自民党・外務省・通産省・経済企画庁によるブリーフィングと討議——が重なり合って、1992年大綱は形成されたのである。

► ODA大綱の改定（2003年）

1992年大綱は、約10年後の2003年8月に改定された。2003年大綱は、①理念（目的、基本方針、重点課題、重点地域）、②援助実施の原則、③援助政策の立案および実施、④ODA大綱の実施状況に関する報告、という四つのパートに分かれている。

前回大綱と本改定で大きく異なっているのは次の5点である（219頁の表7-2も参照）[8]。第一に指摘できるのは、目的のパートで日本自身の安全と繁栄を確保すると、明記した点である。1992年大綱では、「途上国の安定と発展が世界全体の平和と繁栄にとって不可欠」とされていたのが、「我が国の安全と繁栄を確保し、国民の利益を増進する」と明確化された。これは、DACによるレビューにおいて「狭い国益がODA本来の目的であるレシピエントの開発をないがしろにしないように」（DAC 2004, 11）と釘をさされた変更でもある。

第二に指摘できる新規点は、人間の安全保障が新たに盛り込まれている点である。人間の安全保障は、国連開発計画（UNDP: United Nations Development Programme）がその年次報告「人間開発報告書」の1994年版で初めて明らかにしたものである。1990年代後半より日本政府は、それへの支援を表明・実践してきた。今回での言及はその公式な確認であった。

第三に特筆すべきは、紛争／テロ予防・平和構築・復興支援という、安全保障問題への援助が含まれている点である。2003年大綱が発表される2年前の9月11日に起きた米国同時多発テロのインパクトは、外務省によって大綱改定前に出された発表文で直接言及されていることからも、その大きさがみてとれる（外務省経済協力局 2002）。

第四に指摘できるのは、貧困削減だけではなく、持続的成長というテーマが重点課題として述べられている点である。これはすなわち、最貧国のみならず、ある程度の経済発展を達成した途上国に対する援助継続表明であるといえる。

そして最後に、ODAの立案は「開発途上国から要請を受ける前から政策協議を活発に行う」と述べられているのも新規な点である。従来の日本の

ODA政策は、いわゆる「要請主義」の原則に則っており（Sato 2023）、途上国がプロジェクト支援を求める際に行動を起こすことが慣行とされてきた。その原則が見直されると2003年大綱で明言されたのである。以上の三つが2003年大綱の前回からの大きな変更点であり、それ以外では、貧困削減やアジア地域の重視、従来のODA大綱4原則など、1992年大綱を踏襲したかたちとなっている。

　上記のような2003年大綱が制定されたのは、ODAに対する悲観的な雰囲気に満ちていた時期だった。世界のトップドナーに立ち、注目を浴びていたことからくる批判への対応が1992年大綱であったこととは対照的である。その大きな理由は、ODA予算の大幅な削減と、国民のODAに対する否定的態度の増大であった。前述のように、日本のODA予算は1997年をピークに減少傾向にあった。1990年初頭にバブル経済が崩壊し、日本経済は長期景気後退に入る。1995年1月には阪神・淡路大震災が発生し、日本に甚大な被害をもたらした。そして1996年に首相に就任した橋本龍太郎による行政改革が敢行されたことによって、従来は聖域扱いされていたODA予算の見直しが始まった。1996年の6月3日に発表された財政構造改革会議の最終報告では、ODAの「量から質の転換」を図ることが強調されており、量的目標を伴う新たな中期目標の策定は行わないこと、翌年度予算は対前年度比10%以上の引き下げを敢行することが発表された（日本経済新聞1997年6月4日）。それからODA予算は徐々に削減されていき、2003年大綱が発表された時には、ピーク時の7割ほどになっていたのである（168頁の図6-1参照）。

　そしてODAに対する世論の風当たりが強くなってきたのも、1990年代後半からである。特に次章で詳述するように、中国へのODA供与の正当化が困難となり、日本の世論もそれを反映したものとなっていく。中国は1994年から96年にかけて核実験を繰り返しており、そのために日本政府は中国への贈与を一時的にストップする行動に出る（後述）。さらに、1998年に訪日した際に日本の歴史教育を糾弾するという江沢民国家主席の言動は、多くの日本人による対中感情の悪化をひきおこし、中国へのODA供与に疑問符がつけられる。このような状況下で、2000年には世論におけるODA反対派が、

208

図7-1 ODAに対する世論調査の推移

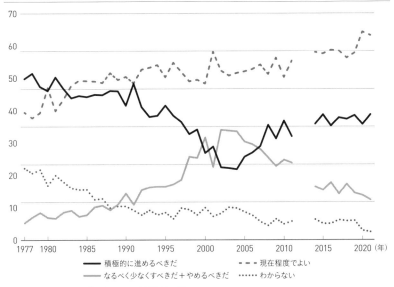

凡例：
― 積極的に進めるべきだ
--- 現在程度でよい
― なるべく少なくすべきだ＋やめるべきだ
⋯ わからない

出典：内閣府（各年度）「外交に関する世論調査一覧」
注：2012年と2013年のデータはなし

初めて積極派を上回った（図7-1）。つまりこの時期の日本政府は、ODAに対する国民の支持を獲得する必要性に迫られていたのである。

ODA予算の見直しと共に、ODAのあり方そのものの再検討も開始された。まず1997年4月に、外相の私的諮問機関である「21世紀に向けてのODA改革懇談会」（第一次）が外務省の経済協力局政策課で設置され、1年にわたって改革案の作成に入っている。また通産相の諮問機関である産業構造審議会の経済協力部会（部会長・鳥居泰彦慶應義塾大学塾長）や、経済企画庁調整局長の私的懇談会である経済協力政策研究会（部会長・星野進保総合研究開発機構理事長）も提言をまとめ、1997年6月に発表されている。これら三つの諮問機関／懇談会による提言に共通しているのは、明示的に「国民の利益」「国益」という単語が記されていた点である（通商産業省通商政策局経済協力部編 1997）[9]。

つまりODA予算が削減されることが確実となった1997年の段階で、2003年大綱に盛り込まれることになった「国民の利益のためのODA」は明確に顔を出していた。

　そしてアジア通貨危機に対する対応などを明記した1999年の「ODA中期政策」をはさみ、2003年大綱が発表される2～3年前においても、複数の諮問機関が設置され、それぞれODAについての改革案をまとめている。「第2次ODA改革懇談会」（2001年5月設置）、小泉純一郎首相の私的懇談会である「対外関係タスクフォース」（座長・岡本行夫内閣官房参与、2001年9月設置）などがそれにあたる。さらに専門家のみならず、ODAに関するタウンミーティングを各地で開催し、外務省のホームページでパブリック・コメントを募るなど、政府は幅広い層から意見を聴取している。これは「前例のない試み」（Sunaga 2004, 5）であったが、1990年代半ばから高まっていったODAに対する世論の批判に応える必要性からきたものであった（Shimomura 2016, 79）。

　以上のように数あるODA検討委員会のなかでも、大綱を改定するという動きを決定づけたのは、自民党の「ODA改革ワーキングチーム」（座長・高村正彦元外務大臣。2002年9月設置）と、「ODA総合戦略会議」（議長・外務大臣、議長代理・渡辺利夫拓殖大学学長。2002年6月設置）だった。前者は「ODA改革の方向性（中間取りまとめ案）」を2002年10月29日に発表し、「ODA大綱は……戦略性の重視など所要の見直しが必要である」と、最終報告に1992年大綱の改定を含めることを明言した（対外経済協力特別委員会ODA改革に関するワーキングチーム 2002）。12月21日に発表した最終報告「ODA改革の具体的な方策」でも、大綱の見直しとともに、より戦略的なODA計画の立案のために「対外経済協力関係閣僚会議」を強化する案などが盛り込まれた（日本経済新聞2002年12月21日）。

　そして実質的に大綱改定に関わったことで、より重要な役割を果たしたのは、ODA総合戦略会議であった[★10]。当該会議は2002年6月に立ち上がり、4年間にわたり26回の会合を開いている。2002年9月13日（第3回会合）において、委員の1人である草野厚（慶應義塾大学教授）が1992年大綱の見直しについて言及をおこなったことが、それから始まる改定プロセスの端緒であ

る★11。この発言は、政府関係者による最も早い時期のものである。

　次の第4回会合（11月1日）で草野が次のような具体的な提案をおこなっている。1992年大綱は記述の中身が時代遅れになっているのと、新たな政策の前提となる新大綱が必要である、というのが草野の考える見直し理由であった。草野が取り上げた論点は、①国民参加、透明性の確保と説明責任、②紛争予防・平和構築・人間の安全保障の明記、③国益の確保や戦略的視点挿入の必要性、という3点だった。また委員の1人である浅沼信爾（一橋大学教授）は、1992年大綱が時代遅れであるという意見に賛成し、ODAの目的は貧困撲滅というよりも、受益国の社会的・経済的発展であり、その点が大綱に抜けていると指摘する★12（この点に関して浅沼は次の第7回で、「持続的発展」を挿入するべきであると主張している）。この日のODA大綱見直し論議は、すぐさま公表された（読売新聞2002年11月2日）。

　その後、草野が中心となってワーキングチーム★13が立ち上がり、1月に報告書が提出された。このワーキングチーム報告書では、「国益」という言葉は多義的なものであるので、「我が国の安全と繁栄」という言葉を使うべきという意見で一致した（第6回）。また要請主義については、ワーキングチームでは残す方針であったが、大野健一（政策研究大学院大学教授）や浅沼は、この文言を外すことを主張した（1月27日第7回会合）。その理由として要請主義は、「過去に形式化している」上に、要請されたものが必ずしも良いプロジェクトやプログラムとは限らないことが挙げられている。また日本からいろいろと準備した後に相手国政府に要請を求める場合もあるので、双方向の「政策対話」というのが望ましい、というのが彼らの主張であった。つまり実際の2003年大綱に新規に盛り込まれたほとんどのテーマ（日本の利益、紛争予防、人間の安全保障、持続的成長、要請主義の削除）が、すでにこの会議で提案されていたのである★14。

　このワーキングチームの報告書に対するODA総合戦略会議の議論を受けて、2003年3月14日には、対外経済協力関係閣僚会議でODA大綱見直しの基本方針が正式に決定される。外務省の事務当局がその後、ODA大綱改定について関係各省・官邸・党・有識者やNGOといった幅広い層から意見聴

取をおこなっている。ただしそれら意見、特にラディカルなそれらが大綱に取り入れられた形跡はない。たとえば「ODA大綱は閣議決定に留まっており、拘束力が弱いので、ODA基本法を制定すべき」あるいは「日本自身の『安全と繁栄』を含める必要はない」という意見がNGOや有識者から出されたが（外務省経済協力局2003）、外務省側はこれを退けている。

　外務省はその後、7月初旬に大綱の原案を作成し、パブリック・コメントを募り、再びODA総合戦略会議に諮った（7月4日第11回会合と8月25日第12回会合）後、8月29日に大綱を完成させ、外務大臣に報告することになる。

▶ 新たなODA大綱（2015年）

　新しいODA大綱である「開発協力大綱」は、2015年2月に閣議決定された。本大綱は理念・重点政策・実施の三つのパートに分かれている。日本語で約15000字の中で、半分弱の6500字が「実施」に充てられており、他の二つのパートよりも具体的な実施政策が強調されているのがわかる。

　この2015年大綱が前二者と大きく異なっているのは、次の5点である（219頁の表7-2も参照）。第一に挙げられるのは、その名称が「政府開発援助」大綱から「開発協力」大綱へと変わった点である。この変更は大綱の見直し開始直後から検討されていたものであり、開発協力は単なる途上国支援ではなく、長期的に見れば先進国側にも利益をもたらす「互恵的要素」があり、また多様な主体が「対等なパートナー」として協働することからというのが、「ODA大綱見直しに関する有識者懇談会」（後述）が挙げた理由であった[15]。

　第二に、「国益」という単語が初めて使用された。前項で述べたように2003年大綱策定のプロセスにおいては、「国益」という概念を意図的に使わないような慎重な配慮がなされていた。それが本大綱では明示化され、それが文中で3回使用されている。そしてこれに関連して第三に、「日本経済の成長」や「中所得国への援助」が新しく盛り込まれた。すなわち2015年大綱では、貧困削減への努力といった目標とともに、日本経済の利益に還元されうる援助が奨励されている。2003年大綱が自国利益重視になったという事実がDACによって批判的に指摘されたことは前述したが、2015年大綱は

その傾向をいっそう強めていた。

第四に、「ミレニアム開発目標 (MDGs)」という国際規範が記載された。実はMDGsは2000年9月に宣言されたが、2003年大綱には取り入れられていなかった[16]。ようやく15年後に日本の大綱に盛り込まれたが、本大綱が発表された7カ月後に新たに「持続可能な開発目標 (SDGs)」が発表されたため、時代遅れの感は否めなかった。

そして最後に、民生目的や災害救助といった非軍事目的の開発協力であれば、そこに軍又は軍籍を有する者が関係したとしても、援助の実質的意義に着目して個別具体的に検討することが明記された。日本のODAは2000年以降に安全保障分野にも広がってきたと言われているが (Yamamoto 2017)、大綱にそれが明示されるのは初めてのことである。これは次に述べるように大綱見直しの発表直後から予想されていた変更であり、大きな注目を集めた。

2003年大綱が発表されてから2015年までの間に、日本のODAにとって最も重要なできごとは、中国に対する大規模なODA供与の停止である。1979年から始まった日本の対中国援助は、常に供与額が上位の地位に位置していた (図7-2)。そのようなトップの被援助国であったが、中国の経済成長とともに日本のODAは一定の役割を果たしたと考えられたため、2006年に一般無償資金協力を終了、翌2007年には円借款の新規供与を終了したのである。次章で詳細に検討するように、この決定の裏には、中国への援助に対する国民の反感が存在していた (Midford 2017, 186-190)。そして中国への大規模ODAが終了した後は、世論のODA大綱への支持は急速に回復することになる (図7-1)。

新聞報道によれば、2003年大綱の見直しが政府内で浮上したのは、2014年1月半ばだった。安倍晋三政権の推進する積極的平和主義に基づいた上で、途上国支援での中国の存在感の高まりに対応し、また日本企業の進出を促進するために戦略的なODA分配をおこなう指針を作成すること。それが大綱見直しの狙いであると報じられている (日本経済新聞2014年1月23日、1月28日)。大綱の見直しが岸田文雄外相によって公式に発表されたのは、その報道の2カ月後、3月28日だった (外務省 2014a)。そこでは、日本のODA60

図7-2 日本の援助に占める中国の割合(%)。

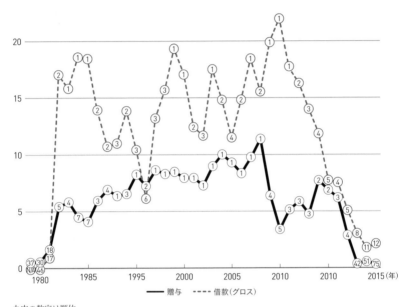

丸内の数字は順位
出典：OECD/DACデータベース

周年というタイミングで、2003年以降の日本と国際社会の大きな変化を踏まえて、大綱を改定するという決定が表明されている。また国際社会をリードし、安全保障分野での役割も果たし、そしてさまざまな主体と連携するODAを目指す必要も唱えられている。同時に、薬師寺泰蔵（慶應義塾大学名誉教授）を座長とした有識者懇談会の設置が発表された[★17]。

委員会メンバーへの打診は、2月中旬頃からおこなわれていた[★18]。何人かの委員は、検討するべき事項内容について事前に意見聴取されており、その中には公的援助だけでなく、民間企業も含め多様なパートナーが関わるという指針を明確にすることを提案した委員もいた[★19]。ただし筆者がインタビューした限りでは、2015年大綱の新しい特徴である安全保障分野の協力

を、事前に検討事項として挙げた委員はいなかった。つまりこの議題は政府側が前もって用意し、議論を誘導したものと考えられる。この点たとえば、有識者懇談会の初会合が開催された2014年3月31日に、木原誠二外務政務官の次の発言からも推測できる。「自由や民主主義、人権といった普遍的な価値を推進するため、安全保障分野でもODAが役割を果たしていく」と木原は政権の方針を説明しているからである（朝日新聞2014年4月1日）。その他の議題も、大多数は政府側が用意したものであった。

　ODA大綱見直しに関する有識者懇談会は、3月31日に初会合を開き、その後4月18日、5月14日、そして6月13日と全部で4回の会合を開いている（外務省 2015b）[20]。第1回では、新大綱の対象範囲を広げることに概ね賛意が得られ、また大綱の名称をめぐっては、変更を提案した政府案に対して反対するメンバーはいなかった。その新たな名称としては、「国際協力大綱」、「開発協力大綱」「平和開発協力」などが候補に挙げられた。また「国益」の挿入の有無についても、「国際益」と「国益」の境界は意味をなさず、長期的な国益を打ち出すべきだという意見に対して、従来の大綱の記述を踏襲する、つまりあえて「国益」という語は使わないようにするのが良いとする意見もあった。第2回会合では、「貧困削減」と「持続的成長」をひとつにまとめるというのが多数意見であり、これは実際の大綱でも「質の高い成長」とそれを通じた貧困撲滅という重点課題に盛り込まれている。さらには、ODA卒業国（中所得国）への援助の必要性がこの第2回会合で議論されている。ODAが日本外交の手段であるなら、DACリストから外れた国以外にも経済協力をおこなうことが重要であると意見があり、それには概ね賛意が得られている。また文化・スポーツ支援の挿入を提案する委員もおり、それは2015年大綱に取り入れられている。また、この第2回会合において、ODA以外の活動を新大綱で語るべきではないと、名称をODA大綱のままにするべきだと主張するメンバーがいたことも特筆に値する。

　そして本大綱で最も注目された「軍関係者への非軍事目的の協力」は、第2回会合でも議論があったが、本格的に論じられたのは第3回会合だった。実際のところ、軍事とODAの関係は二つの意味を持っていた。ひとつは災

害時における日本の自衛隊による救助活動や平和維持活動といった、日本
の軍事活動をODAで後方支援するというものである。もうひとつは被援助
国の軍事関係者に対する日本ODAの供与、という側面である。実際のとこ
ろ、当該懇談会で意見が多く出されたのは前者であり、それについては赤十
字などを例に、従事する人員への攻撃リスクが懸念されている。後者の問題
については、平和維持活動や災害緊急援助といった軍による非軍事活動へ
の援助を可能性として述べた委員がいたが、このような意見は1人にとどま
り、むしろ多数は「歯止め」の必要性を訴えていた。その後においても、援
助の非軍事性が曖昧になることへ強く懸念している有識者懇談会メンバーも
いる★21。

　最終報告書では、当該テーマは「民生目的、災害救助等の非軍事目的の支
援であれば、軍が関係しているがゆえに一律に排除すべきではな」いと記さ
れている (ODA大綱見直しに関する有識者懇談会 2014)。この文言は確かにメディ
アで注目されたものの (読売・朝日・日本経済新聞2014年6月27日)、援助対象は
明確にされていない。それが2015年大綱では、「民生目的、災害救助等非
軍事目的の開発協力に相手国の軍又は軍籍を有する者が関係する場合には」
(強調引用者) と、明確に対象が被援助国の軍とされている。これは重要な変
更であった。

　その後、2003年大綱と同様に政府は、大綱見直しのために各地で意見交
換会 (5月～9月) や公聴会 (11月後半) を開いたり、また10月に政府原案を公
表してパブリック・コメントを募ったりしている (外務省 2014b)。ただしそ
れらの試みにもかかわらず、有識者懇談会最終報告書からの大きな逸脱は
2015年大綱に盛り込まれていない。最終的な内容は外務省によってまとめ
られ、2015年2月10日に閣議決定されることになる。

　以上のような2015年大綱の策定プロセスを追うと見えてくるのは、これ
が政府主導であったという事実である。大綱見直しの決定そのものから始ま
り、有識者懇談会に検討させた内容などほとんどが政府による誘導であっ
た。これは援助関係省庁、審議会や民間人が主要な役割を果たした前二つの
大綱と大きく異なっていた。2000年代に入って、ODAの政策決定が官邸主

表7-1 各大綱の主要政策発案者

	主要政策発案者
1992年大綱	官僚組織（外務・通産・経企各省庁）
2003年大綱	民間（ODA総合戦略会議）
2015年大綱	政府自民党・官邸

出典：筆者作成

導になりつつある事実は指摘されているが（Yamamoto 2020a）、2015年大綱もそのうちのひとつとして挙げることができる。また内外の批判に対する解答であった前二つの大綱とも違い、政府が自発的・積極的に制定を目指したという事実も、2015年大綱の特徴である（表7-1）。

2023年6月、開発協力大綱は改定された。改定の動きは前年からおこなわれており、京都大学の中西寛教授が座長を務める「開発協力大綱の改定に関する有識者懇談会」の4回にわたる会合と報告書をたたき台として、8年ぶりに大綱が刷新されることになった。本書の執筆時点（2023年後半）では2023年大綱は発表されたばかりであり、それが実際の日本の援助外交へどのように繋がっていくのかは未知数である。したがって、2023年大綱の策定プロセスとその内容の検討、そして日本のODA援助分配行動への影響についての検証は、今後の研究に委ねたい[22]。

3 ▸ ODA大綱内容の理論的検討

1992年、2003年、そして2015年に発表された三つのODA大綱は、その後の日本の援助分配行動を変えたのだろうか。その疑問に実証的に答える前に、本節では大綱の内容を検討し、そこから導き出される分配行動の諸仮説を導出する。仮にそれら仮説が実際の行動と合致していれば、ODA大綱は日本の援助行動に影響を与えたと言える。そうでなければ、どのような要因がODA大綱の運用を妨げているのかを問わなければならないだろう。

その検討作業のためにまず注目すべきは、ODA大綱に盛り込まれた内容が、従来の日本型援助の確認なのか、あるいは新しい指針表明であるのか、という点である。後者であれば大綱は、その後の日本の援助分配行動を変える可能性を持っている。その点を明確にするために本節では、三つの大綱間における相違と共通点を比較検討する。23年間で3回制定・改定された大綱だが、すべての内容がその都度一変するわけではない。変わらない重点項目もあれば、そのときの国際・国内環境や状況に応じて追加・削除されるテーマもあるだろう。そのような異同を検討することで、各大綱における継続点・新規点と実際の援助分配行動との繋がりを実証的に検証することができる。

　その次に明確にするのは、各大綱内容の多様性に由来する相互矛盾性の有無である。援助額が有限である限り、特にODA予算が減額され始めた1990年代後半以降、各ODA大綱に記載されているすべてのテーマに厚い援助分配をおこなうことは不可能となった。そのために、仮に互いに相反する指針が大綱内にあるとすれば、どちらかが犠牲にならざるを得ない。しがたって、優先順位の問題は、実際の分配行動に影響を与えるだろう。

　本節では以上2点に焦点を当てながら、検証可能な仮説を導出する。

▶ 従来政策の明示化と新しい指針

　表7-2は、三つのODA大綱の援助対象テーマを、伝統型・中期型・新規型と、それら三つの組み合わせ（伝統＋新規型と中期＋新規型）の、合計五つに区別して整理したものである。伝統型とは、対外援助を開始して以来日本政府が重きを置いていた対象であり、大綱による明示的な確認であると言える。中期型とは、伝統型ほど長い間重要視されてきたわけではないが、大綱が発表される前に――10年から3年前を目安として――すでに政府によってODA分配の重点対象として扱われてきたテーマである。この中期型は、大綱と分配行動との関係における内生性の問題と捉えることも可能である。つまりODA大綱によって分配行動が変化したというよりも、すでに変化しつつあったので大綱に盛り込まれたという因果関係が両者に存在する。した

表7-2 三つのODA大綱における重要な援助対象テーマ

	1992年大綱	2003年大綱	2015年大綱
環境保全	△	○	○
民主化の促進、良い統治の確保	■	○	○
軍事的用途・国際紛争助長回避	○	○	○
軍事支出・破壊兵器注視	■	○	○
アジア重視	○	○	○
後発開発途上国への配慮	○	○	—
飢餓・貧困支援	△	○	○
人づくり	○	○	○
インフラストラクチャー整備	○	○	○
市場指向型経済	△	○	—
NGOとの連携	△	○	○
投資と貿易の有機的連関	○	○	○
女性・子供等社会的弱者配慮	△	○	○
自助努力支援	○	○	○
官民連携・自治体連携	○	○	○
紛争／テロ予防・復興・平和構築支援	—	▲	○
我が国自身の利益	—	■	○
人間の安全保障	—	▲	○
開発途上国の持続的成長	—	●	○
要請前からの政策協議	—	▲	○
国益の確保(日本の平和・安全・繁栄)	—	—	▲
軍関係者への非軍事目的の協力	—	—	■
中所得国への援助	—	—	●
ミレニアム開発目標(MDGs)	—	—	●

○…伝統型、△…中期型、■…新規型、●…伝統＋新規型、▲…中期＋新規型
出典：各ODA大綱を元に筆者作成

がって、援助分配行動へのODA大綱の影響を分析するには、純粋な新規型に焦点を絞ることが必要となる。

　その新規型は言うまでもなく、大綱によって新たに設定された対象である。そして伝統（中期）＋新規型は、日本のODAの従来の特徴であるにもかかわらず、それまでの大綱では明示されなかったもので、新しく追加された対象である。

　表7-2および前節で明らかにした各大綱の策定プロセスからも明らかなように、新たな大綱によって新規に設定された援助対象テーマは少ない。そのような事実から大綱の主目的は、それまで日本がおこなってきた援助内容の確認であることがわかる。アジア重視、貿易と投資との有機的連関、インフラストラクチャー整備などは、すでに日本が対外援助を開始してから間もない時期にすでに打ち出していた方針である。たとえば1992年大綱で述べられている軍事的用途の回避は、衆議院外務委員会による1978年4月5日の決議や、参議院外務委員会による1981年3月30日の「軍事的用途に充てられる経済協力は行わない」決議と同じである。人づくりに関しては、JICAを通じて実施されている技術協力や青年海外協力隊がその目的に掲げられており、これも目新しいものではない。また同じく1992年大綱の中期型である後発開発途上国への援助の重要性は、ODA第4次中期目標（1988年6月発表）の中ですでに表明されている。さらにNGOとの連携は「NGO事業補助金制度」がすでに1989年に始まっており、インドのナルマダダムへの円借款支援をNGOの反対によって1990年にとりやめたという事実も存在する（Hirata 2002, 102-106）。さらには、1992年大綱で複数回言及されている「開発と環境保全の両立」についても、それ以前から外務省にとって重要なテーマであることが、『我が国の政府開発援助（後に『ODA白書』に改題）』で言及されている（外務省経済協力局 1990、176）。実際にもたとえば前述した1989年のアルシュ・サミットにおいて、「89年度より3年間で3000億円程度を環境分野の2国間・多国間援助拡充・強化」を日本が表明している。したがってこれらのテーマは、伝統的とまでは言えないまでも、1992年大綱以前に設定されていた日本のODAの重要な援助対象であった。

2003年と2015年大綱においても、アジア重視や投資と貿易の連関、環境問題への取り組みといった伝統型——つまり三つの大綱の共通点——が多くを占めていることが表7-2からわかる。たとえば2003年大綱では、ひとつを除いたすべてが、長・中期型である（前節の政策プロセス分析も参照）。平和構築や復興支援は、2003年大綱発表時点ですでに経験を有していた。1992年のカンボジアをはじめとして、ボスニア・ヘルツェゴビナ（1996年）やコソボ（2000年）、東ティモール（2001年）といった地域に対するODA供与を日本は続けてきた。同様に人間の安全保障も、2003年大綱発表以降に初めてODAとリンクされたものではない。1998年12月に小渕恵三首相が、ASEANとの首脳会議で人間の安全保障のための協力を打ち出し、「人間の安全保障基金」を国連に設置することを提案した。その後1999年3月に日本は自ら、5億円を拠出したのである。それ以降毎年日本政府は、当該基金に50億円程度を拠出してきた。また相手国政府の援助要請を受けてはじめてODA供与プロセスをスタートさせる要請主義は、自助努力支援と並んで、戦後賠償を起源とする日本のODAの特徴と言われてきた（渡辺2005、70-71; Sato 2023）。ただし相手国の要請を鵜呑みにする消極的援助との印象が強いこと、また時代に合わないとして、日本政府もまた1994年からこの言葉の使用は避けてきた（佐藤1997、206）。前述したように2002年のODA総合戦略会議でも、必ずしも要請主義に基づかない援助分配政策を日本が採用してきたと指摘されている。

　前章までに論じたように、日本の援助は輸出増進・資源獲得といった日本経済の利益にかなうために分配する、という目的は1950年代から70年代にかけて政府関係者によって明言されてきた。しかしながらそのような利己主義的な言説、特に輸出増進と日本の経済発展という目的は、日本が経済大国・トップドナーとなるにつれて控えられるようになった。また次章で検討するように、「国益」と援助の関係も、1990年代までは抽象的なものにとどまっていた。そこで本書では、「我が国自身の利益」を、2003年大綱で復活した新規型としている。

　したがって、各大綱で新規目標（表7-2では■）として掲げられたのは、「民

主化の促進・良い統治の確保」／「軍事支出・破壊兵器注視」（1992年大綱）、
「我が国自身の利益」（2003年大綱）、そして「軍関係者への非軍事目的の協力」
（2015年大綱）である。つまりこれらの対象テーマは、各大綱が発表される前
には日本の援助行動のガイドラインには存在しなかったものであり、大綱の
発表によって日本の行動を変えたか否かという疑問は、それら新規援助対象
テーマの実際の分配行動を分析することによって明らかになるはずである。

▶ **相互矛盾する内容**

　ODA大綱が日本の援助分配行動に与えた影響について検証可能な仮説を
導出するために次に検討するのは、各大綱に記されている内容の多様性から
くる相互矛盾性である。次に見るように、前項で抽出した新規テーマと相互
背反する伝統的なテーマが、各大綱には少なからず存在する。ここではそれ
らをピックアップしたうえで、いずれがその後の日本のODA分配行動に強
い影響を持ったのかを、検証可能な仮説として導出する。それら仮説群を
データで検証することによって、ODA大綱の影響力を分析できるからであ
る。

①民主化支援 vs. アジア中心主義

　前項で論じたように、1992年大綱では、グッド・ガバナンスの確保や民
主化の促進が新規に設定された。これは国際的な動きと軌を一にしており、
援助の国際規範と言うことができる。1992年大綱が日本のODA分配決定を
変えたとすれば、次の仮説が必然的に導き出される。

　　仮説1-1：1992年大綱以後はそれ以前と比較して、世界の非民主主義国
　　　　　　家に対しては、日本のODAは抑制的である。

　ただし同時にアジア重視という、戦後日本が一貫してとってきた方針も改
めて明示された。仮にアジア諸国がすべて民主化に向けて努力しているので
あれば、両者の間に対立はない。しかし実際は、1992年時点で民主化され

ているアジア地域の国の方が少数である。グッド・ガバナンスや民主化が
促進されている国家に対してより多くのODAを拠出し（ポジティブ・リンケー
ジ）、それらが停滞している国にはODAを抑制する（ネガティブ・リンケージ）
分配行動が、民主化支援の目的である。そうである限り、アジア諸国に対す
るODA供与は、その目的と正面から齟齬をきたすことになる。つまり伝統
的な日本のアジア中心主義が民主化支援という国際援助規範よりも強けれ
ば、アジアにおける非民主主義国家に対する援助供与は、減少することはな
いと予想される。すなわち、

仮説1-2：1992年大綱以後も、アジア地域の非民主主義国家に対しては、
　　　　日本のODA分配行動に変化はない。

②軍事支出注視 vs. アジア中心主義
　民主化支援と並んで1992年大綱では、開発途上国の軍事支出および大量
破壊兵器・ミサイルの開発・製造、武器の輸出入等に十分注意を払うことが、
公式に明記された。このような方針は、戦後日本に根付いてきた武力忌避規
範に基づいたものと呼ぶことができる。敗戦国として、また唯一の核兵器の
被爆国としての歴史的記憶から、国内外における武力紛争や軍事力増強への
嫌悪感が日本人の大多数の中に存在する。すでに1978年の段階で、軍事的
用途や国際紛争を助長する援助を回避するという衆議院外務委員会決議が存
在したという事実は、武力忌避規範が早い段階から日本のODA分配に影響
してきたことを示している。この規範は平和を望むゆえに他国への介入も意
に介さないという「積極的平和主義」ではなく、あくまでも武力保持や軍事
力行使についての消極的な嫌悪感である。防衛費支出のGDP1％前後の堅持
や、1990年代にようやく日本の自衛隊による海外活動が法的に可能になっ
たという事実は、このような武力忌避規範が日本に根強いことを物語ってい
る。このような武力忌避規範に基づく新たな大綱の方針が、日本のODA分
配行動に影響を与えているのであれば、次の仮説が導き出される。

仮説2-1：1992年大綱以後はそれ以前と比較して、世界の途上国の軍拡
　　　　行為に対して日本のODAは抑制的である。

　ただし民主化支援と同じく、軍事支出注視とアジア中心主義規範とは、共
通点が存在する一方で、完全に相反する場合もある。両者に共通点が生じる
のは当然ながら、軍拡を含む武力行為をアジア地域内の国々が自制している
ときである。その場合、当該諸国家に対する日本のODAは他の国々と比較
して増額されることになるだろう。そこに両者の齟齬はない。他方で相反す
る場合とは、アジア諸国内で軍事行為が発生するときである。軍事支出注視
とアジア中心主義は、その場合に正面から対立し、日本はそのようなアジア
の国家に対してどのような援助分配行動をとるのか選択を迫られることにな
る。かりに軍事支出注視という新たに設定された項目よりも、アジア中心主
義の優先順位が高ければ、次の仮説が導き出される。

仮説2-2：1992年大綱以後も、アジア諸国の軍拡行為は日本のODA分配
　　　　行動に変化をもたらさない。

③自国経済主義vs.貧困削減・弱者保護
　2003年大綱では、日本のための利益が初めて記載された。周知のように
日本のODAは、貿易・投資促進のためのものという評価が、研究者によっ
て常に下されてきた。戦後賠償を起源とする、道路やダムといった大型の経
済インフラストラクチャー構築への援助が、その具体的な手段だとされてき
た (Pharr 1994; 大海渡 2019; 山田2021)。日本政府は2003年大綱によって、公式
に援助と自国の安保・経済的利益を結びつけたのである★23。さらに2015年
大綱では、複数にわたる「国益」の挿入によって、日本のための経済的利益
が相対的に押し出された内容となっている。したがって、このような自国の
経済利益に基づく新たな大綱の表明がそれ以後の日本のODA分配行動を変
えているのであれば、次の仮説が浮上する。

仮説3：2003年大綱以後は、以前と比較して、日本の経済利益にかなう
　　　ODAが増大している。

　ただし2003年大綱および2015年大綱にも、貧困削減や社会的弱者の保
護、MDGsといった世界の援助国・機関が掲げた目的も含まれている。長
期的には貧困状況が改善された途上国と日本の経済利益は一致するかもしれ
ないが、短期的には両者が折り合うことはなく、どちらかを相対的に重視す
ることを日本は迫られるはずである。仮に日本の経済利益にかなう援助とい
う目的が、国内に向けたレトリックであって援助分配行動に変化がない——
あるいはむしろ貧困削減などを重視している——のであれば、2003年大綱
以後も日本経済の利益に還元されうるODAは増大していないはずである。
むしろ貧困削減や弱者保護といった目的の、DAC規範にかなったODA割合
が増えている可能性もある。

④軍関係者への援助
　最後に取り上げるのは、2015年大綱に新しく記された「軍関係者への非
軍事目的の協力」である。これが前述した武力忌避規範からの逸脱とみるか、
あるいは当該規範があるからこそ抑制したものに落ち着いたとみるかは、判
断が分かれるところである。この論点はODAのみならず、積極的平和主義
を掲げた第二期安倍晋三政権以降の日本外交に関わるものだろう。本書で
は、当該テーマによって予想できる日本の援助分配を、四つ目の仮説として
示しておく。

仮説4：2015年大綱以後は、以前では禁止されていた軍関係者への援助が
　　　限定的ながらおこなわれている。

4 ▸ ODA大綱は日本の援助分配行動を変えたのか？

▸援助と民主主義

　以下では、前節で導き出された仮説群を検証する。民主主義と日本のODAの関係を示している仮説1-1から2-2は、データ（サンプル）数が多いために統計的に検証する。

　改めて述べると、ODAは大きく分けて借款、無償資金協力（贈与）、そして技術協力の三つがあり、それぞれ担当省庁や分配先が異なる。たとえば借款は外務・経産・財務が担当し、債務返済能力のある比較的所得の高い国におけるインフラ整備に結びつきやすい。また無償資金協力は外務省が、技術協力はさらに多くの省庁が関与し、所得の低い国の貧困削減目的に使用される傾向がある。この違いによって分配行動が変化する可能性があるために、すべてを合算したものとともに借款と贈与を個別で検証する。

　仮説1-1および1-2を検証する主要独立変数は、1993年以降を1とするダミー変数と、被援助国の民主主義指標との交差項である。データは民主主義の多様な側面を表現しているVariety of DemocracyのElectoral Democracy Indexを使用する（Coppedge et. al 2017）。本指標は1から0の値をとり、数値が高いほど民主主義国家であるとみなされる。この変数の係数が正で統計的に有意であれば、1992年大綱発表以前と比較して、非民主主義国家に対する日本のODAは抑制的であるという仮説1-1は支持されるだろう。さらに、対象をアジア全体の24カ国と東アジア15カ国に限定した推定もおこない★24、民主化支援とアジア中心主義とのいずれが優先されるのかを問うた仮説1-2を検証する。また分析は、「ODA倍増計画」を発表した翌年の1978年から開始し、1992年から同数年（13年）後の2015年までとする。

　ODA全体の額を従属変数とした仮説1-1と仮説1-2の検証結果が、図7-3である。この図は1993年以降を1とするダミー変数と被援助国の民主主義指標との交差項の、日本から当該国に対する二国間ODAの限界効果（marginal effects）を示している。この図7-3では、すべての国を対象にしたものと、アジアに限定したもの、そしてさらに東アジアに限定したものが並列

226

図7-3 1992年大綱ダミーと民主主義指標の交差項の、二国間ODAに対する限界効果（95%信頼区間）

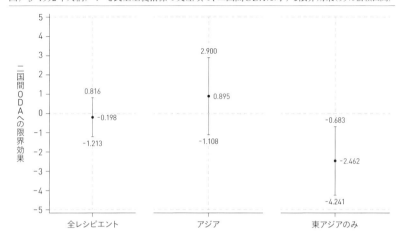

されている。これから見て取れるように、世界全体とアジアに限定した結果は統計的に有意ではない。これは1992年大綱以後も、それ以前と比較して日本は非民主主義国家に対するODA分配行動をほとんど変えなかったことを意味している。すなわち仮説1-1は棄却されると言える。そのなかでも注目に値するのは東アジアに限定した結果であり、負に有意となっているという事実である。すなわち、1992年大綱の発表以降、日本は東アジアの非民主主義国家に対して、それ以前よりも多くのODAを供与してきたのである。ただしこの結果の解釈としては、非民主主義国家であるから日本政府は援助を増額したという因果関係というよりも、東アジアでは1993年以降も民主主義指標の低い国が多く、そのような国にも日本は1992年以前よりも相対的に多くODAを供与した、と考える方が妥当であろう。つまりアジア中心主義は、民主化支援目標よりも強いという仮説1-2が支持されることを改めて確認できる。

▶ 援助と軍拡

　次に検討するのは、途上国の軍事行為と援助の関係を述べた仮説2-1と

2-2である。この仮説はさらに二つに分けることができる。ひとつはレシピエントによる大量破壊兵器の実験と日本のODAの関係であり、もうひとつは軍事支出額と日本の援助である。前者から見ていこう。1992年大綱が発表された後に核実験をおこなった途上国は、中国、インド、パキスタンに限られている。3国はいずれもアジアの国であり、また日本からの多額援助の受領国である。これらの軍事行動に対して日本はいずれも、援助の停止という強い措置をおこなっている (Long 1999)。たとえば1994年から95年にかけて複数回おこなわれた中国の核実験によって、日本政府は1995年8月29日に対中無償資金協力を凍結した。これは対中ODAの90%超を占めていた円借款ではなく、5%ほどの無償資金協力のみだった。したがってほとんど効果はないと考える論者 (山田 2021、165) も存在する一方で、円借款の実施も「先延ばし」されており、「事実上の制裁」(徐 2004, 241) と断じる研究も存在する。いずれにせよ、これらの決定の理由としてODA大綱を挙げる政策関係者がいることからも (Katada 2001, 47)、1992年大綱の影響力は存在していた。またインドとパキスタンの核実験に対しても日本は援助を停止しており、政府はその理由として大綱を挙げている (毎日新聞1998年5月12日)。

　ただし1992年大綱発表以前に同様の実験をおこなった国に対しても、援助停止の措置をとっていたとしたら、大綱の影響力はそれほど大きくないと言わなければならないだろう。その点、インドと中国はそれぞれ1974年と1980年に核実験をおこなった。そしていずれも、日本の援助が停止された証拠はない。インドにおいては、核実験の翌月に開かれた債権国会議で日本政府は核実験に強い反対の立場を表明した。それにもかかわらず、商品援助70億円、プロジェクト援助110億円、そして債務救済121億円を、日本はインドへ約束している (通産省『経済協力の現状と問題点』1976、403)。また中国への援助は1979年から開始されたが、その直後の1980年10月に大気圏内核実験がおこなわれた。しかしながら第5章で述べたように、日本政府は翌11月に総額500億円の円借款供与を表明し、12月に交換公文を手交した。このことからも、この1980年の核実験が日本のODA決定に影響を与えた証拠はない。したがって、「1992年大綱以後も、アジア諸国の軍拡行為は日本

のODA分配行動に変化をもたらさない」という仮説2-2は、大量破壊兵器については棄却されると言えるだろう（表7-3）。

　なぜ日本は大綱以後に大量破壊兵器の実験に対してODAを停止・凍結したのだろうか。前述したように日本は世界で唯一の被爆国として、核兵器に対する国民的な強い嫌悪感が存在する。1992年大綱制定前の湾岸戦争勃発直後においても、政府高官が核不拡散とODAを結びつける発言をしているように（第120回国会　衆議院外務委員会第7号　1991年3月13日）、1990年の湾岸戦争の経験は日本政府にとって軍事とODAを見直すひとつの契機となった。もちろんすべての国の通常兵器の軍備整備を日本政府が把握しているわけではない。しかしながら核実験という極めてまれな事象への対応は、1992年大綱のひとつのシンボルとして位置づけられた。そして核武装の可能性がある国に、日本政府は繰り返し説明をおこなっていた。たとえばパキスタンのシャリフ（Sharif, Mian Muhammad Nawaz）首相が1992年12月に来日した際に、日本の外相がこの原則を示しているし（毎日新聞1992年12月31日）、中国に対してはトップレベル会合で再三警告を繰り返してきた（Takamine 2006, 121-125; 徐2004、231）。

　したがって、日本の繰り返す懸念を無視するかのような中国やインド、パキスタンの行動は、日本政府の1992年大綱への信憑性（credibility）の試金石となった。この点、国際政治の戦略的行動を理論化したシェリングによる援助に関する論考は注目に値する。援助の供与額を固定しておくのと柔軟な運用をするのとどちらが良いかとSchelling（1955）は問い、前者の方が好ましいと論じた。なぜなら援助額をあらかじめ固定すれば、レシピエントはその額だけで目的達成への努力をするというインセンティブが生まれるからである。逆に援助額を柔軟にしてしまえば、レシピエント側のモラル・ハザードを引き起こし、さらなる援助をドナー側に求める可能性がある。つまり仮に日本が援助を停止・凍結しなければ、大綱にも記載され、従来繰り返した警告を日本自身が果たせないということになってしまう。そのように被援助国が理解すれば、今後も核実験をおこなったところで日本は援助を停止しないだろうと侮るだろう。それを回避するために、少額・短期間であっても

表7-3 大量破壊兵器の実験実施国と日本の対応

	大量破壊兵器実験	日本の対応
インド	1974年核実験	措置なし
	1998年地下核実験	新規有償・無償資金協力の原則停止(2001年再開)
中国	1980年大気圏内核実験	措置なし
	1995年核実験	対中無償資金協力の凍結(1997年再開)
パキスタン	1998年原爆実験	新規円借款供与を停止(2001年再開)

出典：筆者作成

　援助停止という措置をとることが、日本政府にとって必要であった。これは1992大綱が発表される前にはなかった日本政府の行動だった。

　次に通常兵器の軍事支出と援助の関係を計量的に検証する。仮説2-1を検証する独立変数は、1993年以降を1とするダミー変数と、(対数変換された)途上国の軍事支出額との交差項である。これが負に有意であれば、1992年大綱発表以前と比較して、途上国の軍事行為に対する日本のODAは抑制的であるという仮説2-1は支持されるだろう。また仮説2-2を検証するために、対象をアジアおよび東アジアに限定した推定をおこなう。

　図7-4は、1993年以降を1とするダミー変数と被援助国の軍事支出額との交差項を独立変数とした、日本の二国間ODAに対する限界効果である。図7-3と同じく、世界全体、アジア、東アジアの三つを並べてある。世界全体では限界効果の値は-0.103であり、また統計的にも有意となっている($p<0.011$)。これは、たとえばある途上国の軍事支出が272万ドル(ln (2.72)=1)増えていれば、平均と比べてその国に対する日本の援助額はおよそ111万ドル減るということを意味する(exp (0.103) =1.108)。すなわち仮説2-1が示しているように、1993年以降日本はそれ以前と比較して、軍事支出額の多い国に対する二国間援助を控える傾向にあることが確認された。そしてアジアに限定した場合、符号はマイナスであるが標準誤差が大きいために統計的に有意となっていない。他方で、東アジアに限定するとかなり信頼区間の幅が大きいものの、負に有意となっている。すなわち東アジア諸国に対して

図7-4 1992年大綱ダミーと軍事支出額の交差項の、二国間ODAに対する限界効果（95％信頼区間）

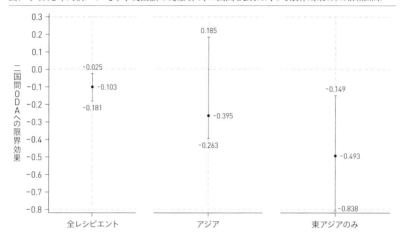

も、世界全体と同じく日本は軍事支出の大きい国に対して援助を控えていたという結果が得られた。

　東アジアに限定した場合の結果を、贈与、借款、技術協力に分けてより詳しく検証したのが、図7-5である。これが意味するのは、1992年大綱後に軍事支出の多い東アジアのレシピエントに対しては贈与と技術協力額が減少し、他方で借款については変化がなかった、ということである。前述したように円借款は返済能力のある中進国に対して、経済インフラ中心に供与されるという特徴を持つ。つまり日本との経済関係や返済能力の有無により、供与される性格が強いものである。その借款と東アジアの国々の軍事支出額に1992年以前と以後で変化がなかったということは、日本は借款に対しては1992年大綱をあまり考慮していなかった、ということを意味している。

　以上の分析により、1992年大綱に明記されたレシピエントの軍事行為と日本のODAの関係については、大量破壊兵器と軍事支出に日本政府は考慮して、援助分配行動をおこなってきたと言うことができる（借款は除く）。

図7-5 1992年大綱ダミーと軍事支出額の交差項の、
東アジア諸国への二国間ODA（贈与・借款・技術協力）に対する限界効果（95％信頼区間）

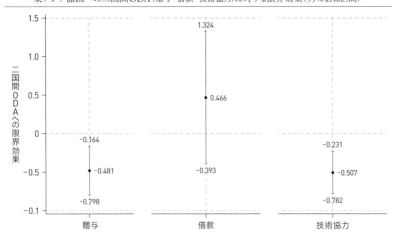

▶ 自国経済への恩恵と弱者支援・貧困削減

　2003年大綱では、日本の利益に供する援助、という目的が新たに挿入された。これは1992年大綱にはなかった項目であり、それ自身重要な意味を持つ。本書が述べてきたように、1950年代から60年代にかけてこのような言説は政府関係者によって観察されたが、1970年代後半以降はあからさまに「日本の経済利益」が援助の目的と言われることはなくなった。それが21世紀になって、復活したのである。

　果たしてこれ以後、大綱に記されたように日本は自国の経済利益にかなうような分配行動をおこなってきたのだろうか。この点を検証するために本章では、日本の援助における経済インフラストラクチャーと社会インフラストラクチャーの配分比率に注目する。前者は交通、運輸、都市建設、通信といった、途上国の経済活動を促進するネットワークやサービスを対象とした援助であり、伝統的に日本は円借款を通じてこのタイプの援助分配を多くおこなってきた。そして援助がひも付きであった場合、経済インフラ構築を実施するのは日本企業であるために、このタイプは日本経済へポジティブ・

フィードバックする援助として位置づけられる。それに対して後者の社会イ
ンフラ援助は、被援助国の潜在的な人材を育成し、生活条件を改善するため
の取り組みを対象としている。たとえば社会的弱者への教育支援や市民社会
の育成、基本的な健康、公衆衛生管理、上下水道など衛生の整備といった、
貧困削減や弱者保護が中心となっている。もちろん水道インフラの整備のよ
うに日本の企業が受注した案件があれば、当該援助も日本経済への間接的な
利益となるが★25、基本的には援助国へのポジティブ・フィードバックのな
いカテゴリーが、この社会インフラ援助である。そして貧困削減をより重視
するDACは、後者の社会インフラをメンバー諸国に対して、より積極的に
奨励してきた (Ogawa 2019)。仮説3で示したように、2003年大綱以降に日本
経済利益にかなうODAが増大しているのであれば、経済インフラの比率が
上昇し、逆に社会インフラのそれは低下しているはずである。

　次の図7-6は、1969年以降の両インフラ援助の比率を示したものである。
この数値から明らかなように、日本の二国間ODAに占める経済インフラの
割合は、2003年大綱以後着実に増大し、社会インフラの比率は低下してい
る。これは社会インフラの比率が増加傾向にあるDAC諸国と比較すると (図
7-7)、より明確になる。よく知られているように第二次安倍政権は「国益に
貢献する開発協力」をODAの主目的に掲げ、2015年に「質の高い (経済) イ
ンフラ援助」をその柱に据えることを決定した。ただし第8章および第9章
で詳述するように、経済インフラ中心の援助はすでに2000年代後半から始
まっていた。安倍政権が経済インフラ援助を開始したと言うよりは、その傾
向をさらに加速させたと言えよう。このような日本の援助は、実際のところ
途上国が自ら求めることも多いために、自国の利益のみを考慮しているとの
批判は当たらない (Shimomura 2016, 84)。ただし貧困削減という国際援助規範
とは明らかに一線を画してきた (Ogawa 2019)。したがって、「2003年大綱以
後は、以前と比較して、日本の経済利益にかなうODAが増大している」と
する仮説3はある程度、支持されたと言える。

図7-6 日本の二国間ODAに占める社会インフラ／経済インフラの比率1969〜2020

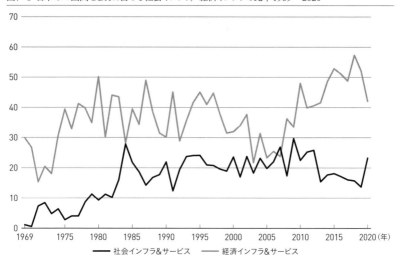

出典：OECD/DACデータベース

図7-7 DAC諸国の二国間ODAに占める社会インフラ／経済インフラの比率1969〜2020

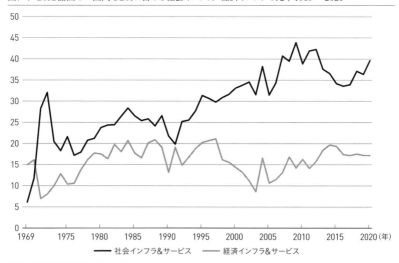

出典：OECD/DACデータベース

▶ 軍関係者への援助

　最後に検討するのは、2015年大綱と軍関係者への援助の関係を述べた仮説4である。現在確認できる限りでは、2015年大綱以前に軍関係者への援助が疑われる事例はひとつ存在する。2013年にミャンマーから私立国際大学の修士課程に入学した元軍人10人に対して、ODAから合計8000万円ほどの補助が出た事例である（朝日新聞2014年8月29日）[26]。当初この10人は軍籍を有しており、外務省やJICAはODA大綱に違反するので無理だと消極的だったが、10人を別の省庁に移籍させることによってこの問題をクリアしている。新聞報道によると、双方は①留学生は軍籍を離れる、②留学中は日本で自衛隊など軍関係者と会わない、③留学後の一定期間は軍には戻らない──との条件で合意し、最終的には日本からゴーサインが出された[27]。

　そして2015年大綱が策定されてからはじめて、軍関係者にODAが供与されたのは2015年5月である。対象は再びミャンマーの軍関係者を含む人材育成プロジェクト研修（技術協力）だった（日本経済新聞2015年5月8日）。それ以降、インドネシアやキルギス、スリランカ、バングラデシュといった国々の軍籍を有する者に対して日本政府は毎年、研修をおこなってきた。また研修だけでなく、たとえばフィリピン軍傘下の災害対応に特化した工兵大隊へ人命救助機材などを無償資金で供与するなど、少数ながら物資の援助もおこなってきている。そして図7-8を見れば明らかなように、それは年々増加傾向にある。ただし近年の日本ODAの対象は、中国を意識したものと論じられることが多いが、南シナ海における中国との領土問題を抱えている東南アジア諸国（ベトナム、フィリピン、マレーシア、ブルネイ）に対してこのような援助を供与している例は、それほど多くないことも、図7-8から認められる。

　2015年大綱以前においては、援助対象とする人材の軍籍を事前に変更するように外務省は要請し、ODA大綱の厳格な運用を保ってきた。しかしながら2015年以降はその必要はなくなり、このような研修の数はますます増加していく傾向にある。以上の事実から、「2015年大綱以後は、以前では禁止されていた軍関係者への援助が限定的ながらおこなわれている」とする仮説4は支持されると言えるだろう。

図7-8 外務省発表による軍関係者が関わった事業件数
　　　（年度別、それぞれ左は全件数、右は研修または派遣の数）

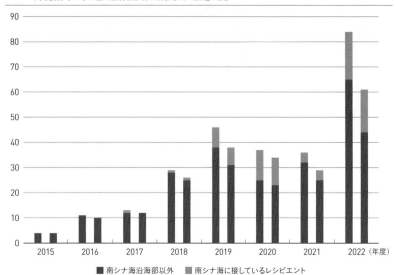

■ 南シナ海沿海部以外　■ 南シナ海に接しているレシピエント

出典：外務省「開発協力適正会議」ウェブサイトより筆者作成 ★28

▶ 実証分析小括

　本節の実証分析により、三つのODA大綱の内容と実際の日本の二国間ODA分配の関係が明らかになった。すなわち1992年大綱に盛り込まれた対象テーマのなかで最も日本のODA分配に影響を与えたのは、大量破壊兵器の実験の有無である。大綱発表前後で日本の援助分配行動は変化しており、かつ最も優先されるべきアジアの3カ国に例外なく適応されている。次に重視されているのは、途上国の軍事支出額である。世界全体、あるいは東アジアに限って見れば日本は軍事支出額に留意してネガティブ・リンケージをおこなっており、1993年以降その傾向を高めている。すなわち日本は、大量破壊兵器のみならず、レシピエントの一般的な軍事支出にも注目していると言えよう。第三の優先順位としては、被援助国がアジア、特に東アジアの国

か否かが挙げられる。東アジアの国に対しては、民主主義指標が低くても、1993年以後で日本の援助は増大すら見られた。それに関連して1992年大綱で最後に指摘できるのは、世界全体の途上国の民主主義指標の有無は、大綱発表前後で、日本のODA分配に何ら影響をもたらしていないという点である。国際援助規範のひとつである当該テーマは各ODA大綱に盛り込まれたものの、それは名目上のものにとどまり、日本のODA分配行動を変えるほどには根付いていなかったのである。

　そして2003年大綱の発表以降は、日本の援助が自国中心主義へと舵を切ったと考えることが妥当であろう。社会インフラ比率の低下と経済インフラの増加は、その事実を端的に示している。この傾向は、2015年以降も変わらないどころか、ますます加速している。

　2015年大綱に関してはその発表以後、従来は禁止されていた軍関係者への援助が限定的ながらおこなわれており、それは増加傾向にある。少なくとも途上国人材の軍籍を変更するといった2015年大綱が発表されるまでに日本政府がとっていた苦肉の策は、その必要性がなくなった。その内容は依然として研修や人材派遣が大半を占めてはいるが、軍隊へ人命救助機材を供与するなど、少数ながら物資の援助もおこなわれている。この事実は2015年大綱の影響力を物語っていると言ってよいだろう。

▶ まとめ

　本章は30年にわたって運用されてきた三つのODA大綱を、現時点で最も包括的に分析した研究である。各ODA大綱の背景と形成過程、その内容の精査、そして実際のODA分配行動への影響を、政府内部資料やインタビュー、そして計量手法を組み合わせて分析した。それによって明らかにされたことは少なくない。最も重要なのは、実際の援助分配行動に影響を与えたODA大綱の重要テーマを特定した点である。それは第一に、大量破壊兵器の実験、そしてレシピエントにおける通常兵器の軍事支出額が、1992年大綱の発表以降、日本の援助額とネガティブにリンケージされてきた。そし

て2003年大綱以降は、日本の経済利益にかなう援助、具体的には経済インフラストラクチャーの重視がそれまで以上に顕在化し、その傾向はますます強まっている。それとは対照的に、DACの推奨する社会インフラ援助は相対的に減少している。そして2015年大綱の発表において政府があらかじめ用意していた指針である「軍関係者への非軍事目的の協力」もまた、大綱後に増大しており、これも大綱によって変化した日本の援助政策である。ただし「民主化の促進」に関しては、ODA大綱の影響は確認することはできなかった。

　これらの結果が意味することは明らかである。民主化の促進や弱者保護という、いわば外部から持ち込まれた国際援助規範は、ODA大綱という日本の援助政策の指針である文書に記されているにもかかわらず、実際の援助分配行動に強いインパクトは与えなかった。それに対して、武力忌避や日本経済利益に還元という、戦後日本の国内的な支持を強く獲得できる目的は、ODA大綱と違和感なく結びついた。アジア各国は所得が上昇し、世界の他地域と比較して貧困も大幅に削減されてきた。それにもかかわらず日本が援助を続けている理由は、それが日本の利益にかなうからに他ならない。そして最後に、軍関係者への非軍事目的の協力は、2015年大綱改定前に政府によってあらかじめ想定されていたテーマであり、その後に増加していくのは半ば自然なことだった。

　ODA大綱の政策立案プロセスの分析によって、各大綱が発表された背景も本研究は明らかにした。日本のODAに対する国内外からの強い批判を受けたかたちで、官僚を含む多くの関係者の総意によって1992年大綱は発表された。2003年大綱は民間人からなるODA総合戦略会議からの政策提言が大きく影響していた。それに対して2015年大綱は、民間人からなる有識者懇談会がその作成に関与したが、その内容は政府主導であり、あらかじめ用意されていたテーマが多かった。さらに各大綱の政策決定過程の分析と内容の検討から導き出された事実は、大綱によって新規に設定されたテーマは相対的に少なく、それまで日本がおこなってきた援助内容の確認がその目的であった、という点である。この事実もまた、大綱内容と大綱発表前の日本に

よる援助分配行動とを結びつけない限り得られないものである。

　本章での分析により、日本の援助分配の今後の傾向もある程度推測することができる。日本政府は大綱を機械的に運用することはせず、内政不干渉原則や相手国との友好関係といった事情を考慮に入れながらそれを判断すると表明してきた (平林1995)。ただしそのような「柔軟な運用」は、戦略論的な立場から見ればレシピエントが付け入る可能性を残し、むしろ好ましくないかもしれない。その中でも、ある程度の確立されたルールが存在するとすれば、次のようになるだろう。第一に、軍事支出の増大は、日本からの援助減少に繋がる、という点である。特に大量破壊兵器の実験は、どの地域であろうが確実に日本の援助停止措置を招くだろう。第二に、途上国の民主主義国家／非民主主義国家という区別は、日本の援助分配行動にほとんど影響を及ぼさない。個々の国で民主化を阻害するような事件が勃発した場合、日本政府は一時的に援助を停止するかもしれないが、それは例外的であり、全体的・平均的にみればそのような行動は少ないだろう。第三に、軍関係者への非軍事目的の協力は、ますます増加していくだろう。依然としてその数は限定的であり、また内容も抑制されてはいるが、この傾向が止まる見込みはない。そして最後に、日本の利益にかなった援助は、ますます増えてくるだろう。特に「国益」と援助を結びつけた2010年以降は、経済インフラを中心とした援助の相対的な増大は目を見張るものがある。安倍政権が終了した2020年以降はやや落ち着いてきたものの (図7-6)、しばらくはこの傾向が維持されるものと予想できる。

　すなわち30年にわたるODA大綱に関連する日本の援助分配行動は、日本の国内利益に基づいておこなわれており、国際的な援助規範からは乖離してきたのであった。本章で明らかになったのは、そのような日本型ODAのかたちである。

註

★1——本書の内容は、Hoshiro（2022b）に基づいている。

★2——つまり前の2つと後の2つの大綱は同じ名称ではないが、単純化のために本書では、それぞれ「1992年大綱」「2003年大綱」「2015年大綱」「2023年大綱」と呼ぶ。

★3——商品借款とは、開発途上国が外貨不足のために、工業資本財、工業用原材料、肥料、農薬、農機具などの輸入が困難な場合に、応急措置として供与される援助資金である。このような財をレシピエントの政府は市中に売却することによって、財源を得ることが可能である。比較的短期の国際収支ギャップを埋めるものであることから、貸し付け実行期間も通常より短い。

★4——ちなみに佐藤（2021、第6章）は、これら80年代後半から90年代にかけてのODA批判の再検討をおこない、そこにはかなりの偏りがあったことを指摘している。

★5——「ODA4指針」は、「ODA大綱4原則」とは若干異なっている。後者は援助実施に際して、次の諸点を考慮する、という原則である。①環境と開発の両立、②軍事的用途及び国際紛争助長への使用の回避、③開発途上国の軍事支出や大量破壊兵器・ミサイルの開発・製造や輸出入の動向への注意、④民主化の促進、市場指向型経済導入の努力並びに基本的人権及び自由の保障状況（外務省 1992）。

★6——当該部会は1992年5月21日に第三次報告書を提出しているが、その報告書にはODAについての事項はない。

★7——ただし委員の中には、「武器輸出国に供与しないという観点を表向きにすることには慎重であるべき」と、ODAと武器輸出国とのネガティブ・リンケージに否定的な者もいた（第4回審議）。

★8——この4点の他、政策評価の実施なども新たに盛り込まれたが、分配行動とは直接的な関係がないために、本書では取り上げない。ただし2003年大綱の最大の狙いが、ODAに対する世論の支持を得ることだとすれば、政策評価の実施は重要なテーマとなるだろう。

★9——「国益」と援助の関係は、次章のメインテーマである。

★10——メンバーと会議が始まった時点の肩書きは以下の通り。川口順子外務大臣（議長）、渡辺利夫（議長代理・拓殖大学国際開発学部長）、矢野哲朗外務副大臣、新藤義孝外務大臣政務官、青山温子（名古屋大学大学院医学系研究科教授）、浅沼信爾（一橋大学大学院国際企業戦略研究科教授）、荒木光彌（株式会社国際開発ジャーナル社代表取締役・主幹）、磯田厚子（（特活）日本国際ボランティアセンター副代表、女子栄養大学教授）、伊藤道雄（（特活）国際協力NGOセンター（JANIC）常務理事）、大野健一（政策研究大学院大学教授）、草野厚（慶應義塾大学総合政策学部教授）、小島朋之（慶應義塾大学総合政策学部長）、砂川眞（株式会社日商岩井総合研究所代表取締役所長）、春戸明子（学校法人日本外国語専門学校副校長、（社）青年海外協力協会理事）、千野境子（産経新聞社編集委員兼論説委員）、西岡喬（三菱重工業株式会社取締役社長）、宮原賢次（（社）日本貿易会会長、住友商事株式会社代表取締役会長）、牟田博光（東京工業大学大学院社会理工学研究科教授）。

★11——ちなみにODAへの国民参加を促し、透明性を確保するという目的のためだと思

われるが、本会議（および第2次ODA改革懇談会）の資料や議事録はすべて発言者名入りで外務省のウェブサイトで公開されている（外務省 2002-2006）。

★12──ただし「相手国の経済発展」という点に関しては、委員会の中で意見が分かれたようである。メンバーの1人で、国際協力NGO出身の伊藤道雄は、これが最貧困層の人々のニーズを無視しており、「異議を感じ」ると明確に反対している。

★13──他のメンバーは、荒木、小島、磯田と外務省経済協力局から数名。

★14──ちなみに、後にJICA初代理事長に就任する緒方貞子（人間の安全保障委員会共同議長）が2003年2月26日（第8回）にODA総合戦略会議に出席し、メンバーと意見交換をおこなっている。その前からすでに新大綱に人間の安全保障を含めることは、この会議で提案されていた。

★15──このような、ドナーとレシピエントが「対等なパートナー」という概念は、2005年にOECD/DACが主催したハイレベル・フォーラムにおいて発表された「パリ宣言」と軌を一にしている。

★16──もちろん、ODA総合戦略会議の中にも、MDGsを大綱に盛り込むように主張する委員もいたが（第6回会合）、少数意見にとどまり、採用されなかったようである。

★17──メンバーと当時の肩書きは以下の通り。薬師寺泰蔵（座長・慶應義塾大学名誉教授）、荒木光彌（株式会社国際開発ジャーナル社代表取締役・主幹）、大野泉（政策研究大学院大学教授）、大橋正明（国際協力NGOセンター［JANIC］理事長）、佐藤百合（日本貿易振興機構［JETRO］アジア経済研究所地域研究センター上席主任調査研究員）、中西寛（京都大学大学院法学研究科教授）、松浦晃一郎（国連教育科学文化機関［UNESCO］前事務局長）、矢野薫（日本経済団体連合会国際協力委員会共同委員長、日本電気株式会社取締役会長）。

★18──有識者懇談会メンバーへの電子メールインタビュー（2020年5月）。

★19──有識者懇談会メンバーへの電子メールインタビュー（2020年5月）。

★20──本懇談会の議事要旨は外務省のウェブサイトで公開されている。その議事内容はあくまで「要旨」にとどまり、発言者名は公表されていない。その意味で、すべての発言者・発言内容を特定し、公表した2003年大綱改定におけるODA総合戦略会議（外務省2002-2006）の透明性は際だっている。

★21──有識者懇談会メンバーへの電子メールインタビュー（2020年5月）。

★22──現時点では、大野（2023）が、2023年大綱の最も包括的で質の高い分析をおこなっている。

★23──Yamamoto（2017）は、安全保障に焦点を当てて、日本のODAが自国中心主義になりつつある傾向を論じている。それに対して本書では、経済の側面のみを分析する。

★24──アジア24カ国は次のとおり。下線が引いてあるのは東アジア15カ国である。アフガニスタン、バングラデシュ、ブータン、ブルネイ、カンボジア、中国、台湾、香港、インド、インドネシア、韓国、ラオス、マレーシア、モルディブ、モンゴル、ミャンマー、ネパール、パキスタン、フィリピン、シンガポール、スリランカ、タイ、東ティモール、ベトナム。旧ソ連の国や北朝鮮など、比較可能ではない国は含まれていない。

★25──また経済インフラも当然ながら貧困削減や弱者保護に繋がるので、両者が必ずし

も反対の目的を持っているというわけではない。

★26──本件に関しての外務省情報公開文書はほとんどが黒塗りの状態であり、全く参考にはならなかった（外務省「ミャンマー軍関係者の訪日研修」2014年、情報公開文書2020-00207-0013）。したがって次の記述は主に新聞情報によっている。

★27──ちなみに日本のODAによる軍事運用の事例としては、インドネシア（2006年調印）、フィリピン（2013年）、ジブチ（2014年）などに対する巡視船艇の提供が挙げられるかもしれない（Asplund 2017, 43）。乗務員を保護するために防弾措置を施している巡視船艇は、日本の輸出貿易管理令に規定される「軍用船舶」に該当する。しかしながらこれは軍関係者にODAが供与された事例ではなく、1967年以降政府によって禁じられてきた「武器輸出三原則」に抵触する問題である（Yamamoto 2017, 82）。したがって本研究では分析対象とはしていない。

★28──複数のレシピエント──たとえばフィリピンとスリランカ──が合同で研修等をおこなっている場合は、「南シナ海に接しているレシピエント」としてカウントしている。

第8章

国益と援助[*1]

▶ はじめに

　前章で論じたように、2015年11月に発表された開発協力大綱において、日本政府は明示的にODAを「国益」と結びつけた。すなわち2015年大綱では、「開発途上国を含む国際社会と協力して、世界が抱える課題の解決に取り組んでいくことは我が国の国益の確保にとって不可欠となっている」（外務省2015a）と述べられている。もちろん日本のODAを日本の利益と結びつける議論が過去になかったわけではない。その傾向は1950・60年代に強く、1980年代にはいったん下火になったものの、21世紀になって復活したことは本書で繰り返し述べたとおりである。たとえば開発協力大綱の前のバージョンである2003年のODA大綱では、ODAの積極的な活用は、「我が国自身にも様々な形で利益をもたらす」（外務省2003）と明示されている。ただし前章で述べたように、このときは「国益」という単語を挿入するか否かが問題となった結果、意図的にそれを含めることは慎重に避けられていた。それが2015年の大綱では、当該単語は3度も使用されることになる。この12年間で、援助と「国益」を結びつけることが抵抗なく容れられるに至るような変化が、日本の援助外交に生じたのである。

　かつて日本の援助政策は、輸出増進の手段、商業主義的であると論じられ、それが日本の「国益」と断じられてきた (Ensign 1992, 22; Arase 1995; Hook

1995; ジェイン 2014)。つまり先行研究は、国益にかなった援助をおこなうのは自明のことであるという前提で (Hook 1995)、ただし日本政府は国益という言葉を外交手段としては使わないという解釈のもと (Takamine 2006)、研究者は日本のODAを経済的な利益追求の手段として捉え、それを国益と論じてきた。実際の計量分析においても、日本の援助、特に賠償支払いが終了した後のODAと輸出の正の関係は、多くの研究が示している (Schraeder et. al., 1998; Berthélemy and Tichit 2004; Hoshiro 2020 および本書の序章)。しかしながら本章が明らかにするように、日本の直接的な経済的利益を追求する手段としてのODAを、国益にかなうと日本政府が公式見解として言及したのは、実は2010年代後半以降である。つまり援助＝国益と見なす上記のような見解は研究者の解釈に過ぎず、実際の日本政府の言説から導き出されたものではなかったのである。

　本章では先行研究が陥ったそのような問題点を補うべく、首相・外相の国会での演説と、ODA分配決定に重要なアクターである外務省と通産省の出版物である『わが外交の近況／外交青書』と『経済協力の現状と問題点』をすべて系統的に調査する。その上で、「国益」という語とODAがどのように結びつけられているのかを、三つの時代区分——①1970年代から1990年代後半、②2000年代前半、③2010年代——において広範に分析する。このような系統的なテキスト分析の結果からは、実際に日本の外務省および外相は1970年代から80年代にかけても、「公式な声明」で「国益」というワードを使用し続けてきたことが明らかになる。そしてその内容は、世界の安定が日本の繁栄に繋がるといった、間接的・長期的なものだった。つまり日本の企業にとっての経済的利益が国益になるという援助論は、この時代には存在しなかった。それが変化したのは、「質の高いインフラシステム」の輸出を援助によってサポートし、それを国益と呼ぶようになった21世紀に入ってからである。

　なぜ日本政府は近年になって初めて、経済的利益に基づく対外援助を国益と呼び始めたのか。そしてその政策は、一部企業にしか恩恵がいかないにもかかわらず、現状において国内から大きな反対がなく、一定の支持を得てい

244

るのだろうか。そして対外援助政策と国益を結びつけるスローガンを掲げて以来、日本の援助は実際にどのように変化したのだろうか。これらのクエスチョンに対する本章の解答は次の通りである。

① 援助政策において国益が2010年代後半に唱えられ、支持され続けてきた原因のひとつは、中国というライバルの存在であった。すなわち日本が「質の高い」インフラシステムの輸出を掲げ、それを「国益」としたのは、アジアにおける中国との経済インフラ輸出競争を勝ち抜くためであった。これは純粋に経済的な目的ではなく、国家の威信にも深く関わっていた。

② 日本の援助政策は2010年代後半、日本企業が受注する経済インフラの提供をメインとして実施されたことは、あらゆるデータが示している。つまり国益の名の下で供与された対外援助は、実際にその目的を果たしたのである。

本章の構成は次の通りである。第1節では、対外援助が国益とされる諸条件を理論的に考察する。そして国益の名の下に安全保障を目的とした援助はいくつかのタイプに分類され、2000年代初頭に生じた中国への援助見直しとイラク復興はこのタイプに入ることをここで示す。それに対して経済利益を目的にしたものは、国益とは折り合えないことを本研究は明らかにする。それとは反対に、国家の威信という価値が援助政策に入り込むときは、国民は援助と国益の結びつきに対して明示的に反対しなくなることも本節で論じる。第2節では本章のテキスト分析手法および分析結果を紹介し、日本政府が50年以上も前から対外援助を国益と述べてきた事実を示す。そして第3節からは日本政府が公式に援助を国益と呼んだ原因を、それぞれの時代背景と共に分析する。21世紀に入ってからはイラク復興のための援助と中国への援助見直し、そして日本経済活性化という目的が、国益と結びつけられることになる。

1 ▶ 国益と対外援助——理論的考察

▶ 国益と国家安全保障

　国益という概念はとても弾力的なものであり、時代ごとに変化するし、同時代においても国ごと、唱える人間ごとに多様な意味や指向性を持つ。このような性質を持つ国益を、「発見する」ものではなく「つくられる (malleable)」ものであると社会構成主義者 (コンストラクティビスト) は表現する (Finnemore 1996, 10; Giusti 2022)。これに対して現実主義者 (リアリスト) は、固定された定義を与える傾向が強い。すなわちそれは、最も高い行為レベルの外交目標である、国家の安全保障 (protection of national security) である。国の安全が確保されていない状況下では、国民の経済・教育レベルや社会保障などは二の次にならざるを得ないからである。つまり国家の安全保障は、国民すべての利益にかなうものであり、排他的な個人あるいは組織的利益のためではない (Morgenthau 1952)。

　援助政策における国益の確保という観点においても、しばしば国家安全保障という目的が掲げられる。たとえば2015年の開発協力大綱は、「我が国の平和と安全」が国益を構成する要素のひとつとし、それを維持するために開発協力を推進することを謳っている (外務省 2015a)。自国の安全を保障するための対外援助は、①自国の同盟国、②自国の同盟国が望んだ国家、③自国の脅威となる国、④自国とは直接的に関係ないものの、世界秩序の維持のために援助が必要だと考えられる国々、に対する供与が理論的に考えられる。

　この中で最も問題となるのは、③であろう。なぜなら敵国に対する援助は、大きな国内の反発が予想されるからである。実際、日本は直接的な脅威である北朝鮮に二国間ODAを供与したことは一度もない[2]。そして後述のように、中国が政治経済的に台頭すると、それ以降、日本では中国に対する援助を停止することが、むしろ国益にかなうと論じられるようになった。モーゲンソーの古典的な議論が示しているように、レシピエントがドナーの政治哲学や政治システムに賛意を示さないのであれば、援助の安全保障効果はないに等しいのである (Morgenthau 1962)。したがって、自国の安全保障確

保という目的にとって、自国の脅威となる国に対する援助を供与し続けることは現実的ではない。

①は米国のマーシャル・プランやガリオア／エロア資金にみられるように、大国が格下の同盟国に対して供与するものである。ただし戦後日本の同盟国は米国のみなので、このタイプの援助を供与した経験はない。②自国の同盟国が望んだ国家への援助は、2000年代初頭の日本において、実際に生じている。すなわち後述するように、アメリカの攻撃によって荒廃したイラクの復興に対して大規模な援助をすることを、日本政府は「国益」と国民に訴えた。そして最後の④は、1970年代から90年代にかけて日本政府が表明していたことであった。このタイプの援助における国益論の問題点は、援助対象の焦点がぼやけてしまうことである。世界の安定を保つことが目的であれば、ほとんどすべての不安定な国家に援助をおこなう必要があるだろう。これを国益と述べても、税金を払っている国民に対して説得的なものとはならない可能性が高い。自国から遠く離れた、ほとんど自分たちと関係のない国に援助をすると言っても、現実感がないからである。したがって、1990年代までの日本政府の援助における国益論が、ほとんど国民や研究者の興味を引かなかったのも、理由がなかったわけではない。

▶ 経済的国益

安全保障とは異なる国益、特に伝統的にlow politicsと呼ばれる経済的な国益を定義することは、さらに困難である。なぜなら新しい経済外交政策を実施すると、必ず勝者と弱者の双方が誕生するからである。貿易問題では、ある国家の政府が関税や規制を撤廃するような自由貿易政策をとれば、国全体の効用は高まるかもしれない。しかしながらそれによってある国に豊富に存在する生産要素の相対価格が上昇し、その国で希少な生産要素の相対価格は低下する（ストルパー＝サミュエルソンの定理）。そのために、ある地域で豊富な生産要素の所有者は貿易から利益を得るが、希少な生産要素の所有者は貿易によって損害を受けることになる。土地の少ない日本の農業従事者が自由貿易政策に絶えず反対し続けたのは、その理由による。この点、たとえば

Trubowitz（1998, 12）は、1890年代、1930年代、1980年代という三つの時代での米国の外交政策を検証することによって、さまざまな地域がそれぞれの「国益」を異なった意味で定義していたことを発見する。そして「単一の国益などない」と結論づけた。

　また金融政策においても、資本家と製造業者／農業従事者との利益は分離される。すなわち資本移動は先進国において、流動的または多様な資産を持つ資本家に有利に働き、製造業や農業などの特定の場所や活動に結びついた資産を持つ者に不利に働く（Frieden 1991）。したがって、どのような金融政策を採用しようとも、必ずそこに賛成者／反対者が現れ、全体の利益を高めるパレート最適な国益の実現は困難となる。このような政策を国益という名のもとで推進すると、多数者の暴力としての国益追求に陥る。たとえばオーストラリアにおいて、アボリジニの所有地であった土地を国益のためという名目で剥奪した事例（Banerjee 2000）などはその典型である。

　上記の貿易・金融政策ほど勝者と敗者は明確ではないものの、援助政策においても国内の経済的利害対立は存在する。第一に対外援助は、国家予算から支出される。当然ながらその財源は、国民の税金である[3]。したがって、ドナーの国に住むすべての市民に一定のコストがかかっている。そのコストは薄く広く課されるために、強い利害関係がない場合は、通常はその政策に対してあまり市民は関心をもつことはない。これは伝統的に、「集団行為問題（collective action problems）」と呼ばれている（オルソン 1996）。つまりある援助政策の恩恵を受ける集団が少数で、損失を受けるあるいは現状維持のそれが大多数だとすると、その政策に反対する動きは出てこない。ただし国内経済状況が悪化したり、援助の供与先が不適切だという国内世論が盛り上がったりした場合、援助政策に対する反対論が顕在化する。つまり税金というコストに見合うだけの対外援助政策を政府はおこなっているかどうかを国民は判断し、不十分であればそれに反対することになる。これは後述するように、2000年代初めにおいて、中国への援助で実際に生じたことである。

　第二に、自国中心主義的な援助政策によって直接的に経済的利益を得るのは、レシピエントを除けば、援助プロジェクトを受注した国内企業に限られ

る。援助プロジェクトの入札においては、成功する企業がいる一方で、それに敗れて撤退する企業も必ず存在する。後者は入札までに費やした費用や時間を考慮すれば、援助プロジェクトによって損をした立場となる。さらにそもそも、海外に進出するのは国際競争力を身につけた生産性の高い企業に限られる（Melitz 2003）。プロジェクトの恩恵を受けないドナーの国内企業や、企業以外の集団や個人にとっては、自国の対外援助が自らの経済利益とならないことは明らかである。仮に徴税のコストを無視したとしても、援助プロジェクトによって相対的に利益を受ける国内企業と、全く利益を得ない企業・市民が出てくる。これは国内において特定のグループの効用が上がったとしても、その他の人々の効用は下がらないというパレート最適性を満たす。しかしながら、近年の実験経済学では、このような相対的な利得の差異に対しても、人間はネガティブな反応を示すことが明らかになっている（Henrich 2004）。したがって、一部の他人だけが得をするような経済政策を、一般的な国民は支持しない。

▶ 公共財の観点から見た援助政策における国益

　その意味で、国益を公共財という観点から考察すると、援助政策の国内経済還元は、排他性はないが競合性はあると言うことができる（図8-1）。対外援助のコストは国防と同じくほとんどの国民が負担するものであり、また自国企業による援助プロジェクトの受注という国内還元を、最初から特定企業に限定して締め出すことはない。したがって対外援助による国内利益の確保は非排他性を満たす。しかしながらODA予算は無尽蔵ではない。多くの企業が同時に参入するようなプロジェクトにおいては、その分け前が分割されるため、競合的となる。したがって、排他性／競合性という公共財を形成する二つの指標から見ると、援助政策は国内的にはコモンプール財に近い。結論として、純粋な公共財である国防——すでに述べたようにリアリストによれば、それは国益と重なる——と比較すると、理論的にも援助政策が国益となることはあり得ない。

第8章・国益と援助　　　249

図8-1 公共財の2つの指標と対外援助の国内経済還元

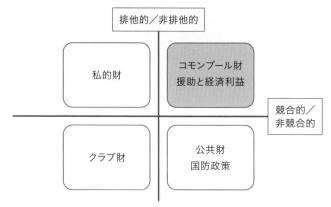

出典：筆者作成

　この点、国益と対外援助の関係は「事実上公理的なもの（virtually axiomatic）」とHook（1995, xi）は述べているが、なぜそれが公理となるかは必ずしも明確ではない。かつてRosenau（1968）は、外交問題では国家にとって何が最善の政策であるかは決して自明ではなく、それを単一の客観的真実として知ることさえできないと主張し、客観的な国益の存在を否定した（Wolfers 1962も参照）。当然ながら国益は、単なる一部の関係者しか利を得ないドナー利益とは異なる。つまりすべての国民を納得させるような国益と、対外援助を結びつけるのは必ずしも自明のことではないのである。Krasner（1978）が言うように、自律的な主体とみなされている国家の目的を、特定の個人的な欲望・利益の総和に還元することはできない[4]。したがって、国内的な分裂を回避できるような国益と呼べる経済政策は、援助政策を含めて存在しないことが理論的に導き出される。

▶国家の威信としての国益

　以上のように経済合理性の観点からは、援助政策は国益と一致することは困難である。それにもかかわらず後に述べるように、日本政府は2010年代

後半に自国の経済利益を推進するための援助政策を国益と呼び、外務官僚の一部はその啓蒙活動などもおこなっている (紀谷・山形 2019)。そしてそのような政府の言説に対して、国民の反対はあまりなかった。その理由は、対外援助が国家の威信としての機能を果たしているからである。たとえばある自国の企業が海外に進出し、そして他国企業との熾烈な競争に勝ったとしよう。当該企業の収益は自分の利益にならないにもかかわらず、われわれは自国企業のことを誇らしく思う。競争相手が政治・経済的なライバルであればなおさら自国企業の勝利を望むだろう。なぜならそこには、国家の威信が入り込むからである。

　21世紀における日本の援助競争相手は、明らかに中国であった。たとえば次章で論じるように、インドネシアの高速鉄道は中国が受注することになった。これは多くの日本人が誇りを持ってきた、新幹線という鉄道インフラシステムが敗北したことを意味する。すなわち国益が損なわれた事件であった。このように国家の威信という価値が入り込む場合、援助政策は国益と呼ばれても反対は少なく、多くの国民に受け入れられることになる。

2 ▸ 対外援助政策における「国益」言説の抽出方法と結果

▸「国益」言説の抽出方法

　では対外援助政策と国益は、実際のところどのように日本政府によって明示的に結びつけられたのだろうか。本研究では、その問いに解答を与えるために、日本政府が公式に出した文書および声明のテキスト調査をおこなっている。具体的には、首相の施政方針／所信表明演説 (1957-2021)、外相の外交方針演説 (1957-2021) と、外務省による『わが外交の近況／外交青書』(1957-2022)、そして通産省による『経済協力の現状と問題点』(1958-2000) を包括的にサーベイし、日本にとっての国益という単語の頻度、およびそれが指し示す内容を抽出している。

　この四つの声明／文書を選択した理由は第一に、政治家としては首相と外

相が最もODAの分配決定に関与している事実が挙げられる。1980年代まで
の援助分配は、政治家はほとんど関与せず、大蔵省、外務省、通産省、そし
て経企庁のいわゆる四省庁体制で決定されていた（経企庁は2001年に内閣府に統
合された）。それでもたとえば、1970年代末に開始された中国円借款供与の
イニシャティブをとった大平正芳首相や、1987年に太平洋諸島への援助増
額を唱えた倉成正外相など、援助分配においては首相と外相は少なからぬ役
割を果たしてきた。さらには、21世紀に入ってからは、他の対外政策とと
もに援助政策においても、首相の役割が大きくなってきていることが指摘さ
れている（Yamamoto 2020a）。第二に、四省庁のなかで1950年代から定期的に
刊行物を出版しているのは外務省と通産省のみであり、それが『わが外交の
近況／外交青書』と『経済協力の現状と問題点』である。したがって両刊行
物は、両省の外交活動や経済協力の見解を代表するものとして最適な資料で
ある。第三に、公式な刊行物や声明は、単にインタビューや会見などで政治
家が発した言葉とは重みが異なるし、60年にもわたる文書・声明のテキス
ト調査をおこなうことによって、系統立った分析が可能になる。

　そして本研究では、「経済協力」／「開発協力」／「援助」／「ODA」と
いった援助に関係する言葉が国益に結びつけられた場合、それを「援助に関
係する国益」としている。その際、国益という単語を使用せず、単なる「わ
が国の利益のための経済協力」、「輸出増進のための援助」、あるいは「資源
獲得のためのODA」といったフレーズは、本研究では抽出対象としていな
い。なぜなら国益という単語には特別な含意があり、それ自体を検証する価
値があるからである。そこで抽出した国益というワードが、どのような背景
を持ち、どのように歴史的に使用されてきたかを分析すること、それが本章
の目的である。

► 「国益」言説の抽出結果
　図8-2から図8-5がカウントした結果である。この図からは、次の諸事実
が見て取れる。第一に、全体として国益という単語の使用は、1970年代前
半にひとつのピークがあった。その後しばらくは言及される頻度が低くなっ

たものの、2000年代に再び使用されるようになり、2010年代に第二のピークを迎えている。第二に、援助に関係する国益も、1960年代から使用されている。したがって外務省は国益という用語を公式な声明で使用したがらない、というTakamine (2006, 21) の指摘は誤りであることがわかる。そして第三に、通産省の『経済協力の現状と問題点』では、ほとんど国益という単語は言及されていない。41回出版されている当該刊行物の歴史の中で、国益が言及されたトータルの回数はわずか3回に過ぎない。『経済協力の現状と問題点』は、日本の政策表明というより経済協力事例の羅列となっており（特に1990年代以降はその傾向が強い）、そのために国益という主観的な表現は使われていないのである。このデータは、通産省は援助を日本の経済発展と輸出増進のための手段としていることを隠そうとしない、という従来の理解 (Hook and Zhang 1998; 荒木 2020, 167) を再考する必要性を示している。この点、『経済協力の現状と問題点』を包括的に調査した筆者の印象では、1960年代においては、援助は日本の輸出増進と資源獲得の手段であると明確に述べられている。しかしながら1970年代以降、その傾向は変化していく。すなわち援助は日本からの輸出ではなく、むしろ途上国から日本へ向けた輸出（日本にとっては輸入）の増進を目的とすべきである、とする記述が多く見られるようになる。日本からの援助・投資、そして途上国からの輸入を結びつける試みであった1980年代のNew Aid Plan (New Asian Industrial Development Plan) は、その典型例である（下村 2020, 137-141）[5]。

　日本政府による援助に関係する国益言説の歴史は、次の三つの時代に分けることができる。1970〜1990年代、2000年代前半、そして2010年代である。はじめに述べておくと、1970年代から90年にかけての第一フェーズにおいて、日本政府は援助を長期的・間接的に国益を満足させる手段だと公言していた。そこに具体的な対象国はなく、国益と援助は抽象的な関係にとどまっていた。それが変化していくのは1990年代後半からである。さらに2010年代になると日本政府は、援助を直接的・短期的に日本の経済を活性化するための手段として捉え、それを国益に貢献するものだと唱えるようになった。

　次節からは、以上のように抽出された援助に関連した国益の内容と、それ

図8-2 施政方針／所信表明演説における総理大臣の「国益」言及回数

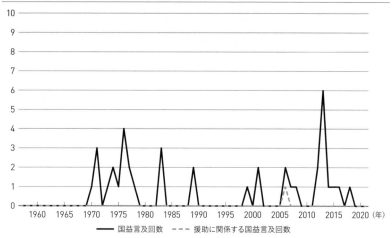

出典：データベース世界と日本

図8-3 外務大臣の外交方針演説での「国益」言及回数

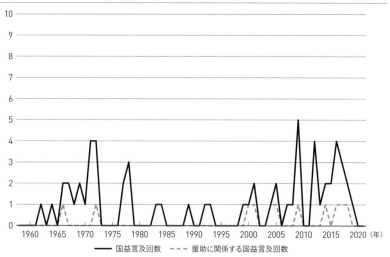

出典：データベース世界と日本

図8-4 『わが外交の近況／外交青書』における「国益」言及回数

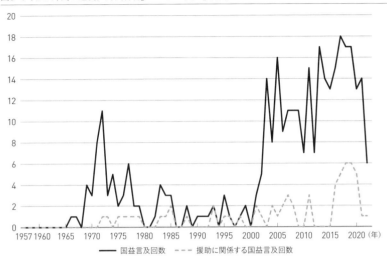

図8-5 『経済協力の現状と問題点』における「国益」言及回数

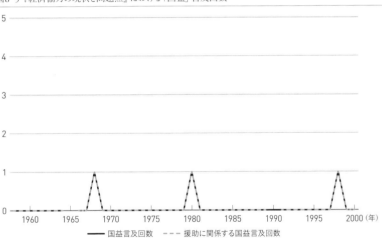

が出てきた背景、その帰結を踏まえつつ、時代区分に沿って、日本政府の援助政策の言説と実際の分配行動を分析していく。

3 ▶ 日本の援助と国益の表出（第一フェーズ）
――1970～90年代

▶ 間接的・長期的な国益に資する援助

　日本の外務大臣が国会でおこなう外交演説ではじめて国益と援助が結びつけられたのは、1966年の第51回国会である。当時の外務大臣であった椎名悦三郎は、援助を通じてアジアの平和と安定に貢献することが日本の国益にかなうと述べている。また1972年の第68回国会において福田赳夫外務大臣は、質量ともに充実した経済協力を通じて開発途上国との間に友好信頼関係を築き上げることは、日本の長期的国益に資すると明言している。さらに日本の外務省が1957年から刊行している『わが外交の近況／外交青書』で、援助を国益と初めて結びつけたのは、1972年版である。ここでは、世界から飢餓と貧困を追放することが平和の実現への道であり、そのために日本が経済協力をおこなうことによって世界平和に貢献できるとしている。それは長期的には、国益を確保する手段でもあると述べられている。外務省よりもやや早い1968年に国益に言及した通産省の『経済協力の現状と問題点』もまた、東南アジアの安定と経済の向上が日本の長期的発展の大前提であるとし、経済協力を拡充することが国益につながる、と述べられている。

　また『わが外交の近況／外交青書』の1975年版からは毎年、開発途上諸国との友好信頼と互恵の基礎に立った関係の維持強化という目的が言及されている。すなわち外務省は1970年代においては、援助をおこなうのは世界の途上国の発展と安定を保つためであり、それが結果として日本の国益にかなうものであると捉えていた。換言すると、日本政府はこの時期、援助の国益への貢献は間接的・長期的なものであるとしていたのである。ちなみに第6章で論じたように1970年代は、73年と79年に二つの石油危機が生じ、石油をほとんど輸入に頼っている日本は深刻な経済状況に陥った。しかしなが

らこの時点では、対外援助による石油資源の確保を国益と明示的に結びつけた政府見解は観察されない。

1980年代においても、70年代の傾向はそのまま引き継がれる。外相による外交演説では、1983年と1984年(いずれも安倍晋太郎外相)で国益と援助が結びつけられている。ここでも開発途上国の発展が世界の平和と安定をもたらすことで、日本の長期的国益にもかなうと述べられており、1970年代からの変化は見られない。また『わが外交の近況／外交青書』の1984年版では、新たに「我が国の繁栄」という経済タームが追加されたものの、その内容は、これまでと同じく、開発途上国の安定と平和が日本の繁栄の土台となっているという意味で、援助の「間接的・長期的」な国益への貢献であった。『経済協力の現状と問題点』(1980)も同様の記述がなされており、援助が直接的・短期的に日本企業へ経済利益をもたらすという2010年代以降の考えは、少なくとも政府による公式見解としては発表されていない。

1970年代後半から80年代は黒字増大による世界的な批判を受け、日本が対外援助額を大幅に増大した時期である。つまり日本政府にとってODAの拡大は、この時期ほとんど財政的な痛みを伴うものではなかった。そのため国民への強いアピールもあまりなされることはなかった。世界の平和と発展に貢献することが日本の利益にも繋がるといった、漠然とした国益の追求表明が出されていたのである。

1990年代に入ると、首相・外相の国会演説において援助と国益を結びつけるような発言は一度もおこなわれていない。『わが外交の近況／外交青書』でそれは5回言及されているが、これまでの傾向に大きな変化はない。ただし唯一の例外として、1995年に「国際的なリーダーシップ」がその目的に追加されている事実が目をひく。冷戦終了後間もないこの時期、先進国に援助疲れが見えている中で、1980年代末にトップドナーとなった日本には援助額を減らすことなく維持しようとする意図が見て取れる。ここでは、国家の名声を国益として捉え、援助の継続がそれを実現できる手段であると外務省はしている。ただしその表明も、日本自身の直接的な政治的経済的利益ではなく、間接的という意味で、1970年代からの継続と言うことができる。

以上のように、1970年代から90年代にかけた首相・外相の国会演説と外務・通産両省の刊行物から分析した国益と援助の結びつきは、次のようにまとめることができる。①世界の貧困をなくすことで平和は実現できる、②世界の平和と安定は、間接的に日本の繁栄に寄与する、③援助によってそれが可能である、④また援助によって途上国との関係も良好なものに維持できる、さらに⑤援助の継続によって、国際社会における日本の評価を高めることができる。

　すなわちこの時期は、抽象的な国益と援助の関係の提示がメインであった。興味深いことに、上記のような援助における国益は、日本が最も商業主義的で援助によって日本自身の経済成長と輸出増進をおこなっている、と批判されていた時代に表明されたものである。しかしながら実際のところ、この時代において日本政府は明示的には、援助と直接的な自国の政治・経済利益を結びつけることを国益であると公言することは一切なかった。その傾向が一変するのは21世紀に入ってからだが、次項で論じるように、1990年代にはすでに、その変化の萌芽が国内で見られた。

▶ 1990年代における日本国内の援助と国益論

　1980年代、ODAと軍事費は行政改革における国家予算の削減対象から外されており（加藤 1997、157）、いわゆる「聖域」であった。しかしながら1990年代には、この聖域が破られることなる。1992年にバブル景気がはじけた後、日本経済は長期停滞に入る。その中で1995年の阪神・淡路大震災によって、多大な復興財源が必要となった。そして1997年にはついに、橋本龍太郎内閣がおこなった行政改革によって、ODA予算が削減されるのである。これ以降2012年まで、日本のODA予算は継続的に下降していく（168頁の図6-1）。

　前章でも述べたように、ODA予算が削減される分岐点となった1997年前後に、ODAに関与する省庁である外務省、通産省、経済企画庁がさまざまな有識者懇談会を開催して、提言を出版している。他にも経済団体連合会（経団連）や日本貿易会、日本プラント協会といった民間の経済団体もこの時

期、ODAに関する提言を次々と発表した（大山 2019）。この諸提言において
も国益という単語は複数回使用されていたが、各省庁あるいは経済団体に
よって、指し示す意味内容は異なっていた。通産省および経済団体には、国
民の経済利益になるODAに進むべきであるという意見が強く、タイド援助
の実施も選択肢に入れることを提言する。湾港施設といった経済インフラ建
設などによって、日本の企業を活性化させるのがその主目的のひとつであっ
た（通商産業省通商政策局経済協力部編 1997）。これは2010年代に盛んに言われる
ようになる、質の高いインフラによる国益増進の先取りである。また図8-5
で示した1998年の『経済協力の現状と問題点』において国益が1度だけカ
ウントされているが、それはこの報告書についての言及である。

　他方で、外務省や経企庁は、従来の国益論を踏襲した議論を展開してい
た。すなわち「開発を促進することにより、国際社会の平和と安定を守り、
繁栄を確保する」（外務省21世紀に向けてのODA改革懇談会 1997、361）ことや、「地
球環境問題への対処や国際秩序の維持といった国際貢献」（経済企画庁経済協
力政策研究会 1997、311）をおこなうことが日本の国益にかなうとする議論であ
る。つまり日本経済の停滞にともないODA予算が初めて削減された1990年
代後半の時点においては、外務省・経企庁による旧来型の間接的な国益貢献
論と、通産省による日本企業を活性化させるという新たな国益論が並立して
いたのである。それが2010年代以降は、通産省の主張する方向性に収斂し
ていくことになる。ただしその前の2000年代には、具体的な国への援助を
めぐって、二つの議論が浮上してくる。ひとつは中国への援助停止であり、
もうひとつはイラク復興のための援助増大の必要性だった。

4 ▶ 対中国感情の悪化とイラク復興援助に対する国益論（第二フェーズ）——2000年代

　外交演説でODAと国益の関係に変化が見られるのは、2001年の河野洋
平外務大臣からである。河野はこの演説で日本の厳しい財政状況を指摘し、
ODAの実施に当たっては国際社会での役割とともに、日本の国益も忘れる

第8章・国益と援助　　259

ことなく国民の理解と支持を得る必要性を述べている。援助政策における国益というワードが、国際社会の平和を通じた間接的なものではなく、日本への直接的・短期的な利益に言及されるのは初めてのことであった。すなわち日本政府はこの時期、国民の利益に訴えなければ、対外援助政策への支持が得られないことを明確に認識し、それを公言し始めたのである。そして2007年の『わが外交の近況／外交青書』では、「資源・エネルギーの安定供給の確保や省エネルギー・代替エネルギー分野での協力の確保も日本の経済的発展という観点から重要である」と、初めて日本の経済発展と援助を結びつけ、それが国益にかなうと言及された。ただし日本の経済発展と援助を結びつける議論は、2000年代はこのときの1回しか出てきておらず、再びそこに日が当たるのは2010年代後半まで待たなければならなかった。

▶ 中国への援助停止

　『わが外交の近況／外交青書』の歴史において、援助に関係する国益をめぐって具体的な国名、すなわち中国が初めて出現するのは、2002年である。この年の『わが外交の近況／外交青書』では、援助の効率性の向上等、日本の対中国経済協力のあり方につき見直しを求める声が強まったとして、「日本国民の理解が得られるよう国益の観点に立って、一層効果的・効率的な対中国経済協力を進めていく」と明確に述べられている。つまり従来は長期的・間接的な観点から日本の国益になるので援助を増大させる必要性を説いていた『わが外交の近況／外交青書』が、初めて援助の効率化——すなわち削減——を国益の観点から述べたことになる。このような記述をしなければならなかったのは、中国に従来通りの援助を継続することに対し、国内で大きな反発が生じていたからである。

　その反発の理由は、1990年代における日中関係の悪化であった。図8-6が示しているとおり、1988年までは日本人の中国に対する感情は良好だった。外務省の世論調査によれば、中国に対して「親しみを感じる」が調査対象者の70%を占めていた。それが1989年の第二次天安門事件以来、下降を続けていく。1995年から96年にかけての第三次台湾海峡危機と核実験は、

図8-6 中国に親しみを感じるか否かの世論調査

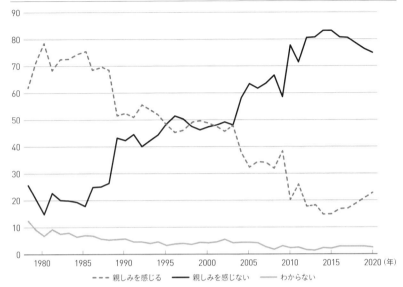

出典：内閣府（各年度）「外交に関する世論調査一覧」★6

武力忌避感情の強い日本人に、中国に対する強い反発を引き起こした。その結果、前章で分析したとおり、中国の核実験によって日本政府からの無償資金協力は停止され、円借款も遅延することになった。さらに1998年11月、中国の最高指導者である江沢民国家主席は日本公式訪問中に日中の歴史問題に触れ、日本の過去の軍国主義を痛烈に批判した（国分 2000）。このような状況下で、1995年から2003年まで日本の中国イメージは「親しみを感じる」と「親しみを感じない」が拮抗することになった。この時期に「21世紀に向けた対中経済協力のあり方に関する懇談会」が開催され、2000年12月に報告書が提出されている（外務省 2000）。この懇談会の提言は、中国への援助を停止するというラディカルなものではなく、環境保護や内陸部の民生向上への支援に転換することだった。そのような効率的な分野への援助が、より日本の国益に沿っていると提言は結論づけている。しかしながら対中ODA

削減および停止への動きは、着実に近づいていた。

　そして中国の経済発展は周知のようにめざましかった。1990年代以降の GDP成長率は毎年10%前後を維持し、かつてのような経済成長を見込めない日本とのコントラストは大きかった。その点で、中国首脳が訪日した際に見学してきた地域／場所の変遷は象徴的である（梅 2022、161-162）。1978年に訪日した鄧小平は、日産自動車やパナソニックなどを訪問した。1980年には華国鋒が、富士通やトヨタ自動車、日立を視察している。1983年の胡耀邦訪日でも同じく、日本の工場視察が日程に組み込まれていた。その傾向は、1990年代後半になると大きく変化することになった。1998年の江沢民訪日は、東北大学、北海道の牧場などが視察の対象に、2007年・2008年の温家宝、胡錦濤の訪日では京都・奈良という歴史文化施設がその対象になった。このような訪問先の変遷は、日本が見習うべき先進国であるという認識が中国側から失われていったことを示唆している。その上、多くのインフラ建設プロジェクトに日本からのODAが使用されていることを、中国国民の多くが知らないことも指摘されていた（古森 2002）。さらに日本のODAは、中国の軍事力強化に貢献しているとの論説も登場している（平松 2000）。

　そして小泉純一郎首相による靖国神社への数回の参拝をきっかけに、中国国内では2004年から翌年にかけて史上最大かつ広範囲にわたる反日デモが生じた（Weiss 2016, 126-146）。中国内の多くの都市で日本の公館や日系企業、日本に関係する商店などが攻撃対象となった。それにより、日本の対中感情は圧倒的に悪化し、「親しみを感じない」が60%、「親しみを感じる」が30%と、1980年代の状況から完全に反転したのである（そのような対中イメージは、依然として継続している）。

　このように対中感情が悪化している状況においても、中国は依然として日本のトップレシピエントであった（214頁の図7-2）。にもかかわらず、中国はアフリカを中心として対外援助をおこなっていたのである。なぜわれわれよりも経済発展している攻撃的な隣国を援助しなければならないのか。その疑問は日本国民に大きく広がっていった。

　世論調査において、対外援助をなるべく少なくするべきだという意見が、

初めて「積極的に進めるべきだ」という意見を上回ったのもこの時期である（209頁の図7-1）。このようなODAに対する国民の不支持の高まりを受けて、日本政府は中国への援助を減額、あるいは完全に終了させる必要に迫られた。その際、国民に示されたキーワードこそが「国益」だった。これはまさに、リアリストであるモーゲンソーが60年前に論じた、援助における国益の議論そのものを示している。すなわちレシピエントがドナーの政治哲学に賛同しないのであれば、援助の安全保障効果は乏しいのである（Morgenthau 1962）。

　そして中国へのODA供与は、2005年をピークに減少を続け、2022年3月に完全に終了する。具体的には、2005年3月15日に町村信孝外相が中国の李肇星外相に電話し、2008年8月に開催される北京五輪までに、円借款を終了させる決定を伝えた（日本経済新聞2005年3月17日夕刊）。そして円借款は2007年12月に6件463億円の最後の合意がなされ、技術協力は2018年で新規採用が終了。2022年3月に事業の実施が終了し、すべての対中ODAが完全に終わることになる。

　以上のような2000年代初頭、すなわち第二フェーズにおける国益と援助の関係についての日本政府による言説は、二つの意味で歴史的にユニークだった。第一に、国益と援助の関係で具体的な国名——中国と、次に論じるイラク——が述べられたのは初めてであった。そして二つ目は、援助の供与が初めて国益にとってネガティブな意味を持った点である。第一フェーズの援助における国益論は前節で分析したとおり、対外援助が途上国の安定と国際的な安定をもたらし、長期的・間接的に日本の利益となる、という議論が基本的なスタンスだった。すなわち援助増額こそが国益に繋がると論じられてきた。それが2002年になって初めて、（中国への）援助見直しが国益に繋がる、と反転したのである。

▶ **イラク復興**

　中国への援助見直しに言及した直後の2004年、第159回国会と、2005年の第162回国会の外交演説で、川口順子と町村信孝両外相はそれぞれ、援助

増大に関して国益に言及する。すなわち日本は原油の90%近くを中東地域に頼っているために、中東に位置するイラクの復興と安定は、日本の国益に直結する。したがって、イラクへ援助することが日本にとって不可欠である、と表明したのである。また『わが外交の近況／外交青書』も、2005年から2008年まで、イラク復興を明確に日本の国益と述べ、日本からの援助の必要性を説いている。これはレシピエントの安定が当該地域・世界の平和に繋がり、そして日本へも裨益するという意味では、第一フェーズの援助国益論の延長であるとも言える。しかしながらイラクという特定の国名を掲げている点、また日本が重視してきたアジアではなく中東が対象であるという点で、過去の国益論とは異質であった。

2004年から2008年にかけて、日本からのイラクへの贈与は急激に増大した。特に2005年の日本の全贈与額に占めるイラクのシェアは44%となり、半分近くの贈与がイラクへ供与された。また表8-1はDAC諸国の対イラク援助額のトップ5を示している。日本のイラクへの無償援助は2004年から2006年、そして2008年と米国に次いで2位となっている。この事実からも、世界における日本のイラク援助の貢献度が大きいことがわかる。

イラク復興支援の背景には、米国に対する配慮があった。日本が援助分配政策で米国からの圧力を受けており、米国の分配行動と類似した行動をとってきたことは第6章で明らかにしたとおりである。イラクへの援助はその典型的な行動であった。特に当時の小泉純一郎政権は、大量破壊兵器を所持していなかったことが後に判明したイラクに対する米国による攻撃を支持し、国内で強い批判にさらされていた。たとえば朝日新聞社が2003年2月23、24日に実施した世論調査によれば、米国によるイラクへの軍事行動について、賛成は男性が26%、女性が7%であり、反対はそれぞれ69%、86%と後者が大幅に上まわっていた（朝日新聞2003年2月25日）。さらに日本は、イラクにのべ5500人もの自衛隊を派遣していた。これも国内で大きな問題となった。そこでイラク復興のためにさらに税金を投入することに対して、日本政府は国民の支持を獲得する必要があった。そのためにイラク復興を日本の国益と結びつけたのである。Beard（1934, 48-49）の古典的研究によれば、

表8-1　イラクに対する贈与額（実行額）の世界ランキング、2003〜2009

	2003	2004	2005	2006	2007	2008	2009
1	アメリカ	アメリカ	アメリカ	アメリカ	アメリカ	アメリカ	アメリカ
2	イギリス	日本	日本	日本	ドイツ	日本	オーストラリア
3	オランダ	イギリス	ドイツ	フランス	日本	ドイツ	イギリス
4	ノルウェー	オランダ	イギリス	イタリア	フランス	イタリア	ドイツ
5	カナダ	カナダ	イタリア	ドイツ	オーストリア	オーストリア	スウェーデン

出典：OECD/DACデータベース

　国益はある政策の説明、あるいは正当化（justification）として使用される。イラク復興援助における国益の訴えは、まさに国内の支持を得るための正当化であった。原油の供給地である中東の安定を目指すのであれば、イラクではなく日本へ原油を輸出している国家へ援助を増大させることがまず必要である。そうではなく、イラク援助が最優先だったならば、米国との良好な関係を維持することが、日本の国益に繋がるからこそ決断されたと言うことができる。

　そして小泉の後に就任した安倍晋三首相は、2007年の第166回通常国会における施政方針演説において、「世界全体の平和のためには、中東地域の平和と安定は不可欠であり、我が国の国益にも直結します」と述べ、同じようにイラクへの援助を訴えた。日本の総理大臣が施政方針／所信表明演説で援助と国益の関係について言及したのは、戦後の歴史の中でこの1回のみである（図8-2）。イラク復興への援助供与の重要性が、その歴史的事実によって示されている。

5 ▶ インフラシステム輸出戦略と国益（第三フェーズ）——2010年代

　2010年6月、「開かれた国益の増進——世界の人々とともに生き、平和と

繁栄をつくる」（外務省 2010）という文書が発表された。これは2009年に政権についた民主党の、岡田克也外務大臣の指示によって再検討された、ODAのあり方に関する作業の結果である。「ODAに対する国民の共感が十分には得られていないとの認識の下」で、また新政権による税金の使途と予算編成のあり方の徹底的な見直し——事業仕分け——が進められる中、この検討作業がおこなわれた。そこで書かれているのは、①貧困削減（MDGs達成）、②平和への投資、③持続的な経済成長の後押し、という三つの重点分野と、国際社会におけるリーダーシップの発揮、JICAの強化などであった。しかしながらこの文書はタイトルに「国益」と銘打っているものの、具体的な日本の利益は定義されておらず、それは依然として「不明瞭なまま」（ジェイン 2014、16）であった。敢えて言えば、このような国益のための援助論は、間接的・利他主義的という点で、第一フェーズ（1970年から90年代）のそれに似通っていた。『わが外交の近況／外交青書』の2011年版では、国益と援助に関する記述が3回あるが（図8-4）、いずれもこの文書についての記述である。

　さらにこの時期、外務大臣による外交演説でも、2009年に中曽根弘文による国益と援助についての言及がある（図8-3）。ただしこれも「途上国の人づくり、国づくりを支援することが日本の国益にかなう」といった、間接的な国益の議論であった。つまり中国とイラクに関する援助における国益の訴えがいったん収束した後は、再び従来の援助国益論に回帰していったわけである。そしてその後しばらくは、外交演説・外交青書いずれにおいても援助政策における国益の言及はされなくなる。

　その傾向が一変したのが、民主党が敗北し再び自民党が第一党となり、第二次安倍内閣に政権交代した2012年末からである。まず2014年の外交演説と、2016年版の『わが外交の近況／外交青書』において援助と国益に関する言及がされる。外交演説では、岸田文雄外相が日米同盟の強化、近隣諸国との協力関係の重視と並んで日本経済再生に資する経済外交の強化を掲げ、国益の増進に全力を尽くすと述べる。その際に具体例として挙げられたのが、「ODAを活用したインフラシステム輸出の推進」であった。

　そして『わが外交の近況／外交青書』では、2016年版から2020年版まで

266

続けて国益と援助の関係が、平均して5回ずつ言及されている。これは外交青書の歴史から見ると突出して多い。その内容は従来と同じく、国際社会の平和と安定及び繁栄が日本の国益となるという論調は残されている。しかしながら「開発途上国の発展を通じて日本経済の活性化を図る」ことが国益であると、従来と異なる内容も付加されている。すなわち2016年以降の『わが外交の近況／外交青書』では、明らかに日本の短期的・直接的な経済利益が国益と同一視されることになった。「狭い国益の前景化」（下村2022）の開始である。実はこの傾向が見られたのは2019年までである。それ以降、たとえば『わが外交の近況／外交青書』では、援助と日本経済の活性化を明示的に結びつけることはなくなった。ではなぜこの時期に初めて、援助、特にインフラシステムの海外展開における日本の経済利益が、国益と結びつけられたのだろうか。そのひとつの原因は、中国の存在だった。

　実際のところ、行き詰まっている日本経済を復興させるために、インフラ輸出の促進を目指すという考え方は、経済団体の強い要望を受けて、すでに民主党政権下の2010年頃から存在していた。2009年におこなわれたADBの調査によると、アジアは2010年から2020年までに、経済インフラに8兆ドルを必要としていた（Asian Development Bank Institute 2009, 4）。この需要に対してインフラ整備をめぐる国際的な競争が激しさを増し、経団連は、「官民一体でインフラ整備を推進する」ことを求めていた（日本経済団体連合会2010）。それを受けて旗振り役を務めた経産省の産業構造審議会は、「産業構造ビジョン2010」を発表した（経済産業省2010）。そこでは、電力、水、交通、情報通信といったインフラ関連産業の設計・建設・運営・維持管理までを含めた統合的なシステムを海外に展開し、継続的な収益獲得と日本産業の高度化を促進することが謳われていた。ただしそれには多額の資金が必要となるため、公的資金と民間の資金を組み合わせるという官民連携手法（PPP: Public Private Partnership）の活用が想定された。そして同時期に、アジアを中心とした民間企業によるパッケージ型インフラ整備の海外展開支援を含む「新成長戦略：『元気な日本』復活のシナリオ」が閣議決定されている（首相官邸2010）。

またインフラ海外展開を支援するために、公的金融支援が強化されたのもこの時期である（経済産業省 2012）。JBICは改組され、先進国向けの輸出金融・投資金融の対象が拡大された。JICAでは民間企業への海外投融資が再開、また新たな円借款制度が創設された。さらには、日本貿易保険（NEXI: Nippon Export and Investment Insurance）の現地通貨為替リスク対応が強化された。特にJICAの海外投融資は、民間金融機関から融資が受けにくい開発途上国のリスクが高いプロジェクトに対して、民間企業に融資する制度である。これは日本だけではなく現地の民間企業にも出資できるものであるが、実際には日本企業のためのODAだとして批判され、2001年に廃止されていた。それが再び開始されることになったのである（朝日新聞2012年10月17日）。国際競争に勝てなくなってきた産業に日本政府が公的資金を投入するという政策は、かつてコットンやアルミニウム産業で観察されたが（Solís 2004）、経済インフラも同じルートをたどるようになった。

　ただしこのような援助政策が明示的に「国益」と呼ばれるには、第二次安倍政権の成立を待たなければならなかった。前述の「開かれた国益の増進」においても、パッケージ型インフラ支援は言及されていたものの、それが日本の利益に直結するような記述は見当たらない。

　インフラシステムの輸出という政策は、民主党から自民党に政権が交代した後も継続された。2013年3月、政府は「経協インフラ戦略会議」を開催すると発表した（首相官邸 2013a）。当該会議は、内閣官房長官が議長となり、副総理兼財務大臣、総務大臣、外務大臣、経済産業大臣、国土交通大臣、そして経済再生担当大臣から構成されていた。インフラ戦略会議は2013年3月の第一回会合が開かれてから2022年6月まで、実に54回も開催されている（首相官邸 2023）。その会議がまとめた文書「インフラシステム輸出戦略」は2013年5月に初めて発表され（首相官邸 2013b）、その後2020年まで7回にわたって改訂されてきた。そしてこのようなインフラシステム輸出戦略は、2013年6月14日発表の「日本再興戦略：JAPAN is Back」において国際展開のひとつと位置づけられた（内閣官房日本経済再生総合事務所編 2013）。つまりこれは第二次安倍内閣時に発表された一連の経済政策、いわゆるアベノミクス

を構成する要素の重要なひとつとされたのである。

► 「質の高い」インフラ輸出がなぜ日本の国益となるのか？

　しかしながら、「インフラシステム輸出戦略」が最初に発表された2013年版には、「国益」という単語は出てこない。それが見られるのは、翌年6月に発表された2014年からである（首相官邸 2014）[★7]。では2013年5月から2014年6月までに、インフラシステム輸出戦略に「国益」が挿入されるような、どのような理由が生じたのだろうか。その最も大きなファクターは、中国であった。

　安倍首相は2013年7月27日、訪問中のフィリピンで、「日本の国益はもとより、地域の平和と繁栄に貢献する戦略的外交を進めていく」と述べ、アキノ（Aquino, Benigno Simeon Cojuangco III）大統領にODAで巡視船10隻を提供する方針を表明した。沿岸警備の強化を目指すフィリピンの要請に応えたのである（朝日新聞2013年7月28日）。これは言うまでもなく、南シナ海に進出する中国を意識した発言と行動だった。

　中国政府はその後まもなく、アジアにおけるインフラ援助の増大表明をおこなった。2013年10月、中国の習近平国家主席は東南アジアを訪問した際にインドネシアのバリ島で、ASEANに対して「アジアインフラ投資銀行（AIIB）」の創設を唱えた（発足は2015年12月）。同時期に習近平は、カザフスタンとインドネシアそれぞれにおいて「一帯一路」構想を打ち上げ、アジア・欧州・アフリカ大陸と付近の海洋を結びつけるためのインフラ投資をおこなうことを発表した。AIIBは2024年5月の時点で96カ国が加盟しており、またケニアやパプアニューギニアといった国々も加盟に意欲を見せている（AIIB 2024）。しかしながらAIIBに日本とアメリカは参加していない。日本政府はその理由を、①ガバナンスや審査のあり方、②借入国の債務の持続可能性が担保されているのか、そして③環境や社会に対する影響への配慮が確保されているのかに、いずれも疑問があるからだとしている（第195回　国会参議院予算委員会　2017年11月29日における安倍晋三首相の発言）。

　AIIBに参加して中国と協調する代わりに日本政府が提唱したのが、「質の

第8章・国益と援助　　269

高いインフラパートナーシップ」だった。2015年5月に安倍首相は、第21回国際交流会議「アジアの未来」において、「質の高いインフラパートナーシップ（PQI: Partnership for Quality Infrastructure）」を発表する。そこでは、ADBといった地域国際機関と協働し、今後5年間で従来の約30%増となる1100億ドルの「質の高いインフラ投資」をアジア地域に提供するとした。また2016年のG7伊勢志摩サミットでは、世界全体に2000億ドルの規模の質の高いインフラ投資をおこなうことを表明したのである。

　「質の高いインフラ」とはもともと、2010年前後に経団連が主張し始めた（福永 2019）。その背景には、日本の企業がインフラ入札で韓国や中国企業に敗れる案件が発生していたことがあった。日本の製品やサービスが正当に評価されていないことが、敗因のひとつだと認識していた経団連は、中長期的な観点から見て費用対効果の高い、日本のインフラプロジェクトを適正に評価するような入札制度を、相手国に導入するよう政府に提言していた。「中長期的な観点から見て費用対効果の高い」要素としては、環境性能やアフターケアなどが挙げられている。またインフラ整備をめぐる受注競争の中で、OECDガイドラインなどの国際ルールとは相容れない条件を発注国に提示する、あるいは受注側企業に要求する新興国（企業）が近年見られる、と経団連は不満を表明していた（日本経済団体連合会 2010）。具体的な名指しは避けているものの、OECD/DACに加盟していない中国が批判の対象であることは明らかであった。そしてインフラの環境性能が考慮されていない点や、国際規範に基づいた発注国への配慮を怠っているという点は、まさに日本政府がAIIB参加に難色を示している理由だった。

　つまり日本が「質の高い」という形容をわざわざ付すようになったのは、中国とのインフラ輸出競争を勝ち抜くため、差別化をはかった結果であった。日中のアジアにおけるインフラ競争はインドネシア高速鉄道やインド高速鉄道の入札に見られるように、2010年以降激しさを増している。次章で詳細に論じるように、この競争はアジアにとってメリット・デメリット双方が存在するが、いずれにせよ両者がアジアのインフラ投資における「新しい重商主義（new mercantilism）」（Chen 2021）の時代に突入したことは間違いない。

経済合理性の観点からすれば、対外援助がドナー全体の利益、すなわち国益になることはあり得ない。そのことは、本章第1節ですでに検討した。すなわち、税金として徴収した対外援助の資金が、国内の生産性の高い特定企業にのみ利益還元されていると捉えれば、そこに日本全体が利益を得る国益は導き出されることはない。日本の場合、そのような特定企業はインフラシステムを海外展開している建設業や鉄道業界、あるいは海外展開している商社に限定される*8。海外における建設業の展開による輸出効果はかなり小さいことは、古くから日本の建設業界自体が認めているし（海外建設協力会編1976）、第2章でも賠償と輸出に関係がないことを確認している。だとすれば、質の高いインフラシステムの海外展開は、日本のマクロな経済成長に大きく貢献するものとは言い難い。仮にこれを対外援助ではなく、国内企業への補助金と考えてみれば理解しやすいだろう。利益を得るのはプロジェクトを受注した日本のトップ企業のみであって、それを国益とすることは論理的に無理がある。

　もちろん、日本の国益重視のODA分配政策に批判がないわけではない。特に援助関係の研究者やジャーナリストから、そのような反対の声は大きい（朝日新聞2014年1月17日、10月4日、11月5日）。初代JICA理事長の緒方貞子もかつて、「日本だけの利益はあり得ない。グローバル化した世界の現実としては、狭義の国益論はかなり時代錯誤だと思う」（朝日新聞2004年3月23日）と、援助を「狭い国益」に結びつけることに警告を発していた。しかしながらそれらは、本来的に利他主義的な対外援助が、日本の利己的な利益と結びついたことに対する規範的な批判であった。したがってそれは、本章が論じたような、日本全体の利益となっているわけではない、という批判とは本質的に異なる。ではなぜ特定のトップ企業のみが儲かるインフラ輸出へのバックアップが国益と断言され、その政策が支持を獲得する——少なくとも強い反対が生じていない——ことになったのだろうか。その理由は、日本企業の競争相手が国内にはおらず、近隣国すなわち中国だったからである。

　貿易・金融政策の場合、国内で勝者と敗者が明確に分かれる。したがって、敗者になることが見込まれる国内のステイクホルダーによる批判が必ず

現れる。それに対して対外援助というイシューでは、利益を得る企業は出るが、現状から利益を損失する企業は存在しない。実質的に損をするのは納税者のみであり、それはかなりの数におよび、また損失の度合いも個々人にとって無視できるほどわずかである。さらにどの企業が利益を得て、どのような集団が税金を徴収されるだけなのか、といった国内における差異は、中国という国際的なライバルの存在によって完全に無視されることになる。たとえばインドネシア高速鉄道のケースでは、日本は中国に入札で敗れた。仮に日本が受注していたとしても、利益を得るのはJR東日本や、三井住友建設、大林組など海外進出している少数の建設会社に限られていたはずである。したがって日本国民1人1人は明示的な不利益を被ってはいない。しかしながら日本国民全体として、この「失陥」を屈辱と捉える雰囲気や論調が存在しており、それは経済的な利益とは無関係な「威信」、すなわち国益の損失だったのである。入札に敗れた直後の会見で、菅義偉官房長官は「極めて残念」「理解に苦しむ」(Harner 2015)と強く嘆いてみせたが、これらは日本人全体を包み込んだ憤りを的確に表象していた。

　以上のように、インフラシステムの輸出という、援助における国益が2010年代後半に現れた原因のひとつは中国というライバルの存在であった。そして日本の援助政策がこれに基づいて実施されたことは、多くのデータが明白に示している。第一に、2017年から2021年の5年間で、日本は2015億ドルもの質の高いインフラ投資をおこない、伊勢志摩サミットの決意表明を守った(経協インフラ戦略会議 2022)。2012年から2016年までの経済インフラ援助の合計額が約454億ドルであることを考量すると、これは少なくとも約4.4倍の増加である(OECD/DACデータベース)。また日本企業による日本の借款の受注率は、2014年から2019年まで急激に上昇している(図8-7)。

　さらに日本の経済インフラ援助がODA全体に占める割合は、「日本の利益になる援助」が明示された2003年のODA大綱発表後に上昇する傾向があったが(第7章参照)、2014年以降に再び上昇して約50%を占めるに至った。DACの平均が20%以下であることを考量すると、その突出度がわかる(234頁の図7-6、図7-7)。Finnemore (1996)はかつて、開発イシューにおいて、国益

図8-7 日本企業による日本の借款援助の受注率(%)、1986〜2021年

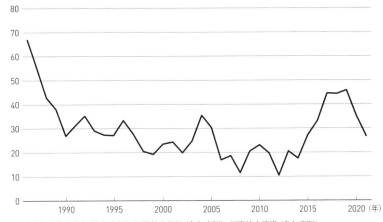

出典：海外経済協力基金（各年度版）；国際協力銀行（各年度版）；国際協力機構（各年度版）

が国際規範によって影響を受けた事例を分析した。これに対して日本の事例では、むしろ国際規範から乖離する行為が、国益として掲げられることになる。すなわち、国益に基づいた日本の「質の高い」インフラシステム輸出という援助政策は、DACの規範からは離れるかたちで、確実に援助分配に影響を与えたのである。

▶ まとめ

前章と同じく、本章が明らかにしたことは少なくない。第一に、先行研究の理解と異なり、日本政府が対外援助政策において国益という単語を、すでに1960年代から使用していたことをテキスト分析で示した。第二に、その内容は歴史的に三つのフェーズを経ていたことを明らかにした。初期から1990年代にかけては長期的・間接的に日本の国益となるというロジックであり、本質的に「利他主義」的であった（大山 2019）。それが変化するのは21世紀に入ってからで、中国援助の見直しとイラク復興への援助増大が国

益に繋がると日本政府は訴えた。これらの国益は経済的利益というよりも、安全保障の確保という目的にかなったものであった。そして第三フェーズとなる2010年代後半以降は、質の高いインフラシステムの輸出を通じた日本経済の活性化という経済的な利益が、国益と明示されるようになった。

　本章で検討したように、対外援助が直接的に国益となることはあり得ない。なぜならそれは一部の国内企業にのみ恩恵を与え、大多数の国民の利益とはならないからである。しかしながら日本政府は質の高いインフラシステムの輸出を援助によってサポートし、それを国益と呼んだ。他方で日本国民の多くはその政策を支持し、少なくとも大きな反対論は現れなかった。なぜなら当該援助政策は、中国というライバルとの援助競争に勝ち抜くための手段だったからである。それが、本章の明らかにした第三点目である。

　そして最後に、国益の名の下で特定の目的を有した日本政府の対外援助政策は、必ず実現されてきたことも明らかになった。イラクへの援助増大、中国への援助停止、そして経済インフラ援助の増大と日本企業による受注率の高まりは、すべて日本政府の目的が達成されたことを示している。日本がこれらの援助分配政策を実施したいから国益を唱えたのか、あるいは国益という重みのあるワードを用いたから実際に分配政策に注力したのかは判然とせず、両者の因果関係の特定は困難である。しかしながら確実に言えることは、日本では国益という単語が使用される限りにおいて、その援助政策はプライオリティに基づき実現される、という事実である。これが本章の結論である。

註

★1——本章の内容は、Hoshiro（2024）に基づく。

★2——KEDO（The Korean Peninsula Energy Development Organization: 朝鮮半島エネルギー開発機構）に対する援助は、日本政府によれば北朝鮮への二国間ODAと定義されていない。

★3——日本の場合、贈与や技術協力は一般会計からの支出であるが、円借款のほとんどは財政投融資資金、すなわち財投債の発行などにより調達した資金が財源となってい

る。

★4——その結果、Krasner（1978, 13-14）は国益を帰納法的に定義する。すなわち、それは理論的／アプリオリに記述できるものではなく、政策立案者の実際の行動の検証を通じて獲得できるとしている。

★5——これは第9章で紹介するように、「三位一体型」アプローチと呼ばれる。

★6——より正確には、「親しみを感じる」と「どちらかというと親しみを感じる」を合わせて、「親しみを感じる」としている。「親しみを感じない」も同様。

★7——国益という単語は、2019年改訂版からは消去されている。

★8——具体例は、国土交通省（2021）参照。

第9章

日中の援助競争とその帰結[*1]

▶ はじめに

　アジアにおける中国と日本の勢力争いは続いている。政治的な対立や貿易競争のみならず、対外援助をめぐっても、日中はアジア地域におけるライバル関係になっている。従来は当該イシューについては日本の独壇場であったが、中国によるアジア諸国への経済インフラ援助が増大するにつれて、日本は独占者の地位を失いつつある。結果、対外援助の推進のために国益というワードに訴えなければならなかったことは、前章で見てきたとおりである。そしてアジア地域における援助開発分野では、依然として貿易に代表されるようなフォーマルな広域枠組みは形成されていない。

　本章では、そのような枠組みが形成されていないにもかかわらず、OECDが「援助の効果に関するパリ宣言（パリ宣言）」でドナー各国に求めた援助国協調が実現されていると論じる。すなわち、アジアにおける日本と中国の対外援助は、特定の一国に集中することが少なく、むしろ分業が進んでおり、その傾向がしばらくは続くものと考えられる。そのような状況は、実に援助の効率を高めることに有効であり、パリ宣言が理想としたものだった。ただし周知のように、日本と中国の関係は政治・経済的なライバル関係にあり、さらに両国共にお互いを意識して援助競争をおこなっている。ではなぜドナーの援助競争によって、パリ宣言の求めるような協調行動が実現し

ているのだろうか。

　本章の目的は、日本と中国という地域におけるライバルの特徴と行動を検証することによって、このような援助協調行動を実現させている理由を探ることにある。その答えは皮肉にも、ドナーとしての特徴が極めて似ている日本と中国が、経済インフラ競争を追求していることにある。

　本章の構成は次の通りである。第1節では、激しさを増すアジアにおける援助競争の現状と、それを分析した先行研究を紹介する。アジア全体の開発が促進されるためにこのような競争を歓迎する研究もある一方で、多くの研究は、この競争を否定的に捉えている。第2節では、ドナーによる援助協調が生じる条件を理論的に検討する。続く第3節で、日中の援助はセクター競合が生じているものの、特に経済インフラの手段となっている借款が、アジアにおいて分業されている事実をデータで示す。そして第4節では、中国と日本の対外援助の特徴を比較したうえで、なぜこのような「競合による協調」が実現されているのかを明らかにする。最後に結論として、今後の展望を述べる。

1 ▸ アジアにおける援助競争

　中国の習近平は2013年9月に新しいイニシャティブ「一帯一路」を打ち出した。それは南シナ海とインドを結ぶ「海のシルクロード」(Maritime Silk Road)と、中国から中央アジアと中東を通ってヨーロッパに達する「シルクロード経済ベルト」(Silk Road Economic Belt)から構成されており、60カ国以上のインフラ整備／開発を促進する計画だった。2017年の5月には北京で一帯一路国際協力フォーラムが開催され、29カ国の元首・首脳が出席した(Belt and Road Forum for International Cooperation 2017)。また一帯一路におけるインフラ整備を資金面から支援するため、シルクロード基金やAIIBなどが、中国の主導で設立された。AIIBはADBなどと同じく国際開発金融機関(MDB: Multilateral Development Bank)であるが、一帯一路と密接に関係しているものと考えられている(Yoshimatsu 2018)。

このように2010年代において中国は新興ドナーとして、立て続けにアジアを中心とした経済インフラ支援を表明した。その動きに対して、当該地域のトップドナーであった日本も反応した。習近平による一帯一路の発表から約1年半後の2015年5月に安倍首相は、第21回国際交流会議「アジアの未来」で演説をおこない、「質の高いインフラパートナーシップ」を発表した。そこでは、日本の資金と経済協力ツール、ADBとの協力によって、質の高いインフラ投資を国際標準として推進することが目標とされた（外務省・財務省・経済産業省・国土交通省 2015）。さらに2016年5月に日本で開催されたG7サミットにおいても、日本政府は世界中で経済インフラプロジェクトを推進することを発表した。G7議長国として、アジアのみならず、世界全体に対して今後5年間で総額約2000億ドル規模の質の高いインフラ投資を実施していくことを決定したと表明したのである。「国益」の名の下に掲げられたこれらの目標が実際に達成されたことは、前章第5節で論じたとおりである。

　またこれも前章で紹介したように、日本政府はAIIBについては、米国とともに参加を拒否した。日本政府が挙げたその理由を改めて述べると、①AIIBに公正なガバナンスが確立できるのかが不確かであること、②借り入れ国の債務の持続可能性に問題があること、そして③環境や社会に対する影響への配慮が確保されていない点、などである。もちろんこのような理由にはある程度の根拠がある。たとえばスリランカのハンバントタ港（Port of Hambantota）は、2017年7月から99年間にわたり中国国有企業にリースされることになった。これは「債務の罠（debt trap）」の典型例とされている。すなわち中国からの債務を返済することができなくなったスリランカ政府は、この湾港を中国へ引き渡さなければならなかった（New York Times 2018, June 25）。これは日本政府の懸念のひとつ（上記の②）が現実化した事例である。

　日本の提唱する「質の高いインフラ支援」は援助国の環境や雇用を確保することを重視しており、その点で中国との差別化をはかっている。しかしながらAIIBに参加することによって内部からガバナンスを改善し、日本の強みを発揮することは可能なはずだ。それを試みすらしないのは、やはり政治

的なライバルである中国主導のMDBに参加することに心理的な抵抗がある
からだろう。

▶ **日中援助競争に関する先行研究**

このような日中両国の経済インフラ競争がアジアにおいて激しさを増
している現状を分析し、その影響を考察する研究は近年増加しつつある。
Yoshimatsu (2018) は、両国がアジアのインフラ開発へ取り組むのは、地域に
おける政治的影響力を強化し、自国の経済成長を維持するためであると論じ
る。また Zhao (2019) は、中国と日本の東南アジアにおけるインフラ投資活
動は、市場拡大と経済的な考慮によって動機付けられてきたと主張する。い
わゆる「新しい重商主義 (new mercantilism)」(Chen 2021) である。また援助競
争が過熱するということは、当然ながらレシピエント側にも影響が及ぶ。た
とえばYoshimatsu (2018) は、日中両国それぞれの援助が、東南アジア本土に
おける交通インフラの統合ネットワーク形成につながったと、当該援助競争
を評価している。またこれが、東南アジア全体の発展にとって歓迎すべき原
動力となる可能性があると、Zhao (2019) も述べている。

ただし日中間の不健全な競争は、レシピエントの国家債務を増大させ、東
南アジア諸国に損害を与える可能性もまた指摘されている。Liao and Katada
(2021) は、このような両者の競争が「簡単に金が手に入ることから生じる問
題 (easy money problem)」を引き起こすと論じる。この問題は、インドネシア
やマレーシアといった借入国の政治家が、自らの政治的地位を強化するため
に日中両国から入ってくる豊富な金を使うという、ネガティブな影響であ
る。さらには両者の競争が、アジアのみならず世界の援助のあり方に影響を
与える可能性を指摘する研究も増えてきている。Jiang (2019) やYamamoto
(2020b) は、日本と中国は「競合パートナー」となり、伝統的なDACの規範
——ワシントンコンセンサス——に、意図せざるかたちで挑戦しつつあると
論じる。

以上のように、アジアにおいては、レシピエントに及ぼす影響がポジティ
ブ／ネガティブなものいずれにせよ、日本と中国という二つの地域大国が援

助競争を繰り広げており、当該イシューに制度的な枠組みや協調行動は依然として観察されていないというのが、共通した了解である。2018年10月の首脳会議で、日本の安倍首相と習国家主席は、アジア周辺の第三国における日中インフラ協力について合意に至った。しかしながらこのような合意にもかかわらず、2024年10月時点で、両ドナーが援助をめぐって協調するという大きな動きは見られない。たとえばバンコク首都圏のスワンナブーム、ドンムアン、ウタパオの3空港をつなぐタイの高速鉄道プロジェクトは当初、日中協調の可能性があった。ところが日本企業が撤退したために、中国のみのプロジェクトとなった。こうした状況は、日本を中心としてアジア各国がリベラルな世界標準の規範を完全に受け入れつつある貿易・投資イシューと対照的である（Katada 2020）。

　先行研究では、この問題に関する日中の非協調と地域枠組みの不在がコンセンサスとなっている。それに対して本章では、日中による援助競争が図らずも生み出した帰結について論じる。それは、アジアにおいて日本と中国の分業体制が形成されている、という事実である。

2 ▸ 援助協調行動の理論的検討

　OECDは2005年に「パリ宣言」を発表した。その中でOECDは、援助国の重複を排除し、援助をより効果的にする取り組みを奨励することになる。この「重複（overlapping）」という言葉には二つの意味がある。ひとつは、複数のドナーが同じセクターに援助をおこなうことである。仮にドナーがいずれかひとつのセクター援助に集中する場合、分業により前者の重複を回避することができる。たとえばあるドナーが教育分野に多くの援助を供与し、他のドナーは公衆衛生に、さらに他のドナーは経済インフラに、という場合である。もうひとつの重複とは、限られたレシピエントに援助が集中することである。これはレシピエントを分散させることで、援助の重複が避けられる。アジアのように特定の地域に2カ国の主要ドナーがいる場合、一方があるレシピエントに多額の援助を提供し、他方は当該国家に対する援助を差し

控えると、分業が達成される。

　その分業をおこなうには、ドナー間の協調が必要だとパリ宣言は述べている。ではドナー協調はどのような条件下で達成されるのだろうか。Steinwand（2015）は、主導ドナーがいる場合には援助協調がおこなわれる可能性が高いと論じている。Steinwand（2015）は、レシピエントであるマダガスカルと、その主導ドナーであるフランスのように、援助国と被援助国との間に長期にわたる排他的な関係がある状況において、援助が援助国の利益を追求する手段となり得る場合には、ドナー協調が起こるだろうと主張する。またKatada（1997）は、米国が歴史的に強い影響力を保持してきた地域であるラテンアメリカへの、日本からの援助フローを分析することによって、米国が日本の対外援助行動にどのような影響を与えてきたかを検証している。そして1975年から1982年までの間、両国で「バードン・シェアリング」すなわち分業が生じていることを発見した（第6章第3節も参照）。この地域の、あるレシピエントに対する米国の援助が多ければ、日本政府は援助を抑制し、米国の援助が少なければ日本は援助を増やす。換言すればKatada（1997）は、日米によるラテンアメリカ諸国への援助は、まさに後のパリ宣言が求めた協調行動をとっていると論じているのである[2]。

▶ 分業は生じていない

　しかしながら、このような意図的な援助協調がおこなわれることはまれである。最もハードな開発援助枠組みであるDACにおいてすら、先行研究によればドナーの協調行動はほとんどおこなわれていない。実際には、多くのドナーやプロジェクトが、援助プログラム間やプロジェクト間で重複／不整合を生じさせ、援助の効果を損ない、レシピエントの行政資源や財政資源を無駄にしているのである。たとえば2006年に発行されたDAC報告書では、タンザニアは56のドナー組織／単位が管理する700以上のプロジェクトを通じて援助を受けていた。そのためにタンザニアでは、行政能力に過剰な負担がかかっていることが報告されている（Mawdsley et al. 2014, 28）。また援助の重複は、約束額（commitment）と実行額（disbursement）の差異、いわゆる援助ボ

ラティリティ（volatility）を広げる可能性も指摘されている（Canavire-Bacarreza et al. 2015）。Aldasoro et al. (2010) は、1995年から2006年にかけて援助の重複（セクター重複とレシピエント重複のいずれも）が増加し、DACドナー間の協調は依然として進んでいないことを明らかにしている。同様にNunnenkamp et al. (2013) は、パリ宣言以来、ドナー間の連携がむしろ弱まっていることを示している。

　日米のようにトップドナーが非対称な同盟関係にあることは極めてまれであり、それゆえ「外圧」は限られた二国間関係と限られた期間にのみ存在すると考える方が妥当であろう。この点Katada (1997) は、ラテンアメリカという特定の地域および特定の時代にのみ焦点を当てている。さらに、Steinward (2015) は、ドナー協調の条件のひとつである主導ドナーが過去40年間で減少していることも報告している。

▶ なぜドナー間協調は進んでいないのか？

　ドナーの調整はなぜこれほど難しいのだろうか。その理由としては、似たような倫理／政治規範と、競合する経済的利益の存在が挙げられる。前者については、Frot and Santiso (2011) がドナー間には群集行動（herding behavior）があることを指摘している。たとえば、自然災害によって甚大な被害を受けた国は、世界中の多くのドナーから多大な人道援助を受けるだろう。また経済発展が見込まれる発展途上国には、先進国の投資家が競って当該国家に投資をおこなうようになるだろう。これが群集行動である。また、民主主義国家への支援といった政治的コンディショナリティ（援助条件）を設けるドナーがDAC諸国内では多いことも、援助の重複を引き起こす原因である。国軍が政権を握っているミャンマーなどのレシピエントへの援助は控え、逆に民主化を目指すそれへの援助が多くなれば、ドナーは必ずしも利己的ではないにもかかわらず、援助の重複が発生する。

　また後者の経済的利益をめぐる競争に関してFuchs et al. (2015) は、ドナー間の輸出競争が援助協調を妨げていると主張している。輸出先であるレシピエントがドナーにとって重要な場合、援助が重複してドナー間の調整が困難

になる。同様に、複数のドナーが同じような輸出構造を有していた場合、それらドナーが援助において協調する可能性は低い。

　援助の効果、つまりレシピエントの利益という観点からは、重複や無駄を避けるためにドナー間で協調することが望ましい。それにもかかわらず、パリ宣言が期待するような協調がDACのドナー間でおこなわれることは、現時点ではほとんどないと先行研究は分析しているのである。そして前節で述べたように、アジアにおいても意図的な日中間の協調は明らかに観察されていない。しかしながら次節の計量分析で明らかにするように、DAC間でも困難であった援助重複の回避が、アジアにおける日中の援助競争によって実現されている。

　ではなぜ競争している日中が、かつてのラテンアメリカ地域における日米のように分業を達成できるのだろうか。それは、日中の対外援助の特徴が三つの類似点と、ひとつの相違点を持っていることから説明できる。三つの類似点とは①政治的コンディショナリティの不在（内政不干渉原則）、②投資と貿易との相乗効果が高い、いわゆる三位一体型（trinity approach）の援助パターン、そして③経済インフラ中心の借款（ローン）、である。ひとつの相違点とは、債務持続可能性の低い後発開発途上国（LDCs: Least Developed Countries）に日本は大規模融資をしないのに対し、中国はそのような規範を遵守していないという事実である。それぞれの中身の詳細は第4節で検討するが、ここではなぜ上記三つの類似点とひとつの相違点が援助分業をもたらすのかを理論的に説明する。

　まず言えることは、日中両国が民主主義への援助といった政治的コンディショナリティをほとんど設けていない点である。日本に関しては1992年のODA大綱で当該イシューが盛り込まれたものの、民主主義への援助という規範を日本政府が守っていない事実は、第7章第4節で明らかにしたとおりである。その結果、両国はレシピエントが望めば、他のDAC諸国が控えるような国に対しても援助をおこなうことに大きな抵抗がない。そして日中両国は、借款援助を通じて自国の経済インフラビジネスの進出を目論んでいる。したがってそうした類似点を持つ両国は、高速鉄道などの大規模なイン

284

図9-1 援助競争によって予期される結果

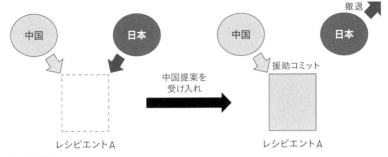

出典：筆者作成

図9-2 援助競争の不在によって予期される結果

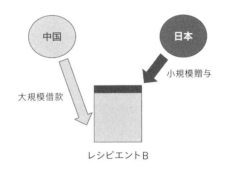

出典：筆者作成

フラ援助供与をめぐって競争することになる（図9-1左）。その結果、あるレシピエントがたとえば中国を選んだ場合、日本は当該レシピエントから撤退するだろう（図9-1右）。そうなると必然的に、中国の大規模援助がその国に集中することになる。言うまでもなく日本が入札した場合は、逆の結果が生じる。

それとは対照的に、債務持続可能性の低いLDCsに対する日中両国の援助分配行動は異なっている。中国は債務を返済する可能性の低い国に対して

も、大規模な経済インフラ援助を借款として貸与することを躊躇しない。他方で日本は、IMFや世界銀行といった国際融資機関の制度的な規範に基づき、それらの国々には借款ではなく、小規模ながら無償贈与を供与する（図9-2）。その結果LDCsには、中国の大規模資金借款と、日本の小規模な贈与が入ることになる。

　以上のような両国の分配行動の結果、特に両国の重要な援助供与地域であるアジアにおいて、意図的な調整なしの分業が自然発生することが予想されるのである。

3 ▶ アジアにおける日中援助分配の分業状況 ——実証分析結果

▶ 中国の「ODA的」データ

　DACに加盟していない新興ドナーとしての中国は、援助分配の詳細なデータを公表していない。したがってわれわれは新聞やインターネットなど2次的な情報源を使って、中国の援助のおおよその傾向を把握するしかない。そのような不透明な状況の中でもAidDataによる「世界の中国開発金融データセット（Global Chinese Development Finance Dataset）」は、もっとも包括的かつ詳細なデータを収集／提供している、極めて有用なソースである（Custer et al. 2021; Dreher et al. 2022）。本データセットは2023年10月の時点で、2000年から2017年までの中国政府による対外援助を数量化しており、8430億ドル相当、1万3427件（165カ国）のプロジェクトがそこに含まれている。データソースはさまざまで、中国政府の公式な発表から、28の言語による新聞、ラジオ、テレビの文字起こし（トランスクリプト）まで広範囲にわたっている。さらに本データは、OECD/DACが定義するODAと類似する援助を「ODA的（ODA-like）」と呼び、そのなかでも贈与／借款／債務免除などのカテゴリーが区別されている。つまり当該データセットは、日本を含むOECD/DACが提供するデータと比較できるようになっている。もちろん北京政府の公式発表ではなく、さまざまなソースからのパッチワークである以上、当

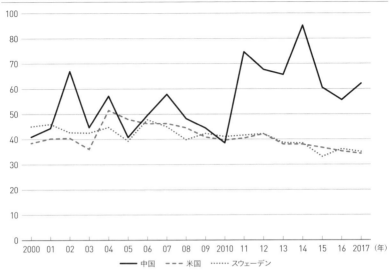

図9-3 日本と中国・米国・スウェーデン間のセクター援助比率の類似度（2000〜2017年）

出典：OECD/DACデータベース；Custer et al. (2021)；Dreher et al. (2022)

該データは中国の援助を完全に網羅するものではない。しかしながら現状ではAidDataが、中国の援助に関して最も信頼に値するデータセットを提供している。

　本研究では、日本の二国間ODAと比較検討するために、「世界の中国開発金融データセット」のコンパイルをおこなった。すなわち、ある年にあるレシピエントに対して中国から複数の援助約束が存在すれば、それを足し合わせてその年の当該国に対する援助（贈与および借款）額の合計を算出した。このデータとOECD/DACのODAデータを使用して、日本と3カ国（中国、アメリカ、スウェーデン）によるセクター援助の類似度を計算して示したものが、図9-3である[★3]。

　2011年以降、日本と中国のセクター援助比率が急速に一致していったことが、この図からは見て取れる。また、それと同時に日本と米国およびスウェーデンとの類似度は徐々に低下しつつあることも明らかである。この事

第9章・日中の援助競争とその帰結　　287

実は、2011年以降、日本と中国が他のDAC諸国と異なり、経済インフラ援助に集中していることを示している。すなわちセクター援助比率に関して日中両国は重複しているのである。

しかしながら、日中両国の援助対象国は異なる。中国の贈与で常に1位を占めるのは北朝鮮であり、パキスタンやネパールといった国も上位にランクインしていることがみてとれる（図9-4-1から図9-4-4）。それに比して日本の贈与は、中国を除くとイラクやアフガニスタンへの供与額が大きい（図9-5-1から図9-5-4）。これは本書が繰り返し論じているように、日本の援助分配行動に対する米国の強い影響力を示している。さらに日本では、アジア諸国の中では、ミャンマー、カンボジア、ベトナムといったインドシナ半島の発展途上国に対する贈与援助が大きい。これは中国に見られない傾向であり、唯一カンボジアのみが重複している。

次に借款に目を転じてみると、日本からの上位供与国がほとんどアジアに集中しているのに対し（図9-7-1から図9-7-4）、中国はアジア諸国のみならず、スーダンやエチオピアといったアフリカ諸国に多くの借款援助を分配していることがわかる（図9-6-1から図9-6-4）。またベトナム、パキスタン、インドネシア、ミャンマー、バングラデシュは同じ時期に両国からの援助供与が上位にくることがあり、ある程度の重複が認められる。ただしこれは20年間にわたって常に見られる傾向ではない。たとえば近年においては、インドが日本の最大の援助供与国である一方、中国からインドへの借款貸与はそれほど多くない。またインドネシアは2000年代において日本のトップレシピエントであったが、2010年代は順位を下げている。また2015年以降、中国のトップレシピエントがインドネシアになったのは、高速鉄道プロジェクトの影響だと考えられる。

図9-4-1から図9-7-4が示しているのは、日中のレシピエント上位国の5年間（あるいは3年間）の平均である。かつ当該図は記述統計であるため、両国援助の関係を体系的に明らかにしたわけではない。そこで全体のデータにおいて、日本と中国の援助に相関関係があるか否かを統計的に検証したのが、表9-1と表9-2である。表9-1は日本の贈与の約束額を、表9-2は借款の約

図9-4-1から図9-5-4 中国と日本による贈与のレシピエント上位5カ国（5年または3年平均。単位：%）

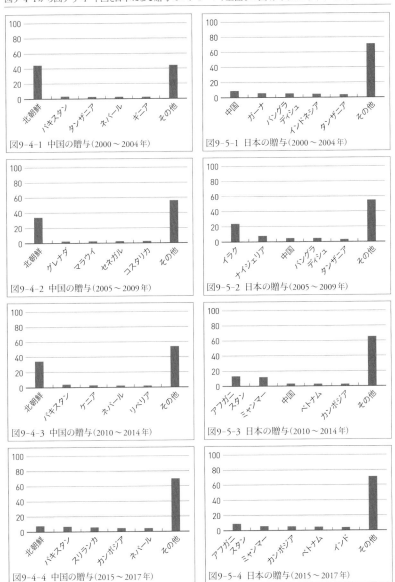

出典：OECD/DACデータベース；Custer et al. (2021)；Dreher et al. (2022)

第9章・日中の援助競争とその帰結

図9-6-1から図9-7-4 中国と日本による借款のレシピエント上位5カ国（5年または3年平均。単位：%）

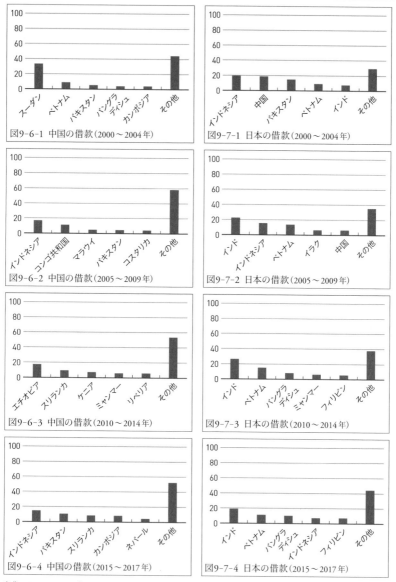

出典：OECD/DACデータベース；Custer et al. (2021)；Dreher et al. (2022)

表9-1 日本と中国の贈与援助の相関関係

	モデル9-1 全レシピエント	モデル9-2 全レシピエント	モデル9-3 アジアのみ	モデル9-4 アジアのみ
対数中国のODA（贈与）	0.004 (0.016)	0.007 (0.016)	-0.019 (0.027)	-0.028 (0.030)
対数輸出	0.135* (0.074)	0.114 (0.079)	0.025 (0.081)	0.152 (0.101)
対数輸入	-0.026 (0.032)	-0.028 (0.032)	-0.084** (0.036)	-0.063 (0.038)
対数被援助国GDP（t-1）	-0.960*** (0.275)	-1.009*** (0.373)	0.041 (0.419)	1.200** (0.529)
対数被援助国人口（t-1）	3.262*** (0.762)	3.323*** (0.820)	0.279 (1.187)	2.845** (1.239)
民主主義指標（VDEM, t-1）	1.865** (0.736)	1.889** (0.742)	1.263 (1.152)	1.201 (0.890)
自然災害発生数（t-1）	-0.009 (0.011)	-0.006 (0.012)	-0.008 (0.012)	0.001 (0.009)
国連総会投票シンクロ率（t-1）	1.496** (0.578)	1.514* (0.797)	0.815 (1.241)	-1.425 (2.143)
対数他DACのODA支出（t-1）	0.412*** (0.082)	0.398*** (0.084)	0.293** (0.140)	0.337** (0.142)
切片	-32.029*** (8.805)	-32.161** (13.670)	-4.068 (13.444)	-74.689*** (23.706)
観察数	1133	1133	269	269
年固定効果	No	Yes	No	Yes
全体R-sq	0.421	0.423	0.407	0.221

* $p<0.1$, ** $p<0.05$, *** $p<0.01$
括弧内はレシピエントにクラスター化された標準誤差の値
従属変数は日本による対数ODA（贈与）約束額

束額を、それぞれ従属変数にしている。そして主要独立変数を中国の援助（それぞれ贈与と借款の約束額）として、固定効果モデルで回帰分析した。その他の独立（制御）変数は、序章や第6章などの計量分析で使用したものと同じである。

　第6章第3節で検討したように、仮に両者の援助にかなりの重複があれば、係数は統計的に有意な正の値になるのに対して、分業が顕在化していれば、有意な負の値になるはずである。また言うまでもなく、両者に何も関係

がなければ統計的に有意とはならない。各表における前二つのモデルは世界全体のデータを分析する一方、後の二つはアジア諸国に限定している[4]。

表9-1からは、日本と中国の無償援助は統計的に有意ではなく、重複も分業も観察されず、両者は無相関であることがわかる。日本は、世界全体で見たとき民主主義スコアが高い国や、自国と国連総会投票のシンクロ率が高いレシピエントに対し、より多くの無償援助を供与している（モデル9-1とモデル9-2）。さらには、日本の無償援助は世界全体においてもアジアに限定しても、前年の他のDAC諸国からの援助と強い正の相関関係がある。

▶ アジアにおける日中援助の分業関係

そして日本の借款援助を従属変数として回帰分析した表9-2からは、次の2点が明らかになった。第一に、日本の借款は、民主主義指標と有意な負の相関になっている。すなわち借款援助においては、日本はDACのような民主主義推進のための援助分配をおこなっていないことを示している。これは1992年のODA大綱後も、日本は民主化という政治的コンディショナリティを付した援助分配をしてこなかった、という第7章で示した結果と整合的である。そして第二に指摘できるのは（本章にとって最も重要な結果であるが）、アジアにおいて日本と中国の借款援助が、負の相関となっている点である。この結果が示すのは、ある年、日本の援助が多い国には中国からの援助は少なく、逆もまた真、という事実である。すなわちアジアにおいて両国の借款援助は、分業関係にある。それはまさに効率的な援助のためにパリ宣言が理想としていながら、DAC加盟国が依然として実現できていない状況そのものなのである。なぜアジアの援助において競争関係にある両国が、分業を形成しているのだろうか。

4 ▶ なぜ借款援助において分業が生じるのか？

多くの研究が指摘するように、21世紀における中国と日本のODA分配の特徴は類似している（Jiang 2019; Yamamoto 2020b; Liao and Katada 2022）。他方、異

表9-2 日本と中国の借款援助の相関関係

	モデル9-5 全レシピエント	モデル9-6 全レシピエント	モデル9-7 アジアのみ	モデル9-8 アジアのみ
対数中国のODA（借款）	-0.163 (0.122)	-0.214** (0.104)	-0.202* (0.098)	-0.183** (0.062)
対数輸出	0.935 (0.664)	0.010 (0.556)	0.548 (0.643)	-0.122 (0.566)
対数輸入	0.106 (0.134)	0.260* (0.131)	0.204 (0.176)	-0.127 (0.330)
対数被援助国GDP（t-1）	-0.544 (1.514)	2.088 (2.781)	2.238** (0.773)	9.558*** (2.397)
対数被援助国人口（t-1）	2.519 (2.970)	5.426 (4.503)	-8.701 (4.969)	-5.410* (2.590)
民主主義指標（VDEM、t-1）	-5.216** (2.383)	-5.063** (2.322)	-3.678** (1.260)	-1.698 (1.495)
自然災害発生数（t-1）	-0.018 (0.024)	0.004 (0.057)	-0.011 (0.047)	0.114* (0.055)
国連総会投票シンクロ率（t-1）	-2.152 (2.274)	0.968 (4.108)	-1.314 (2.450)	1.937 (3.398)
対数他DACのODA（t-1）	0.302 (0.247)	0.018 (0.328)	0.482 (0.332)	1.069** (0.459)
切片	-26.508 (35.424)	-138.269 (95.722)	101.655 (67.831)	-142.002* (77.461)
観察数	102	102	62	62
年固定効果	No	Yes	No	Yes
全体R-sq	0.277	0.281	0.097	0.428

* p<0.1, ** p<0.05, *** p<0.01
括弧内はレシピエントにクラスター化された標準誤差の値
従属変数は日本による対数ODA（借款）約束額

なる特徴も若干ながら存在する。類似点とは、①政治的コンディショナリティの不在（内政不干渉原則）、②投資と貿易との相乗効果が高い「三位一体型」の援助パターン、③借款は経済インフラ中心、の三つであり、これらはいずれもDACの貧困削減規範から乖離している（Ogawa 2019）。そして相違点は、日本が財政的に脆弱な国には過大な借款の貸与を避け、贈与を供与する傾向があるのに対して、中国はそのような援助規準を設けていないという点である。本節では、このような両国の類似性と相違点によって、アジアに供与さ

第9章・日中の援助競争とその帰結 293

れた借款援助で分業状態が可能になったことを説明する。

▶ 政治的コンディショナリティの不在

　中国政府は、2011年4月に発表した『中国的対外援助』の中で、「中国の対外経済技術援助に関する八原則」（1964年）を確認した。そこでは、「いかなる政治的条件も付けないことを堅持」し、「決して援助を他国の内政に干渉し政治的特権を図る手段にしない」姿勢が強調されている。そのような政治的コンディショナリティ不在の中で、唯一の条件となっているのが台湾問題である。まず中国の援助はアフリカ諸国との友好関係樹立に影響し、1971年における国連代表権問題で、台湾から中国へ乗り換えたアフリカ諸国の支持を得たと言われている (Copper 2016b)。さらに「ひとつの中国原則」を堅持するため、1990年代半ばまで台湾を承認する国に対して中国は援助を回避してきた (Tull 2006, Bräutigam 2011a; copper 2016a; Dreher et al. 2018)。その後もこのように台湾問題に関してのみ、中国は明確なコンディショナリティを付してきたものの、それ以外の政治的条件を援助供与にあたって考慮してこなかった。

　政治的コンディショナリティの不在という特徴は、日本の援助にも通底している。OECD/DACドナーが伝統的に民主主義度やグッド・ガバナンスといった政治的コンディショナリティを重視しているにもかかわらず、日本はそのような規範から逸脱してきた。1992年に公表されたODA大綱には、民主化の促進を援助の目的として含めている。しかしながら第7章で実際のデータ検証によって明らかにしたとおり、日本はOECD/DAC的な政治的コンディショナリティを厳格には実行してこなかった。特に経済インフラ中心の借款援助は、民主主義指標の低い国に対しても多く与えていることが、表9-2の計量分析結果からも確認できる。日本政府が唯一、援助にコンディショナリティを付すのは、軍拡、特に核実験に対してである。これも第7章で論じたように、1994年から95年の中国や、1998年のパキスタン・インドの核実験に際して、日本は援助を停止した。これは唯一の被爆国として、核兵器への強い忌避感情が国民に浸透しているからである。

294

両国の援助に政治的コンディショナリティがほとんど不在であることは、東京と北京が自由に援助対象国を選定できることを意味している。DACのように民主化されている国や民主化の努力をしている国に援助をおこなうとすれば、レシピエントは自然と限定される。しかし、日中両国はそのような基準を設けていないために、民主主義国家であろうが、権威主義国家であろうが、自らにとって利益となるようなレシピエントを選ぶことができる。それはすなわち、自国の経済利益となり得る。

▶ 援助・投資・貿易の相乗効果——三位一体型アプローチ

　中国と日本による援助の類似点の二つ目は、援助・投資・貿易の相乗効果が高い、いわゆる三位一体型の援助パターンである。この三位一体型という言葉自体は、1980年代に日本の通産省が初めて公式に使用した。すなわち、個々の発展途上国に適合した産業選択およびその育成計画の策定に協力することで、①民間産業部門の育成を資金面、技術面で「援助」し、②ドナーからの直接「投資」を促進するとともに、③発展途上国の工業製品に積極的に市場を提供し、レシピエントからドナーへの「輸入」を拡大する、というものである。これは日本への輸出が伸びない途上国側からの不満を受けたかたちで日本政府が1980年代に提唱したアプローチだった（通産省『経済協力の現状と問題点』1987、230）。

　そうした経緯からもわかるように、同アプローチは、援助と投資によってレシピエントから自国への輸入を増大させることが目的であった。これに対して中国の三位一体は、援助・投資を活用するかたちで、レシピエントへの輸出を拡大する、というアプローチである★5。これはたとえば、当時中国の輸出入銀行副頭取だった朱宏傑の次の発言からも見て取れる。「中国の輸出を促進するには、優遇ローンを最大限に活用する必要がある」（Fuchs and Rudyak 2019, 10）。

　繰り返し述べてきたように、日本の援助もまた研究者によって、自国の輸出増進のための援助と批判されてきた。日本政府が1980年代後半に「三位一体アプローチ」を唱えざるを得なかったのは、政策への批判に応える必要

があったからである。そして1970・80年代において日本政府は、少なくと
も国益を前面に押し出し、輸出増進と援助をあからさまに結びつける発言を
控えていた。しかしながらバブル経済が崩壊し、長い経済停滞を経験した
1990年代後半になると、「日本の利益にかなう援助」論が復活することにな
る。特に2003年のODA大綱改定以降、日本は援助を自国の繁栄に結びつけ
ることを公言し、経済インフラ援助を増大することになった。すなわち日本
企業の利益になるような援助を増大させることが、公然の目的となったので
ある。さらに2010年代に至って、それが公式に「国益」であると唱えられ
たことは、前述のとおりである。近年の日本の動きは、中国と同じ意味での
三位一体アプローチと言ってよい。

　これを可能にしているのが、ひも付き援助と「官民連携 (PPP)」である。
中国援助の入札に関しては、同国が事前に認可した有資格企業のみが入札を
許可される。また中国には譲許的融資ガイドラインがあり、輸出業者・請負
業者は中国企業に限定される (Bräutigam 2011a, 152)。2015年に交付された「対
外援助プロジェクト実施企業資格認定弁法」の規定で企業の選定条件が厳し
くなったものの (李 2021、25-26)、援助実施企業が中国企業限定であることに
変化はない。つまり中国の援助は完全にひも付きである。日本のひも付き援
助は、賠償が始まった1950年代から継続しておこなわれてきたが、国際的
な批判を受けて1990年代初頭にいったんゼロとなった。その結果、日本企
業の円借款離れが起こった。前掲の図8-7 (273頁) が示すように、1980年代
後半以降、日本企業の入札は大きく減少したのである。このようなDAC規
範に従ったアンタイド化は当然のことながら、国内経済界からの批判を招来
した。そして1997年のアジア通貨危機をきっかけに、日本企業のみが受注
できる特別円借款制度が制定された (パシフィックコンサルタンツインターナショ
ナル 2002)。こうして1990年代末に復活したひも付き援助は、当初3年間の
限定措置とされたが、結局「本邦技術活用条件 (STEP: Special Terms for Economic
Partnership)」ローンとして2002年に恒久化された。この制度を通じた借款は
非常に優遇されており (金利0.1-0.2%)、インフラ輸出政策の中心的な手段と
して使用されることになる。ひも付き援助が復活し、とりわけ2010年以降

296

徐々に増加傾向にあることは、図0-4（13頁）から確認できる。また日本企業による借款援助の受注率の上昇も、この時期に顕著である（273頁の図8-7）。

日本は2015年の開発協力大綱において、PPPを公然と提唱した。インフラシステムの効果的な推進／構築と輸出のためには、官民連携が必要であるというのが、政府の公的な認識となったのである。そのために援助はひも付きにする必要があるというのは、必然であった。

以上のように日中両国は、官民共同のひも付き援助と直接投資という手段によって、自国の輸出増進と経済成長をめざしている。これは当然ながら、貧困削減を掲げているDACの国際理念とは異なる。そしてこの三位一体型アプローチの中心的手段に位置するのが、借款による経済インフラの構築である。

▶ 大規模借款による経済インフラの構築

2009年にADBが発表した調査結果では、アジアは2010年から2020年までの10年間で、国家のインフラが全体で8兆ドル必要であるとされた（Asian Development Bank Institute 2009, 4）。さらに2017年に発表されたADBの新しい報告書では、2016年から2030年までのアジア開発途上地域のインフラ投資ニーズは、26兆ドルになると予想されている（Asian Development Bank 2017, vii）。このような需要を前に、三位一体型アプローチをとるアジアのトップドナーである日中両国が、援助供給競争を開始したのは自然の成り行きであった。

中国の援助は、無償援助・無利子借款・優遇借款の三つに分けられる。そのうち経済インフラストラクチャーやプラント施設の建設は、優遇借款の領域である。中国が日本からの最大レシピエントのひとつであった時代、円借款を中心とする援助が石炭輸送などのための鉄道インフラ・港湾等開発を主要な融資対象としていたことは、第5章で述べた。その経験を学習した中国は、1990年代以降、インフラを中心とした援助を増大してきたと言われている（Liao and Katada 2022）。中国が日本の援助モデルを参考にした「経済貿易戦略（Grand Strategy of Economy and Trade）」を打ち上げたのは1994年12月のこ

第9章・日中の援助競争とその帰結　　297

とであり、その直後に中国は輸出入銀行を創設した（Fuchs and Rudyak 2019）。ただし中国による大規模な経済インフラ援助は、近年突如として始まったわけではない。たとえば1967年に契約合意し、1970年の着工から5年後に竣工した、タンザニアとザンビアを結ぶタンザン鉄道は、中国の援助によって実現したものである。中国のアフリカに対する援助戦略は、現地の雇用を奪っているといったいくつかのネガティブな指摘はあるものの、おおむね途上国の経済発展をインフラ中心の援助でサポートし、貢献したとする評価が多い（Moyo 2009; Bräutigam 2011b; Bluhm et al. 2018）。

　アジアにおいても、たとえば1986年に着工され、1993年に開通したミャンマーのヤンゴン-シリウム橋は中国政府が無利子で資金をミャンマーに貸し付け、設計も施工も中国鉄道部が担当した。また中国は2005年の第9回中国・ASEAN首脳会議において、中国企業によるASEAN諸国でのインフラ事業参入のために50億ドルの優遇条件を約束した（ASEAN 2005）。さらに2009年の第12回首脳会議では、中国・ASEAN投資協力基金の設立を表明して、優遇条件の借款67億ドルを含む150億ドルのASEAN諸国向け借款を約束している（ASEAN 2012）。2013年の「一帯一路」構想の発表が華々しかったため、中国の経済インフラ援助は近年の傾向であるとするイメージがある。しかし実際には、その歴史はかなり古いのである。

　1950年代の賠償から開始された日本の東南アジア向け援助は第2章で述べたように、伝統的に発電所やダム、工場の建設といった経済インフラが主体だった。その傾向は20世紀の間はほとんど変わっていない。平均して日本の二国間ODAの約35％が経済インフラ援助によって占められていることは図7-6（234頁）からも確認できる。1990年代以降、DACの援助が教育や衛生分野などの社会インフラ中心になってきた傾向（234頁の図7-7参照）とは逆に、高い経済インフラの割合を保ってきたのである。そして2000年代の初頭に若干下がったものの、2003年大綱以降、再び上昇を見せたのは第7章で述べたとおりである。

　日本の経済インフラ支援を支えてきたのが、円借款だった。日本の経済インフラ援助割合が大きく下がったのは2003年と、2005から2007年の間のみ

298

であり、その後すぐにそれ以前の数値に戻っている (図7-6)。この減少期間においても、日本はインフラ援助の重要性を常に世界に発信していた。たとえばJBICは2003年9月に世界銀行、ADBと共同で東アジアのインフラ調査を立ち上げた。その結果、当該地域の貧困削減とその後の経済成長に、インフラ開発が大きく影響していたと主張している (JBIC 2005)。

　日本のインフラ輸出増大の表明がAIIBや「一帯一路」への対抗処置であり、それ以降、日中両国がアジアにおける援助イシューでのリーダーシップを争っているとする見解は多く見られる (Miller 2019; Zhao 2019, 561; Jiang 2019, Sasada 2019; Liao and Katada 2022; Yoshimatsu 2021)。しかし厳密に言うとそれは正しくない。確かに2015年、安倍政権が「国益」の名の下に打ち出した「質の高いインフラパートナーシップ」は、中国との援助競争を勝ち抜くことを目的としていた。だが日本のインフラ援助自体は、第二次安倍政権の発足前から増加傾向にあった。

　2012年12月に2度目の政権に着いた安倍晋三は、翌年3月に「経協インフラ会議」を立ち上げた。そしてその第4回会議が開催された5月には「インフラシステム輸出戦略」が発表されている (首相官邸 2013b)。これは中国が一帯一路構想を発表する4カ月前のことだった。このときすでに日本はインフラ輸出を経済政策の中心に位置づけていたのである。その主要な内容は、「我が国企業が2020年に約30兆円のインフラシステムを受注することを目指す」ことにあった。そして最終的には「日本企業の進出拠点整備やサプライチェーン強化につながり、現地の販売市場の獲得にも結びつく」、さらには「相手国の人々のライフスタイルを豊かにするとともに、環境、防災等の地球規模の課題解決に貢献し、我が国のソフトパワーの強化及び外交的地位の向上にも貢献する」といったさまざまな効果への期待が表明されたのである。

　そのプラン通り、第二次安倍政権期 (2012年12月〜2020年9月) における日本の経済インフラ援助割合は過去の実績と比較して大きく増大した。すなわちこの時期の日本の経済インフラ援助は、「元に戻る (Back in roots)」(Katada and Liao 2020)、「復活 (resurgent)」(Sasada 2019)、あるいは「伝染 (contagious)」

(Jiang 2019) したわけではなく、従来の傾向は継続されつつも、大幅に拡大されたのである。

　ここまで見てきたように、日中両国は①政治的コンディショナリティの不在、②三位一体型アプローチ、③大規模な経済インフラ借款中心という三つの点で、非常に類似した援助分配行動をとってきた。そこから明らかになったのは、両国の借款援助対象国は事前には競合するものの結果としては重複しない、という事実である。日中両国はレシピエントの高速道路や鉄道といった高額なインフラプロジェクトに対して多額の資金を貸し付け、自国企業を派遣してそれらプロジェクトの建設を遂行する。それによってレシピエントのみならず、ドナー側も――一部の企業にとってではあっても――プラスの経済効果が見込める。したがって、プロジェクト受注をめぐって二国間で援助競争が生じることになる。インドのムンバイとアーメダバード間の508キロメートルを結ぶインド高速鉄道（日本が受注）や、フィリピンマニラ南北150キロメートルに鉄道を敷設する「マニラ首都圏鉄道整備」（日本が受注）などは一例である。

　なかでも「最も重要な事例」（Yoshimatsu 2018, 725）は、インドネシア高速鉄道であろう。日中両国が競争入札をおこなった結果、インドネシア政府は中国を選択し、日本は敗れ去った。その理由は、中国の新規プランがインドネシアの財政支出や債務保証を必要としなかったことや、日本の5年間計画よりも2年短い3年間でプロジェクトを終了するとしたことなどだった。入札の過程で日中の競争は過熱し、両国ともに入札計画を数回修正してハードルを下げ、また双方とも特使をジャカルタに派遣するなど活発なロビー活動をおこなった。

　援助競争の結果、入札に敗れたドナーは当然新たな他国のプロジェクト案件を探すことになる。また、直接入札競争に至らずに撤退を決めた場合も、残る一国のみが大型プロジェクトを任され、競争国は撤退するだろう。すなわち競合が終了した時点で重複は生じない。またレシピエント側にも、日中どちらかしか選択できない理由が存在する。インドネシア高速鉄道のような大型のインフラプロジェクトは、言うまでもなく国家レベルのものである。

長期的に資金を返済していかなければならないレシピエントにのしかかる経済負担は大きい。短期間のうちに大型プロジェクトを複数同時に進めることは不可能である。いったんこのようなプロジェクトが開始されるとレシピエント政府は、それ以降しばらくは大規模な借款による経済インフラ援助を受けることを控えるようになる。つまり日本と中国がひとつの国に対して経済インフラを同時に提供するような重複は生じにくくなる。

▶ 中進国と最貧国への援助

　ただし、以上のような競合はインドネシア、インド、タイといった経済中進国にしか生じない。なぜならLDCsあるいは財政的に脆弱で、債務の持続可能性の低いレシピエントは基本的に日本の大型借款の供与相手とはならず、返済義務のない贈与が提供されるからである。そして日本の贈与の対象は通常、保健・感染症、衛生などの社会インフラである。この点で大規模な経済インフラを対象とする借款とは異なっている。それは表9-2の統計分析結果からも確認できる。すなわちアジア向けの日本の借款援助は、レシピエントのGDPの符号がプラスとなっている。これはGDPが高ければ高いほど、借款援助額が大きいことを示しているのである。

　それに対して中国は、このような援助基準を設けていない。図9-6-1から図9-6-4が示すように、1人あたりGDPが低く国家の経済規模も小さいパキスタン、カンボジア、スリランカなどに対しても、大規模な借款を貸与している。その中でも、スリランカやパキスタンに対する債務は両国政府の財政危機、いわゆる「債務の罠」を引き起こすことが援助の世界で懸念されてきた（Ali 2020; Bräutigam 2020）。そして前述したように、日本政府はAIIBへ不参加の理由として、このようなレシピエント側の債務増加に中国が配慮していない事実を挙げている。日本は基本的に、返済が困難であると見込まれる国に対しては大規模借款の供与を避ける傾向にある。したがってLDCsに対する援助に関しては、日本が少額の援助しか供与しない一方で、中国は中進国と無差別に大規模な借款援助を貸与している。その結果、日中が直接的に競争せずとも、中国からの借款援助が多いLDCsに、日本からは少額の援助

しかおこなわれないという結果になる。

以上のように、日中の借款援助の類似点と相違点が合わさることで、統計的にも確認されたアジアにおける両国の分業が自然と形成されることになる。大規模な経済インフラが必要な中進国に対しては、日中が競争をおこなった後に一方が退出する。そして貧困国に対しては、中国は多く、日本は少額の贈与を供与することで、競争しつつも重複が回避されるのである。

► まとめ

近年のアジア太平洋における制度的枠組みの形成は、金融、貿易、環境、移民問題などで分析されてきた (Katada 2020; Chung et al. 2023; Grimes et al. 2023; Uji 2024)。しかしながら援助分野においては、日本と中国という伝統と新興のビックドナーによる競争が激しさを増し、意図的な協調行動は現在のところ観察されていない。本章はそのような現状に対して、新たな視点を提供した。すなわち第一に、アジアにおいて援助の分業が生じていることをデータ分析で確認した。中国がカンボジア、ラオス、ミャンマーに対して交通とエネルギー分野におけるインフラを、他方で日本はインドネシア、フィリピン、タイ、ベトナムに対し、より少ない投資でより高い技術的専門知識を必要とする高品質のインフラ整備に注力してきた、といったYamamoto (2020b, 337) の指摘はあるものの、それは印象論の範疇にとどまっていた。本章はAidDataを使用して、そのような分業が生じていることを体系的に示した初めての試みと言えよう。

さらに、このような援助分業が生じている原因を明らかにした。分業が実現したのは、日中両国の援助分配行動が非常に似ている点、特に経済インフラ援助割合が高いことに依るところが大きい。さらには、日本が返済能力の低い国に対する借款を避ける一方、中国はそのことを考慮しないという相違点も、分業が形成される要因として挙げられる。それは「人間行為の結果であるが人間的設計の結果ではない」(ハイエク 2007、20) ものであった。にもかかわらずこの結果は、まさにパリ宣言が理想としていながら、DAC加盟

国が依然として実現していない状態なのである。

　ではこのような状況はしばらく続くだろうか。現在の分業体制が崩れる可能性は十分にあり、それには二つの要因が考えられる。ひとつ目は、日中が意図的に援助分配を協調／調整することによって、自然と形成された分業が崩壊する可能性である。前述したように2018年10月の首脳会議で、日本の安倍晋三首相と中国の習近平国家主席は、アジア周辺の第三国における日中インフラ協力について合意に至った。この合意がもたらした影響は現在のところ見られないが、仮に両国がひとつのプロジェクトに対して共同して取り組む機会が増大するのであれば、重複が生じて分業が崩れていく可能性はあるだろう。ただしそれはかなり先のことであり、現状では、両国の勢力争いは継続するものと考えられる（Insisa and Pugliese 2022）。

　第二に、日中のインフラ援助がより小規模になりつつあるという事実が挙げられる。中国の一帯一路は近年、テクノロジー集約型のデジタル・バックボーン・テクノロジーや、スマートシティといった、5Gベースの複雑なIoT（Internet of Things）プロジェクトにまで拡大している。つまり中国のインフラ援助は、「第二フェーズ」に移行しつつあると指摘されている（Arase 2021）。そして日本の「質の高いインフラ」もまた、ASEANにおけるスマートシティ形成への援助、いわゆるSmart JAMPに見られるように、より小規模なプロジェクトを推進する段階にきている。これらのデジタルインフラは高速鉄道のような大規模なものとはならないために、ひとつのレシピエントが同時に両国から援助を受けることもできる。だとすれば、データで確認したような分業は崩れ、セクターとレシピエント双方において重複が生じていく可能性は高いだろう。テクノロジーの進展に左右されるこのようなシナリオがいつ到来するかは不明である。しばらくは状況を観察する必要があるだろう。

　少なくとも日中両国の援助競争が最も激しかった2000年代と2010年代において、効率的な援助のためにパリ宣言が理想とした援助における分業が、アジアにおいて出現していたことは特筆に値する。

註

★1——本章の内容は、Hoshiro（2023b）に基づいている。

★2——これは、本書第6章第3節の分析結果と反対の結果となっている。全世界でみれば日米のODA分配は共鳴しているが、ある時間と地域に限っては分業がおこっているという知見は興味深い。

★3——類似度は次の計算式によって算出している（Lee et al. 2004）。

$$\frac{1}{2}\sum_i \left| S_a^i - S_b^i \right|$$ ここで、S_a^iとS_b^iは、a国とb国の援助全体におけるセクターiの割合を示している。また図9-3では、直感的に理解できるように数値を逆数にしている。

★4——アジア諸国とは、2000年以降に日本か中国から援助を受けたことのある次の24カ国である。そのため第7章で挙げたアジア諸国（脚注24）とは一致しない。アフガニスタン、バングラデシュ、ブータン、カンボジア、インド、インドネシア、カザフスタン、北朝鮮、キルギスタン、ラオス、マレーシア、モルディブ、モンゴル、ミャンマー、ネパール、パキスタン、フィリピン、スリランカ、タジキスタン、タイ、東ティモール、トルクメニスタン、ウズベキスタン、ベトナム。

★5——さらに中国は請負工事・労務輸出をおこなって自国労働者の雇用を確保することから、「四位一体型（quaternity approach）」と呼べるかもしれない。

終 章

戦後日本による対外援助政策の
ダイナミズムとその未来

1 ▶ 国益と援助——歴史的概観

　本書では、70年間におよぶ日本による対外援助政策の歴史的変遷を、歴史分析・計量分析・テキスト分析といった手法を組み合わせて考察し、さまざまな新しい知見を提供してきた。この終章では、本書が明らかにしたそれら諸点を要約するかたちで、改めて時系列的に紹介しておきたい。その際に注目するのは、国益との関係である。

　序章でおこなった事前の国際比較分析では、日本のODAはDACドナーの平均とそれほど異なる特徴を持っていなかったことが明らかになった。確かに日本のODA支出全体に占める贈与の割合は他のDAC諸国に比べて低く、それがグラント・エレメントの低さにも繋がっている。またODAと輸出額の結びつきも、他のDACメンバーよりも強いことが確認された。しかしながら他の指標、たとえば1人あたりのODA支出額などは、日本の方が平均よりも高いことがデータによって示された。さらに物理的に距離が近い国への援助はDAC全体に見られる傾向であり、日本だけがユニークだというわけではないことも、計量分析によって判明している。

　そのような特徴を有する戦後日本の対外援助は、1954年10月のコロンボ・プラン加盟から始まる。この時期の日本政府は、朝鮮戦争の「特需」があったとは言え、依然として財政的には厳しい状況におかれていた。また戦後賠

償交渉の最中でもあり、ドナーとしてデビューすることにはかなりの無理があった。しかも1958年にはインドへの円借款も始まっている。なぜこの時期に日本は対外援助を開始したのだろうか。それは日本が自国製品の輸出市場拡大と重要原材料の輸入市場確保のため、東南アジアの開発を必要としたからである。南アジア諸国が主体でゆるやかな多国間枠組みだったコロンボ・プランへの加盟は、その目的にかなっていた。またインドは特に良質な鉄鉱石の産地であり、政府に近い鉄鋼業界はインドでの鉄鉱石開発を強く望んでいた。つまり日本の援助の開始は、利他主義的なものと言うよりも、経済利益が第一の目的であった。この時期、国会においては「国益」という単語が少数ながら使用されつつあったが（大山 2018、121-123）、援助に関係して「国益」という単語は日本の政府関係者から発せられていない（第8章参照）。しかしながら政府関係者が援助を通じた日本の経済利益と言うとき、それはほとんど後の「国益」と同じ意味だった。そして同じ行動様式は、1960年代初めのDAG/DAC加盟の際にも見られた。援助に関する多国間枠組みであるDAG/DACへの参加を、日本政府は義務だと考えていたが、それは同機構への加盟を足がかりにOECDへの加盟を果たし、欧州市場への無差別なアクセスを可能にしたかったからである。

　話を1950年代に戻そう。初期の日本による援助のうち最も大きなウェイトを占めたのは、言うまでもなく戦後賠償／準賠償あるいは経済協力である。交渉に費やした時間やその後の支払い額のコストは、同時代における他のタイプの援助とは比べものにならないほど高かった。ただし各国との賠償交渉を鳥瞰して見えてくるのは、賠償交渉が最初から最後まで、日本政府側にとって有利に展開された事実である。日本には早急に賠償交渉を解決するインセンティブはない一方で、求償国は自国の国家建設のためにできるだけ早く資金を必要とした。そこに日本が優位に立つ素地があった。求償国の要求額が当初は非現実的なほど膨大すぎたこともあるが、最終的な約束額は大幅に減額された。ただし日本の経済成長が軌道に乗った1960年代になると、求償国の要求額はそれほど減額されなくなる。

　戦後賠償に関しては、日本政府関係者はその経済的なメリットを強調する

傾向があった。すなわち賠償は、警戒を引き起こされることなく東南アジア諸国に経済的な進出を実現する契機だというのである。言うまでもなく、これも国益論のひとつである。このような言説には、おそらく国内向けの説得材料という性格があったと思われるが、後の研究者が額面どおりに受け止めてしまったことは否めない。また賠償は役務とともに資本財の提供であり、加えて完全にひも付きだったため、日本製品の輸出に役立ったとも考えられてきた。しかしながら賠償の中心物資は当時の日本の主要な輸出品目ではない輸送車両や、ダムや発電所といった経済インフラだった。実際のところ、そのようなプロジェクトに輸出効果はあまりなく、本書の分析では賠償と輸出の関係は確認することはできなかった。したがって、日本の東南アジアへの経済進出は専ら、民間の努力によるものだったと言うことができる。

1960年代になると、DAG/DAC加盟の他にも、ADBと東南アジア開発閣僚会議という援助枠組みの創設に日本政府は深く関与した。前者には2億ドルを拠出するという域内最大の貢献をしたものの、本店誘致に失敗し、マニラに奪われる結果となった。その敗因は総裁ポストと本店という二兎を狙ったことと、浮動票の取り込みに失敗したことであった。後者は戦後日本が主催した初めての国際会議であり、大きな政治的成果となるはずだった。しかしながら日本政府は基本的にこの時期、大規模資金の出資元は米国以外にないと考えており、東南アジア開発を一身に背負い込む覚悟はなかった。日本からの援助を期待していた参加国はそのために、閣僚会議への期待を徐々に萎ませて行く。10年も経ることなく閣僚会議は自然消滅することになった。

以上のように1960年代までは、日本は対外援助にそれほど積極的ではなく、あくまで賠償への支払い義務、あるいは米国への依存というのが基本的なスタンスだった。それが変化するのが1970年代である。まずDACからの批判を受けて、日本政府は援助のアンタイド化を進めた。戦後賠償が完済したのもこの時期である。さらに累積する貿易黒字に対する世界的な批判に直面したために、援助政策の再検討が開始された。とりわけ財政保守的な大蔵省ですら、援助増額に対しては異議を唱えなかった。その結果、20年にわたるODA倍増計画が1978年に開始されたのである。また、援助と国益を初

めて結びつけたのもこの時期である。ただしその内容は、日本の経済的利益になる援助分配といった直接的なものではなく、援助によって世界の貧困をなくすことで平和は実現可能であり、長期的・間接的に日本の繁栄に寄与する、という迂遠なものだった。つまり1980年代から1990年代にかけては、当時の日本の援助を分析した研究者がそれを「商業主義」だと批判したこととは反対に、日本政府は援助を自国の経済利益とからめて言及することはほとんどなくなったのである。

1977年の福田ドクトリンは、以上のような戦後賠償支払いの終了とODA倍増の狭間に現れた「わが国が戦後初めて示した積極的外交姿勢」だった。福田ドクトリンに関する先行研究は多く、またその評価は時代が経るにつれて高まってきている印象がある。本書はそのような先行研究による高い評価について検証を試みた。そして福田ドクトリンによってASEAN諸国に対するODAが増大したという主張は、現実を反映していなかったことをデータ分析によって明らかにした。ただし日本はASEANに対して大規模援助をしないつもりだったわけではなく、ASEAN側の都合によって結局はいくつかの大型援助対象プロジェクトが消失したのだった。

1980年からは、日中円借款が開始された。中国は日本外交にとって重要な存在であり、援助関係も例外ではない。両国関係が良好だった1980年代から、徐々にその関係が悪化していく1990年代を経て、2000年代初頭には中国への援助を見直すことが「国益」と言われるようになった。そして2010年代には、中国は日本にとって競合するドナーとして台頭してきた。対中援助開始にあたっては、他の先進諸国やソ連との関係に苦慮した日本政府の姿が垣間見える。米国および欧州各国は、日本が中国市場を独占する可能性をおそれ、ソ連は援助によって中国が軍拡することに警戒心を隠さなかったからである。そのために日本は、中国と軍事協力はしないこと、そして欧米諸国と協調をはかりながら経済協力をおこなうことを公言しなければならなかった。このような配慮は、1950年代の戦後賠償交渉時には全くおこなう必要がなかったものである。経済大国となった日本による、中国という巨大な国への援助（円借款）開始は世界的に大きなインパクトがあった。ま

たこの時期には、援助政策にかかわる通産省の影響が小さくなっていったことも指摘できる。政策決定者の内部においても、日本の対外援助は日本の経済利益にかなうものである、という認識が薄れていたのである。

そして1989年、円高とODA倍増計画の成果により、ついに日本はトップドナーとなった。日本の援助政策への国内外からの関心の高まりとともに、いくつかの論点がこの時期に浮上してくる。その中でも、特に日本の援助分配行動に影響を与えてきたと言われている次の三つの要因を、本書は分析している。すなわち、①石油資源獲得のためのODA、②首相や外相が外遊する際に途上国に対して援助の約束をおこなう「お土産外交」、③「外圧反応国家」論に由来する、米国の影響を強く受けた援助分配、である。石油獲得と援助の結びつきは、データによっては確認できなかったが、お土産外交と米国の影響を受けた援助分配は計量的に確認することができた。ただし前者については、長期的に見た場合、日本の首相・外相が訪問した国は援助卒業国となり、援助額は減らされていくという結果も合わせて明らかになっている。

トップドナーとなったにもかかわらず、日本の援助には理念が存在しない。そのような批判を受けて日本政府は1992年にODA大綱を発表する。大綱は、民主化の促進やグッド・ガバナンスの確保を援助の目的とすることなど、従来の日本の援助政策にはなかった項目が盛り込まれた。ODA大綱は2003年と2015年に改定され、それぞれ日本自身の利益にかなうODA、あるいは軍関係者への非軍事目的の協力などが新たに追加された。このようなODA大綱に記された新しい項目は、それ以降の日本の援助分配行動を変えたのだろうか。本書では、各大綱に書かれた新規項目と相互矛盾性の理論的検討を経た上でさまざまなデータによる検証をおこなった。その結果、日本の援助額とネガティブにリンケージされたのはレシピエントによる大量破壊兵器の実験と通常兵器の軍事支出額だったことが明らかになった。ただし民主化やグッド・ガバナンスの促進という、欧米からもたらされた規範については、ODA大綱の影響を確認することはできなかった。さらに2003年大綱以降は、日本の経済利益にかなう援助、具体的には経済インフラストラク

チャーの重視がそれまで以上に顕在化し、その傾向はますます強まっていることも確認された。それとは対照的に、DACの推奨する社会インフラ援助は相対的に減少してきている。そして2015年大綱もまた、日本のODA分配行動を変えた。その項目は政府があらかじめ用意していた指針であった、軍関係者への非軍事目的の協力である。これが記載された2015年大綱が発表された後には、軍関係者へのODA支出が確実に増大した。

　1992年ODA大綱の発表前後から、日本は長期経済停滞に入る。そして1995年の阪神・淡路大震災によって多大な復興財源が必要となった政府は、大幅なODA予算の削減を1998年から開始する。また日中関係が悪化する中で中国に対する援助を続けていることに、国内で多くの批判がなされるようにもなる。それを受けて対中援助の見直しが、国益の名の下に議論された。つまり1970年代後半から継続してきた日本の対外援助政策は、1990年代末にまた大きく変化を遂げたのである。

　1970年代以降、日本政府は公式な声明において、援助が「国益」になるということを繰り返し述べていた。それは長期的・間接的に日本の利益に繋がる、という内容だった。2010年代の後半には、それが短期的・直接的利益に取って代わられる。この時期から政府が、質の高いインフラシステムの輸出を援助によってサポートし、それを国益と呼ぶようになったからである。それが唱導された原因のひとつが、中国というライバルの存在だった。日本が「質の高い」インフラシステムの輸出を掲げ、それを「国益」としたのは、アジアにおける中国との経済インフラ輸出競争を勝ち抜くためだったからである。これは純粋に経済的な目的ではなく、国家の威信にも深く関わってくるものでもある。そして国益という旗印の下でおこなわれた援助分配は、確実に実行された。すなわち日本のODA、特に借款による大規模な経済インフラへの供与比率がこの時期に大幅に上昇した。

　他方で中国は2010年代より一帯一路を唱え、そしてAIIB創設のイニシャティブをとり、アジアを中心に世界大のインフラ援助を強力に推進し始めた。日中による援助競争の「新重商主義」時代が開始されたのである。この競争は多くの研究者をひきつけており、さまざまな論点——メリットとデメ

リット——が指摘されてきた。その中で本書が示した新しい視点は、アジアにおける経済インフラ援助競争によって、日中の分業が意図しないかたちで生じている、という事実であった。それは、ドナーとしての特徴が極めて似ている日本と中国が、経済インフラ競争を追求した結果だった。政策関係者の意図と、現実の結果が必ずしも一致していないことは本書で繰り返し述べた通りである。そして日中の援助競争は、為政者の思惑を超えて、OECDがパリ宣言でドナー各国に求めた援助国協調が意図せざるかたちで実現したことが、データによって示された。

2 ▸ 展望

本書の分析の最後に、日本の対外援助の今後の展開予想を簡単に述べておこう。本書が明らかにしたように、援助政策は時代ごとに変化していく。そうである限り、今後における日本のODA外交を正確に予想することは困難である。また社会科学者として、筆者は社会現象の予想をおこなうことに極めて懐疑的であり、今までの研究では、そのような予断をできる限り慎重に避けてきた。ただし各章の最後で簡単に触れたように、短・中期的には、日本の援助分配行動に変化がないだろうと考えられる特徴と、それをもたらす要因は、かなりの蓋然性をもっていくつか導き出すことができる。それを70年という日本の援助外交を扱った本書の最後で述べることは、ある程度必要なことだろう。

今後の日本の援助外交に影響を与えるだろうと考えられるひとつは、レシピエントの核実験である。大量破壊兵器に対する拒否反応は、戦後80年を経た現在においても、唯一の被爆国として日本人に深く埋め込まれており、容易には消え去るものではない。したがって第7章で論じたように、1992年大綱で4原則のひとつとして明記されて以降、レシピエントの核実験は確実に日本の援助停止を引き起こした。その傾向が短期間で変化することは考えにくく、依然として続くだろうと思われる。

第二に挙げられるのは、米国の圧倒的な影響力である。日本の援助分配に

おいては、米国の意向や行動が強く反映されることは、本書でも繰り返し述べた通りである（ただしそれは援助外交だけではなく、日本外交一般に言えることである）。少なくとも短・中期的にはこの傾向は、変わることはないだろう。すなわち日本のODA分配は、米国のそれと今後とも共鳴していくと考えられる。

　第三に、ODAの供与は日本との政治経済的な結びつきの強いアジアが中心である、という特徴もしばらくは変更がないだろう。序章で触れたように、2023年6月に改定された開発協力大綱およびその直前に発表された有識者懇談会の報告書には、今までの大綱で記述されていた「アジア」という単語は出てこない（開発協力大綱の改定に関する有識者懇談会　2022；外務省　2023）。これが意図的だったのかどうか、そして今後のアジアへの援助分配はこれによって影響を受けるのかどうかは、これからの実際の援助データで検証する必要がある。おそらく、「インド太平洋」というワードが代わりに出てきたことからわかるように、南アジアやアフリカがますます重視されるようになるかもしれない。その事実を裏付けるかのように、インドは2005年以降、日本の借款供与のトップに君臨している（図9-7-2から図9-7-4。290頁）。ただし当然ながら東南アジアも太平洋沿海の諸国であり、重要性は失われていない。したがって、依然としてインドネシアやベトナム、あるいはフィリピンは、日本からの多額援助の供与国となり続けるだろう。

　では第四に、借款による経済インフラ中心という日本援助の特徴は、しばらく続くのだろうか。実はこの特徴は、2018年をピークとして、徐々に下っていくことが図7-6（234頁）から確認できる。これが短期間の傾向であるのか、長期傾向の嚆矢であるのかは判断することは難しい。しかしながら2020年以降、日本経済の活性化を「国益」と呼ぶことがなくなった以上、日本が経済インフラ援助比率をピーク時の2010年代後半よりもさらに増やすということは考えにくい。そのことからも、第9章で論じたアジアにおける日中援助競争の帰結である分業体制も、終焉を迎えつつあるかもしれない。双方が小・中規模なテクノロジー集約型援助を増やすとすれば、セクター競合とレシピエント競合が同時に起こるからである。

最後に、日本の対外援助の安全保障目的の加速化について述べておきたい。2023年4月5日、岸田文雄内閣は「政府安全保障能力強化支援（Official Security Assistance：OSA）」という新たな枠組みを発表した（読売新聞2023年4月3日；西田 2024）。その枠組みにおいて、フィリピン、マレーシア、バングラデシュといった「同志国」に対して防衛装備品の無償供与を開始したのである（読売新聞2023年11月4日）。これは同政権が2022年12月に発表した「国家安全保障戦略」（内閣官房 2022）に基づくものであり、ロシアと中国に対抗する意図は明らかであった。

　このOSA予算は初年度である2023年は20億円であり、前年の5650億円というODA予算と比べると微々たるものである。ただし2024年度は50億円と倍以上に増額される予定であり、対象国も拡大、ベトナムなどが候補に挙がっている（日本経済新聞2023年12月22日）。OSAは定義上、ODAではない。しかしながら第7章で述べたように、2015年大綱では軍関係者への非軍事目的の協力が明記された。その事業件数が右肩上がりに伸びているのは、図7-8（236頁）が示している通りである。つまり軍事関係者への非軍事援助を伴うODAと、明確な軍事援助であるOSAが相伴いつつ、2015年以降に増大している事実は注目に値する。Yamamoto（2023）が指摘するように、「東京があらゆる政治的手段を用いて地域の安全保障の不安定化に対処する用意があるという政治的シグナルは、大きな象徴的意味を持つ」からである。自国をとりまく地域が不安定であると日本の政策決定者が認識し、それに援助を通じて対処しようとする意志がある限り、この傾向は続くだろう。ただしそれがどのような帰結をもたらすのかは依然として不明瞭であり、われわれは今後の展開を注視していかなければならない。

あとがき

　本書の執筆を開始したのが2018年11月。つまり本書を上梓するまで約6年の歳月をかけたことになる。その間に（あるいはその少し前から）、本書の土台となった論考をいくつかの国内／国際誌、学会等で発表してきた。その個々の論文、あるいは全体に目を通して有用なコメントをしてくださった方々、データ収集作業などを手伝ってくださった方々、さらには筆者との個人的な会話を通じて多くのアイディアをくださった、次の方々に感謝したい（敬称及び肩書き省略）。

　　有田伸、安中進、飯田高、石田浩、伊藤亜聖、伊藤岳、呉婧媛、宇野重規、大野泉、小川裕子、片田さおり、加藤晋、佐藤百合、庄司智孝、曹良鉉、鈴木基史、孫亦云、田中明彦、田中隆一、中西寛、中村尚史、西村もも子、東島雅昌、MASLOW, Sebastian、MCELWAIN, Kenneth Mori、松岡智之、松浦正孝、MIDFORD, Paul、李雅楽子、李健思、湯川恵梨子、湯川拓。

　さらに本研究の遂行と出版には、次の財政的なサポートを受けた。記して感謝申し上げます。

UTEC-UTokyo FSI Research Grant Program
東京大学社会科学研究所全所的プロジェクト「社会科学のメソドロジー」
鹿島学術振興財団研究助成
日本学術振興会科学研究費助成事業基盤研究(C)（課題番号21K01366）

　特に本書の出版を可能にしてくださった、UTEC（代表：郷治友孝氏）には厚

くお礼申し上げたいと思います。

　最後に、本書の出版を引き受けてくださった千倉書房および編集者の神谷竜介氏にも感謝します。

　1954年から開始された日本の対外援助は、このあとがきの執筆終了時点でちょうど70年になる。それは人間の人生の長さである。初期の援助政策の直接的な関係者は、ほとんど鬼籍に入られただろう。70年という年月の間に、借款援助率の高さなど、あまり変化がなかったものもある一方で、環境重視、アンタイド率の急低下と再上昇といった、大きく変わった日本のODAの特徴もあった。本書ではその恒常性とダイナミズムを、できるだけ多くの証拠と複数の分析手法によって説得的に描き出すように試みた。日本による援助政策の70年の変遷という重みと深みを、先行研究とは異なった視点から論じた本書から読み取っていただければ、筆者としてこれ以上の幸せはない。

　　2024年9月　東京にて

　　　　　　　　　　　　　　　　　　　　　　保城広至

付表　データ(変数)のリストと出典

変数	定義
ODA約束／支出額 贈与・借款(グロス)・技術協力	DACドナーによる各レシピエントへの二国間ODAの約束／支出額 (100万米ドル、2021年コンスタント価格)
輸出額	DACドナーによる各レシピエントへの輸出額(100万米ドル)
輸入額	DACドナーによる各レシピエントへの輸入額(100万米ドル)
被援助国GDP	レシピエントのGDP
被援助国人口	レシピエントの人口
民主主義指標(VDEM)	レシピエントの民主主義指標
自然災害発生数	1年間に1人以上の死傷者を出した自然災害の数
国連総会投票シンクロ率	1946年から2015年の国連総会におけるroll-call投票を用いた二国間 親和性スコア。
距離	DACドナーとレシピエントの物理的距離
賠償支出額	日本からの求償国への賠償・準賠償・経済協力支出額
石油輸出	レシピエントの商品輸出に占める石油の割合
首相・外相の訪問回数	日本の首相・外相がレシピエントに訪問した回数／年
被援助国軍事支出額	レシピエント軍事支出額
中国のODA(贈与・借款)	中国による各レシピエントへの二国間援助の約束額 (100米ドル、2017年コンスタント価格)

出典

OECD/DAC Database

IMF Direction of Trade Statistics

IMF Direction of Trade Statistics

World Bank Database

World Bank Database

Coppedge et al. (2017)

EM-DAT - The international disaster database

Voeten (2013)

CEPII database

大蔵省財政史室編 (1984, 532-533)

World Bank Database

外務省『わが外交の近況／外交青書』(各年度版)

SIPRI Military Expenditure Database

Custer et al. (2021)

参 照 文 献

ウェブサイト（2024年5月18日最終アクセス）

▶ 英語

AIIB (2024) "Members and Prospective Members of the Bank"
https://www.aiib.org/en/about-aiib/governance/members-of-bank/index.html
Arase, David (2021) "The Belt and Road Initiative Enters a Second Phase," *Asia Global Online*, April 15.
https://www.asiaglobalonline.hku.hk/belt-and-road-initiative-enters-second-phase
ASEAN (2005)" Chairman's Statement of the Ninth ASEAN-China Summit"
https://asean.org/chairmans-statement-of-the-ninth-asean-china-summit-kuala-lumpur-12-december-2005/
ASEAN (2012) "Chairman's Statement of the 12th ASEAN-China Summit"
https://asean.org/chairmans-statement-of-the-12th-asean-china-summit/
Belt and Road Forum for International Cooperation (2017) "Ministry of Foreign Affairs Holds Briefing for Chinese and Foreign Media on President Xi Jinping's Attendance and Chairing of Related Events of the BRF", April 25.
http://2017.beltandroadforum.org/english/n100/2017/0425/c22-214.html
Coppedge, Michael, John Gerring, Staffan I. Lindberg, Svend-Erik Skaaning, Jan Teorell, David Altman, Frida Andersson, Michael Bernhard, M. Steven Fish, and Adam Glynn (2017) "V-Dem Codebook v7."
https://v-dem.net/data/
Custer, S., Dreher, A., Elston, T.B., Fuchs, A., Ghose, S., Lin, J., Malik, A., Parks, B.C., Russell, B., Solomon, K., Strange, A., Tierney, M.J., Walsh, K., Zaleski, L., and Zhang, S. (2021) "Tracking Chinese Development Finance: An Application of AidData's TUFF 2.0 Methodology," Williamsburg, VA: AidData at William & Mary.
https://www.aiddata.org/publications/aiddata-tuff-methodology-version-2-0
DAC (2006) "DAC in Dates: The History of OECD's Development Assistance Committee."
https://www.oecd.org/dac/1896808.pdf
EM-DAT - The international disaster database
https://www.emdat.be/
Führer, Helmut (1994) "A History of the Development Assistance Committee and the Development Co-operation Directorate in Dates, Names and Figures," Organisation for

Economic Co-operation and Development, Paris.

https://www.oecd.org/dac/1896816.pdf

Harner, Stephen (2015) "Japan's Rail Project Loss To China: Why It Matters For Abe's Economic Diplomacy And For China's," *Forbes Asia*, Octber 1.

https://www.forbes.com/sites/stephenharner/2015/10/01/japans-rail-project-loss-to-china-why-it-matters-for-abes-economic-diplomacy-and-for-chinas/?sh=6231ef672fae

IMF Direction of Trade Statistics

https://data.imf.org/?sk=9d6028d4f14a464ca2f259b2cd424b85

JBIC (Japan Bank for International Cooperation) (2005) *JBIC TODAY*, July 2005, Tokyo: JBIC.

https://www.jica.go.jp/Resource/english/publications/jbic_archive/jbic_today/pdf/td_2005july.pdf

OECD/DAC Database

https://stats.oecd.org/

OECD/DAC "Official development assistance – definition and coverage"

http://www.oecd.org/dac/stats/officialdevelopmentassistancedefinitionandcoverage.htm

SIPRI Military Expenditure Database

https://www.sipri.org/databases/milex

World Bank Database

https://data.worldbank.org/

Yamamoto, Raymond (2023) "Japan's new security strategy and development aid: The updated NSS may bring a military dimension to the nation's development assistance," *The Japan Times*, February 8.

https://www.japantimes.co.jp/opinion/2023/02/08/commentary/japan-commentary/japan-nss-oda/

► 日本語

ODA大綱見直しに関する有識者懇談会 (2014) 「ODA大綱見直しに関する有識者懇談会報告書」6月

https://www.mofa.go.jp/mofaj/gaiko/oda/files/000071302.pdf

開発協力大綱の改定に関する有識者懇談会 (2022) 「開発協力大綱の改定に関する有識者懇談会報告書」12月

https://www.mofa.go.jp/mofaj/gaiko/oda/files/100432179.pdf

外務省 (各年度版)『わが外交の近況／外交青書』

https://www.mofa.go.jp/mofaj/gaiko/bluebook/index.html

外務省「開発協力適正会議」

https://www.mofa.go.jp/mofaj/gaiko/oda/about/kaikaku/tekisei_k/index.html

外務省「国際機関への拠出金・出資金等に関する報告書」

https://www.mofa.go.jp/mofaj/gaiko/oda/shiryo/sonota.html

外務省（1992）「政府開発援助大綱」6月

https://www.mofa.go.jp/mofaj/gaiko/oda/seisaku/taikou/sei_1_1.html

外務省（2000）「『21世紀に向けた対中経済協力のあり方に関する懇談会』提言」12月

https://www.mofa.go.jp/mofaj/gaiko/oda/data/chiiki/china/sei_1_13_4.html

外務省（2002-2006）「ODA総合戦略会議」

https://www.mofa.go.jp/mofaj/gaiko/oda/seisaku/kondankai.html

外務省（2003）「政府開発援助大綱」8月

https://www.mofa.go.jp/mofaj/gaiko/oda/seisaku/taikou.html

外務省（2010）「開かれた国益の増進―世界の人々とともに生き、平和と繁栄をつくる」6月

https://www.mofa.go.jp/mofaj/gaiko/oda/kaikaku/arikata/pdfs/saisyu_honbun.pdf

外務省（2014a）「岸田外務大臣ODA政策スピーチ 進化するODA　世界と日本の未来のために」3月28日

https://www.mofa.go.jp/mofaj/ic/ap_m/page3_000726.html

外務省（2014b）「開発協力大綱案についての意見募集」10月

https://www.mofa.go.jp/mofaj/gaiko/oda/about/kaikaku/taikou_minaoshi/taikouan_iken.html

外務省（2015a）「開発協力大綱：平和、繁栄、そして、一人ひとりのより良き未来のために」11月2日

https://www.mofa.go.jp/mofaj/gaiko/oda/seisaku/taikou_201502.html

外務省（2015b）「政府開発援助（ODA）大綱の見直し」7月2日

https://www.mofa.go.jp/mofaj/gaiko/oda/about/kaikaku/taikou_minaoshi/index.html

外務省（2023）「開発協力大綱：自由で開かれた世界の持続可能な発展に向けた日本の貢献」6月9日

https://www.mofa.go.jp/mofaj/gaiko/oda/files/100514690.pdf

外務省外交史料館『岸総理第2次訪米関係一件　第1巻』

https://www.mofa.go.jp/mofaj/annai/honsho/shiryo/shozo/pdfs/2018/gaiyo.pdf

外務省経済協力局（2002）「政府開発援助大綱の見直しについて」12月10日

https://www.mofa.go.jp/mofaj/gaiko/oda/seisaku/kondankai/senryaku/6_shiryo/shiryo_5_1.html

外務省経済協力局（2003）「政府開発援助（ODA）大綱の見直し（関係者の主な意見）」5月12日

https://www.mofa.go.jp/mofaj/gaiko/oda/seisaku/kondankai/senryaku/10_shiryo/

shiryo_4.html

外務省国際協力局(2004)『ODA50年の成果と歩み』10月

https://www.mofa.go.jp/mofaj/press/pr/pub/pamph/pdfs/oda_50.pdf

外務省国際協力局政策課(2014)『ODA60年の成果と歩み』9月

https://www.mofa.go.jp/mofaj/files/000051408.pdf

外務省・財務省・経済産業省・国土交通省(2015)「質の高いインフラパートナーシップ：アジアの未来への投資」5月21日

https://www.mofa.go.jp/mofaj/gaiko/oda/files/000081296.pdf

経協インフラ戦略会議(2022)「「質の高いインフラ輸出拡大イニシアティブ」の成果報告」6月3日

https://www.kantei.go.jp/jp/singi/keikyou/dai54/kettei_4.pdf

経済産業省(2010)「産業構造ビジョン2010　骨子」6月

https://warp.da.ndl.go.jp/info:ndljp/pid/10310120/www.meti.go.jp/committee/summary/0004660/vision2010gist.pdf

経済産業省(2012)「インフラ・システム輸出の現状」4月

https://www.meti.go.jp/committee/summary/0004685/pdf/002_04_01.pdf

＊2023年9月まではアクセス可、2024年3月時点ではリンク切れ

国土交通省(2021)「日本の『質の高いインフラプロジェクト：グッドプラクティス集』3月

https://www.mlit.go.jp/kokusai/content/001397310.pdf

首相官邸(2010)「新成長戦略：『元気な日本』復活のシナリオ」6月18日

https://www.kantei.go.jp/jp/sinseichousenryaku/sinseichou01.pdf

首相官邸(2013a)「経協インフラ戦略会議について」3月

https://www.kantei.go.jp/jp/singi/keikyou/dai1/siryou1.pdf

首相官邸(2013b)「インフラシステム輸出戦略」5月17日

https://www.kantei.go.jp/jp/singi/keikyou/dai4/kettei.pdf

首相官邸(2014)「インフラシステム輸出戦略(2014年度改訂版)」6月3日

https://www.kantei.go.jp/jp/singi/keikyou/dai11/kettei.pdf

首相官邸(2023)「経協インフラ戦略会議」

https://www.kantei.go.jp/jp/singi/keikyou/infra2025_kaisai.html

対外経済協力特別委員会ODA改革に関するワーキングチーム(2002)「ODA改革の方向性(中間取りまとめ案)」10月29日

https://www.mofa.go.jp/mofaj/gaiko/oda/seisaku/kondankai/senryaku/4_shiryo/shiryo_5.html

データベース「世界と日本」

https://worldjpn.net/

内閣官房（2022)「国家安全保障戦略について」12月16日

https://www.cas.go.jp/jp/siryou/221216anzenhoshou.html

内閣府（各年度）「外交に関する世論調査一覧」

https://survey.gov-online.go.jp/index-gai.html

日本経済団体連合会（2010）「提言『国際貢献の視点から、官民一体で海外インフラ
　　整備の推進を求める』」10月19日

https://www.keidanren.or.jp/policy/2010/090.html

パシフィックコンサルタンツインターナショナル（2002）『アジア通貨危機支援評価
　　最終報告書』3月

https://www.mofa.go.jp/mofaj/gaiko/oda/shiryo/hyouka/kunibetu/gai/asia_tuka/
　　th99_01_index.html

► 一次資料

外交史料館（東京）

　マイクロフィルム

『アジア開発銀行関係（ADB）　設立関係　準備会議関係』B'-0149。

『アジア開発銀行関係（ADB）　設立関係　閣僚級会議関係』B'-0149。

『アジア開発銀行設立関係』B'-0148。

『岡崎外務大臣東南アジア訪問関係一件』A'-0153。

『旧枢軸国及び中立国の対日賠償要求関係雑件　日・タイ特別円問題解決協定関係
　　第1巻』B'-0158。

『旧枢軸国及び中立国の対日賠償要求関係雑件　日・タイ特別円問題解決協定関係
　　第6巻』B'-0159。

『経済協力開発機構関係　各国の動向（加盟、脱退を含む）　日本の加盟関係』E'-
　　0225。

『日本・インドシナ三国賠償交渉関係雑件』B'-0167。

『日本・インドネシア平和条約及び賠償協定交渉関係一件』B'-0152。

『日本・ヴィエトナム間賠償及び借款協定関係　第1巻』B'-0203。

『日本・ヴィエトナム間賠償及び借款協定関係　第2巻』B'-0203。

『日本・ヴィエトナム間賠償及び借款協定関係　第3巻』B'-0203。

『日本・ヴィエトナム間賠償及び借款協定関係　調書・資料』B'-0204。

『日本・シンガポール補償協定関係　第1巻』B'-0188。

『日本・シンガポール補償協定関係　第2巻』B'-0189。

『日本・ビルマ賠償及び経済協力協定一件』B'-0185。

『日本・ビルマ賠償及び経済協力協定関係一件　第4巻』B'-0162。

『日本・マレイシア補償協定関係　第1巻』B'-0175。

『日本・ラオス経済技術協力協定関係一件』B'-0191。

『本邦対インド経済技術協力関係　対インド円借款供与』E'-0217。

　現物公開

『アジア開発銀行関係（ADB）　創立総会関係　総裁、副総裁関係』B'.6.3.0.41-5-1。

『ASEAN文化基金』2010-3452、2010-3453、2010-3454。

『コロンボ・プラン関係』E'.4.1.0.12-1。

『コロンボ・プラン関係　日本の加入関係』E'.4.1.0.12-2。

『日本・インドネシア平和条約及び賠償協定交渉関係一件　交渉経緯』B'.3.1.2.3-2。

『福田総理インドネシア訪問』2010-0032。

『福田総理東南アジア諸国訪問』2010-6242、2010-6243、2011-0344、2011-0724、
　　2011-0725。

『福田総理東南アジア諸国訪問(5)』2011-0722。

『福田総理東南アジア諸国訪問（資料）』2010-0031。

『福田総理東南アジア諸国訪問　ASEAN首脳会議と総理歴訪（第2回）』2011-0726。

『福田総理東南アジア諸国訪問／フィリピン』2010-0033。

米国公文書館

National Security File, Country File, box250, Lyndon B. Johnson Library

外務省情報公開文書

文書番号

2001-1378、2001-1921、2001-1980、2001-1981、2002-1242、2003-633、2003-
　　639、2004-589、2004-595、2019-741、2020-207

政府刊行物等

　英語

ADB Institute (2009) *Infrastructure for a seamless Asia*, Mandaluyong: Asian Development
　　Bank.

ADB (2017) *Meeting Asia's infrastructure needs*, Mandaluyong: Asian Development Bank.

*Confidential US State Department Central Files, Japan, Internal Affairs and Foreign Affairs
　　(CF-JIFA), February 1963–1966*, Bethesda, MD.: University Publication of America,
　　1997 (Microfilm).

Department of State Bulletin, vol.42, 1960.

Development Assistant Committee (DAC) (2004) *Peer Review of Japan*, Organization for
　　Economic Co-operation and Development.

Development Assistant Committee (DAC) (2010) *Peer Review of Japan*, Organization for
　　Economic Co-operation and Development.

・参照文献

Foreign Relations of the United States (FRUS) (1951) *Asia and the Pacific*, Vol. VI, Part.1, Washington: U.S. G.P.O, 1951.

FRUS (1958-1960) Western European Integration and Security, Canada, Vol. VII, Part. 1.

FRUS (1958-1960) Japan; Korea, Vol. XVIII.

Pauley, E. W. (1945-1946), "Report on Japanese reparations to the president of the United States," November 1945 to April 1946, Washington, D.C. : Ambassador of the United States and Personal Representative of the President on Reparations.

Public Papers of the Presidents of the United States: Lyndon B. Johnson 1965, vol.1, Washington D.C.: USGPO, 1966.

日本語

大来佐武郎監訳(1969)『開発と援助の構想：ピアソン委員会報告』日本経済新聞社。

大蔵省財政史室編(1984)『昭和財政史：終戦から講和まで 第1巻』東洋経済新報社。

海外経済協力基金(各年度版)『海外経済協力基金年次報告書』。

海外経済協力基金編(1982)『海外経済協力基金20年史』海外経済協力基金。

海外経済協力基金編(1992)『海外経済協力基金30年史』海外経済協力基金。

海外建設協会編(1985)『海外建設協会30年のあゆみ』海外建設協会。

海外建設協力会編(1976)『海外建設協力会20年のあゆみ』海外建設協力会。

外務省(各年度版)『わが外交の近況／外交青書』。

外務省(各年度版)『我が国の政府開発援助(ODA白書)』。

外務省21世紀に向けてのODA改革懇談会(1997)「財政構造改革に関する緊急意見」通商産業省通商政策局経済協力部編『経済協力構造改革に向けて：行財政改革の下、国民の利益に資する経済協力を求めて』通商産業調査会出版部。

外務省経済協力局　経済協力研究会編(1981)『経済協力の理念：政府開発援助はなぜ行うのか』財団法人国際協力推進協会。

外務省賠償部・通商産業省賠償室編(1956)『ビルマ賠償と貿易』商工会館出版部。

経済企画庁経済協力政策研究会(1997)「持続可能な経済協力に向けて」通商産業省通商政策局経済協力部編『経済協力構造改革に向けて：行財政改革の下、国民の利益に資する経済協力を求めて』通商産業調査会出版部。

経済企画庁総合計画局編(1973)『経済社会基本計画：活力ある福祉社会のために』経済企画協会。

国際協力機構(各年度版)『国際協力機構年次報告書』。

国際協力銀行(各年度版)『国際協力銀行年次報告書』。

対外経済協力審議会(1991)『答申　地球環境問題と我が国対外経済協力について』。

通産省(各年度版)『経済協力の現状と問題点』。

通産省経済協力政策研究会編(1966)『DACと低開発国援助問題』アジア経済研究所。

通商産業省通商政策局経済協力部編(1997)『経済協力構造改革に向けて：行財政改

革の下、国民の利益に資する経済協力を求めて』通商産業調査会出版部。

内閣官房内閣審議室分室・内閣総理大臣補佐官室編(1980)『総合安全保障戦略：総合安全保障研究グループ』大蔵省印刷局。

内閣官房日本経済再生総合事務所編(2013)『日本再興戦略：JAPAN is BACK』経済産業調査会。

内閣総理大臣官房審議室対外経済協力担当事務室編(1976)『対外経済協力審議会関係参考資料集』

日本経済調査協議会(1964)『OECD加盟と日本経済』経済往来社。

日本経済新聞社編(1963)『OECDと日本経済：機構の全容と加盟の影響』日本経済新聞社。

日本鉄鋼連盟戦後鉄鋼史編集委員会編(1959)『戦後鉄鋼史』日本鉄鋼連盟。

賠償問題研究会編(1959)『日本の賠償：その現状と問題点』外交時報社。

臨時行政改革推進審議会・世界の中の日本部会(1991)『「世界の中の日本」部会報告（第一次・第二次)』。

未公刊資料

越智隆雄(2005)『デタント期の日本外交：福田政権の外交枠組み』東京大学大学院法学政治学研究科修士論文。

外務省アジア局第三課(1954)『日比賠償交渉(1951年1月-1954年4月)調書』。

田中健郎(2008)『日本・南ヴィエトナム戦後賠償交渉の研究：サイゴン政権の主体性とその変化』東京大学大学院総合文化研究科修士論文。

李嘉悦(2021)『中国対外援助の基本構造と新たな展開』東京大学大学院新領域創成科学研究科修士論文。

► 二次資料

朝日新聞
サンケイ新聞
日本経済新聞
毎日新聞
読売新聞
The Far Eastern Economic Review (FEER)
New York Times

► 英語書籍

Arase, David (1995) *Buying Power: The Political Economy of Japan's Foreign Aid*, Boulder,

• 参照文献

Colorado: Lynne Rienner Publishers.

Baldwin, David A. (1966) *Economic Developmetn and American Foreign Policy 1943–62*, Chicago and London: The University of Chicago Press.

Baldwin, David A. (2020) *Economic statecraft: New edition*, Princeton: Princeton University Press.

Beard, Charles (1934) *The Idea of National Interest: An Analytical Study in American Foreign Policy*, Westport, CT: Greenwood Press.

Borden, William Silvers (1984) *The Pacific Alliance: United States foreign economic policy and Japanese trade recovery, 1947–1955*, Madison, Wisconsin: University of Wisconsin Press.

Bräutigam, Deborah (2011a) *The dragon's gift: the real story of China in Africa*, Oxford: Oxford University Press.

Cheong, Sung-Hwa (1991) *The Politics of anti-Japanese sentiment in Korea: Japanese-South Korean relations under American Occupation, 1945–52*, New York: Greenwood Press.

Copper, John Franklin (2016a) *China's Foreign Aid and Investment Diplomacy, Volume II: History and Practice in Asia, 1950–Present*, Berlin: Springer.

Copper, John Franklin (2016b) *China's Foreign Aid and Investment Diplomacy, Volume III: Strategy Beyond Asia and Challenges to the United States and the International Order*, Berlin: Springer.

Dreher, Axel, Andreas Fuchs, Bradley Parks, Austin Strange and Michael J. Tierney (2022) *Banking on Beijing: The Aims and Impacts of China's Overseas Development Program*. Cambridge, UK: Cambridge University Press.

Emmers, Ralf (2003) *Cooperative Security and the Balance of Power in ASEAN and the ARF*, London: Routledge.

Ensign, Margee (1992) *Doing good or doing well?: Japan's foreign aid program*. New York: Columbia University Press.

Finnemore, Martha (1996) *National Interests in International Society*, New York: Cornell University Press.

Giusti, Serena (2022) *The Fall and Rise of National Interest: A Contemporary Approach*, London: Palgrave Macmillan.

Henrich, Joseph, Robert Boyd, Samuel Bowles, Colin Camerer, Ernst Fehr and Herbert Gintis (2004) *Foundations of Human Sociality: Economic Experiments and Ethnographic Evidence from Fifteen Small-Scale Societies*, Oxford: Oxford University Press.

Hirata, Keiko (2002) *Civil Society in Japan: the Growing Role of NGOs in Tokyo's Aid and Development Policy*, New York: Palgrave Macmillan.

Hook, Steven Wallace (1995) *National Interest and Foreign Aid*, Boulder, Colorado: Lynne Rienner Publishers.

Huang, Po-Wen（1975）*The Asian Development Bank: Diplomacy and Development in Asia*, New York: Vantage Press.

Ichihara, Maiko（2018）*Japan's International Democracy Assistance as Soft Power: Neoclassical Realist Analysis*, London: Routledge.

Jones, Matthew（2002）*Conflict and Confrontation in South East Asia, 1961‒1965: Britain, the United States, Indonesia and the Creation of Malaysia*, Cambridge: Cambridge University Press.

Katada, Saori N.（2020）*Japan's new regional reality: Geoeconomic strategy in the Asia-Pacific*, New York: Columbia University Press.

Kaufman, Burton Ira（2019）*Trade and Aid: Eisenhower's Foreign Economic Policy, 1953‒1961*, Baltimore, Maryland: Johns Hopkins University Press.

Krasner, Stephen David（1978）*Defending the national interest: Raw materials investments and U.S. foreign policy*, Princeton: Princeton University Press.

Lam, Peng Er ed.（2013）*Japan's Relations with Southeast Asia: The Fukuda Doctrine and Beyond*, Abingdon, Oxon : Routledge.

Lancaster, Carol（2007）*Foreign Aid: Diplomacy, Development, Domestic Politics*, Chicago: University of Chicago Press.

Mackie, James Austin Copland（1974）*Konfrontasi: The Indonesia-Malaysia Dispute 1963‒1966.* Kuala Lumpur: Oxford University Press.

Merrill, Dennis（1990）*Bread and the Ballot: The United States and India's Economic Development, 1947‒1963*, Chapel Hill and London: University of North Carolina Press.

Miller, Tom（2019）*China's Asian Dream: Empire Building Along the New Silk Road*, London: Bloomsbury Publishing.

Miyagi, Taizo（2017）*Japan's Quest for Stability in Southeast Asia: Navigating the Turning Points in Postwar Asia*, London: Routledge.

Miyashita, Akitoshi（2003）*Limits to Power: Asymmetric Dependence and Japanese Foreign Aid Policy*, Lanham, Maryland: Lexington Books.

Murthy, P.A. Narasimha（1986）*India and Japan: Dimensions of their Relations: Historical and Political*, New Delhi: ABC Pub. House.

Nagel, Jack（1975）*The Descriptive Analysis of Power*, New Haven, Connecticut: Yale University Press.

Neumayer, Eric（2003）*The Pattern of Aid Giving: The Impact of Good Governance on Development Assistance,* London: Routledge.

Nishihara, Masashi（1976）*The Japanese and Sukarno's Indonesia: Tokyo-Jakarta Relations, 1951‒1966*, Honolulu: University Press of Hawaii.

Olson, Lawrence（1970）*Japan in Postwar Asia*, New York: Praeger Publishers.

Orr, M. Robert（1990）*The Emergence of Japan's Foreign Aid Power*, New York: Columbia

University Press.

Pressello, Andrea (2018) *Japan and the Shaping of Post-Vietnam War Southeast Asia: Japanese Diplomacy and the Cambodian Conflict, 1978-1993*, London: Routledge.

Rix, Alan (1980) *Japan's Economic Aid: Policy-Making and Politics*, London: Croom Helm.

Schaller, Michael (1985) *The American Occupation of Japan: the origins of the Cold War in Asia*, New York: Oxford University Press.

Shiraishi, Masaya (1990) *Japanese Relations with Vietnam: 1951-1987*, New York: Cornell University Press.

Solís, Mireya (2004) *Banking on Multinationals: Public Credit and the Export of Japanese Sunset Industries*, Stanford: Stanford University Press.

Stokke, Olav ed. (1995) *Aid and Political Conditionality*, London: Routledge.

Sudo, Sueo (1992) *The Fukuda Doctrine and ASEAN: New Dimensions in Japanese Foreign Policy*, Singapore: Institute of Southeast Asian Studies.

Suriyamongkol, Marjorie Leemhuis (1988) *Politics of ASEAN Economic Co-operation: the case of ASEAN industrial projects*, Singapore: Oxford University Press.

Takamine, Tsukasa (2006) *Japan's Development Aid to China: The Long-Running Foreign Policy of Engagement*, London: Routledge.

Trubowitz, Peter (1998) *Defining the national interest: conflict and change in American foreign policy*, Chicago: University of Chicago Press.

Weiss, Jessica Chen (2014) *Powerful patriots: nationalist protest in China's foreign relations*, New York: Oxford University Press.

Wihtol, Robert (1988) *The Asian Development Bank and Rural Development: Policy and Practice*, Basingstoke : Macmillan.

Wolfers, Arnold (1962) *Discord and Collaboration: Essays on International Politics*, Baltimore: Johns Hopkins Press.

Wooldridge, Jeffrey Marc (2010) *Econometric Analysis of Cross Section and Panel Data*, Cambridge: MIT Press.

Yasutomo, Dennis Tetsushi (1995) *The New Multilateralism in Japan's Foreign Policy*, New York: Basingstoke : Macmillan.

► 日本語語書籍

赤根谷達雄(1993)『日本のガット加入問題──「レジーム理論」の分析視角による事例研究』東京大学出版会。

浅沼信爾・小浜裕久(2017)『ODAの終焉──機能主義的開発援助の勧め』勁草書房。

荒木光弥(1997)『歴史の証言──途上国援助1980年代』国際開発ジャーナル社。

荒木光弥(2005)『歴史の証言──途上国援助1990年代』国際開発ジャーナル社。

荒木光弥著、末廣昭・宮城大蔵・千野境子・高木佑輔編(2020)『国際協力の戦後史』東洋経済新報社。

五百旗頭真監修、井上正也・上西朗夫・長瀬要石著(2021)『評伝　福田赳夫――戦後日本の繁栄と安定を求めて』岩波書店。

殷燕軍(1996)『中日戦争賠償問題――中国国民政府の戦時・戦後対日政策を中心に』御茶の水書房。

内海愛子・田辺寿夫編著(1991)『語られなかったアジアの戦後――日本の敗戦－アジアの独立－賠償』梨の木舎。

衛藤瀋吉・山本吉宣(1991)『総合安保と未来の選択』講談社。

袁克勤(2001)『アメリカと日華講和――米・日・台関係の構図』柏書房。

大海渡桂子(2019)『日本の東南アジア援助政策――日本型ODAの形成』慶應義塾大学出版会。

太田修(2015)『［新装新版］日韓交渉――請求権問題の研究』クレイン。

大庭三枝(2004)『アジア太平洋地域形成への道程――境界国家日豪のアイデンティティ模索と地域主義』ミネルヴァ書房。

岡田実(2008)『日中関係とODA――対中ODAをめぐる政治外交史入門』日本僑報社。

岡野鑑記(1958)『日本賠償論』東洋経済新報社。

岡部恭宜編著(2018)『青年海外協力隊は何をもたらしたか――開発協力とグローバル人材育成50年の成果』ミネルヴァ書房。

オルソン、マンサー著、依田博・森脇俊雅訳(1996)『集合行為論――公共財と集団理論』ミネルヴァ書房。

加藤浩三(1998)『通商国家の開発協力政策――日独の国際的位置と国内制度との連関』木鐸社。

加藤淳子(1997)『税制改革と官僚制』東京大学出版会。

紀谷昌彦・山形辰史(2019)『私たちが国際協力する理由――人道と国益の向こう側』日本評論社。

許珩(2019)『戦後日華経済外交史　1950-1978』東京大学出版会。

金恩貞(2018)『日韓国交正常化交渉の政治史』千倉書房。

金熙徳、鈴木英司訳(2002)『徹底検証！日本型ODA――非軍事外交の試み』三和書籍。

草野厚(1997)『ODAの正しい見方』筑摩書房。

小林英夫(1983)『戦後日本資本主義と「東アジア経済圏」』御茶の水書房。

古森義久(2002)『「ODA」再考』PHP研究所。

サイード、エドワード・W著、今沢紀子訳(1993)『オリエンタリズム　上下』平凡社。

笹沼充弘(1991)『ODA援助批判を考える』工業時事通信社。

佐藤仁 (2016)『野蛮から生存の開発論——越境する援助のデザイン』ミネルヴァ書房。

佐藤仁 (2021)『開発協力のつくられ方——自立と依存の生態史』東京大学出版会。

佐藤秀雄 (1997)『ODAの世界——国際社会の中の日本を考える』日本図書刊行会。

清水一史 (1998)『ASEAN域内経済協力の政治経済学』ミネルヴァ書房。

下村恭民・中川淳司・斉藤淳 (1999)『ODA大綱の政治経済学——運用と援助理念』有斐閣。

下村恭民 (2020)『日本型開発協力の形成——政策史1・1980年代まで』東京大学出版会。

下村恭民 (2022)『最大ドナー日本の登場とその後——政策史2・1990年代以降』東京大学出版会。

白鳥潤一郎 (2015)『「経済大国」日本の外交——エネルギー資源外交の形成1967-1974年』千倉書房。

徐顕芬 (2011)『日本の対中ODA外交——利益・パワー・価値のダイナミズム』勁草書房。

曹良鉉 (2009)『アジア地域主義とアメリカ——ベトナム戦争期のアジア太平洋国際関係』東京大学出版会。

徐承元 (2004)『日本の経済外交と中国』慶應義塾大学出版会。

鈴木宏尚 (2013)『池田政権と高度成長期の日本外交』慶應義塾大学出版会。

鷲見一夫 (1989)『ODA援助の現実』岩波書店。

関山健 (2008)『日中の経済関係はこう変わった——対中国円借款30年の軌跡』高文研。

添谷芳秀 (1995)『日本外交と中国—— 1945-1972』慶應通信。

高嶺司 (2016)『日本の対中国関与外交政策——開発援助からみた日中関係』明石書店。

竹下秀邦 (1995)『シンガポール——リー・クアンユウの時代』アジア経済研究所。

竹原憲雄 (2014)『日本型ODAと財政——構造と軌跡』ミネルヴァ書房。

田中明彦 (1991)『日中関係—— 1945-1990』東京大学出版会。

田中明彦 (2007)『アジアのなかの日本』NTT出版。

谷野作太郎著、服部龍二・若月秀和・昇亜美子編 (2015)『外交証言録　アジア外交回顧と考察』岩波書店。

陳肇斌 (2000)『戦後日本の中国政策—— 1950年代東アジア国際政治の文脈』東京大学出版会。

中江要介 (2010)『アジア外交動と静——元中国大使中江要介オーラルヒストリー』蒼天社出版。

中川浩二 (1979)『アジア開発銀行—— 10年の実績と当面する課題』教育社。

永塚利一 (1966)『久保田豊』電気情報社。

永野慎一郎・近藤正臣編(1999)『日本の戦後賠償──アジア経済協力の出発』勁草書房。

ヌシェラー、フランツ著、佐久間マイ訳(1992)『日本のODA──海外援助−量と質の大いなる矛盾』スリーエーネットワーク。

根本敬(2010)『抵抗と協力のはざま──近代ビルマ史のなかのイギリスと日本』岩波書店。

ハイエク、フリードリヒ・A著、西山千明・矢島鈞次監修、水吉俊彦訳(2007)『ハイエク全集　法と立法と自由Ⅰ──ルールと秩序』春秋社。

波多野澄雄・佐藤晋(2007)『現代日本の東南アジア政策 1950-2005』早稲田大学出版部。

服部龍二(2011)『日中国交正常化──田中角栄、大平正芳、官僚たちの挑戦』中央公論新社。

梅竹(2022)『「対日二分論」と対中ODA──歴史と経済のはざまの日中関係』溪水社。

ファーガソン、ジェームズ著、石原美奈子・松浦由美子・吉田早悠里訳(2020)『反政治機械──レソトにおける「開発」・脱政治化・官僚支配』水声社。

福田赳夫(1995)『回顧九十年』岩波書店。

保城広至(2008)『アジア地域主義外交の行方──1952-1966』木鐸社。

保城広至(2015)『歴史から理論を創造する方法──社会科学と歴史学を統合する』勁草書房。

細谷千博(1984)『サンフランシスコ講和への道』中央公論社。

堀和生・木越義則(2020)『東アジア経済史』日本評論社。

益尾知佐子(2010)『中国政治外交の転換点──改革開放と「独立自主の対外政策」』東京大学出版会。

村井吉敬・ODA調査研究会編著(1989)『無責任援助ODA大国ニッポン──フィリピン、タイ、インドネシア現地緊急リポート』JICC出版局。

モーリス＝スズキ、テッサ著、田代泰子訳(2007)『北朝鮮へのエクソダス──「帰国事業」の影をたどる』朝日新聞社。

ヤストモ、デニス・T著、渡辺昭夫監訳(1989)『戦略援助と日本外交』同文館出版。

山影進(1991)『ASEAN──シンボルからシステムへ』東京大学出版会。

山口航(2023)『冷戦終焉期の日米関係──分化する総合安全保障』吉川弘文館。

山田順一(2021)『インフラ協力の歩み──自助努力支援というメッセージ』東京大学出版会。

横山正樹(1990)『フィリピン援助と自力更生論──構造的暴力の克服』明石書店。

吉川洋子(1991)『日比賠償外交交渉の研究──1949-1956』勁草書房。

吉澤文寿(2015)『［新装新版］戦後日韓関係──国交正常化交渉をめぐって』クレイン。

吉次公介(2009)『池田政権期の日本外交と冷戦——戦後日本外交の座標軸1960－1964』岩波書店。

吉田茂(1957)『回想十年　第3巻』新潮社。

吉田茂(1958)『回想十年　第4巻』新潮社。

リー・クアンユー著、小牧利寿訳(2000)『リー・クアンユー回顧録 上——ザ・シンガポール・ストーリー』日本経済新聞社。

ロレンツィーニ、サラ著、三須拓也・山本健訳(2022)『グローバル開発史——もう一つの冷戦』名古屋大学出版会。

ワイトマン、デービッド著、日本エカフェ協会訳(1965)『アジア経済協力の展開——エカフェ活動の評価と展望』東洋経済新報社。

若月秀和(2006)『「全方位外交」の時代——冷戦変容期の日本とアジア1971-80年』日本経済評論社。

渡辺昭夫(1992)『アジア太平洋の国際関係と日本』東京大学出版会。

渡辺昭一編(2014)『コロンボ・プラン——戦後アジア国際秩序の形成』法政大学出版局。

渡辺武(1973)『アジア開銀総裁日記』日本経済新聞社。

渡辺利夫・草野厚(1991)『日本のODAをどうするか』日本放送出版協会。

► 英語論文

Akaha, Tsuneo (1991) "Japan's Comprehensive Security Policy: A New East Asian Environment," *Asian Survey* 31(4).

Aldasoro, Iñaki, Peter Nunnenkamp and Rainer Thiele (2010) "Less Aid Proliferation and More Donor Coordination? The Wide Gap between Words and Deeds," *Journal of International Development* 22(7).

Ali, Murad (2020) "China–Pakistan Economic Corridor: Prospects and Challenges," *Contemporary South Asia* 28(1).

Araki, Mitsuya (2007) "Japan's Official Development Assistance: The Japan ODA Model That Began Life in Southeast Asia," *Asia-Pacific Review* 14(2).

Asplund, André (2017) "Aligning Policy with Practice: Japanese ODA and Normative Values," in André Asplund and Marie Söderberg eds. *Japanese Development Cooperation: The Making of an Aid Architecture Pivoting to Asia*, Abingdon: Routledge.

Baldwin, David A. (1969) "Foreign Aid, Intervention, and Influence," *World Politics* 21(3).

Banerjee, Subhabrata Bobby (2000) "Whose Land is it Anyway? National Interest, Indigenous Stakeholders, and Colonial Discourses: The Case of the Jabiluka Uranium Mine," *Organization & Environment* 13(1).

Berthélemy, Jean-Claude (2006) "Bilateral Donors' Interest vs. Recipients' Development Motives in Aid Allocation: Do All Donors Behave the Same?," *Review of Development Economics*, 10(2).

Berthélemy, Jean-Claude and Ariane Tichit (2004) "Bilateral Donors' Aid Allocation Decisions: A Three-Dimensional Panel Analysis," *International Review of Economics & Finance* 13(3).

Bluhm, Richard, Axel Dreher, Andreas Fuchs, Bradley Parks, Austin Strange and Michael Tierney (2018) "Connective Financing: Chinese Infrastructure Projects and the Diffusion of Economic Activity in Developing Countries," *AidData Working Paper* 64(30), Sep.

Bräutigam, Deborah (2011b) "Aid 'With Chinese Characteristics': Chinese Foreign Aid and Development Finance Meet the OECD-DAC Aid Regime," *Journal of International Development* 23(5).

Bräutigam, Deborah (2020) "A Critical Look at Chinese 'Debt-trap Diplomacy': The Rise of a Meme," *Area Development and Policy* 5(1).

Calder, Kent Eyring (1988) "Japanese Foreign Economic Policy Formation: Explaining the 'Reactive State'," *World Politics* 40(4).

Canavire-Bacarreza, Gustavo Javier, Eric Neumayer, and Peter Nunnenkamp (2015) "Why Aid is Unpredictable: An Empirical Analysis of the Gap between Actual and Planned Aid Flows, *Journal of International Development* 24(4).

Chen, Muyang (2021) "China–Japan Development Finance Competition and the Revival of Mercantilism," *Development Policy Review* 39(5).

Chung, Erin, James F Hollifield and Yunchen Tian (2023) "Migration Governance in East and Southeast Asia," *International Relations of the Asia-Pacific*, online first.

De Boef, Suzanna and Luke Keele (2008) "Taking Time Seriously," *American Journal of Political Science*, 52 (1).

Dreher, Axel, Andreas Fuchs, Brad Parks, Austin M. Strange and Michael J. Tierney (2018) "Apples and Dragon Fruits: The Determinants of Aid and Other Forms of State Financing from China to Africa," *International Studies Quarterly* 62(1).

Eyinla, Bolade Michael (1999) "The ODA Charter and Changing Objectives of Japan's Aid Policy in Sub-Saharan Africa," *The Journal of Modern African Studies* 37(3).

Fleck, Robert K. and Christopher Kilby (2010) "Changing Aid Regimes? U.S. Foreign Aid from the Cold War to the War on Terror," *Journal of Development Economics*, 91(2).

Frieden, Jeffry A. (1991) "Invested Interests: the Politics of National Economic Policies in a World of Global Finance," *International Organization* 45(4).

Frot, Emmanuel and Javier Santiso (2011) "Herding in aid allocation," *Kyklos* 64(1).

Fuchs, Andreas and Marina Rudyak (2019) "The Motives of China's Foreign Aid,"

Handbook on the International Political Economy of China, Cheltenham: Edward Elgar Publishing.

Fuchs, Andreas, Peter Nunnenkamp and Hannes Öhler (2015) "Why Donors of Foreign Aid Do Not Coordinate: The Role of Competition for Export Markets and Political Support," *The World Economy* 38(2).

Fujikura, Ryo and Mikiyasu Nakayama (2016) "Origins of Japanese Aid Policy-Post-war Reconstruction, Reparations, and World Bank Projects," in Kato, Hiroshi, John Page and Yasutami Shimomura eds. *Japan's Development Assistance: Foreign Aid and the Post-2015 Agenda*, Basingstoke: Palgrave Macmillan.

Grimes, William W., Yaechan Lee and William N Kring (2023) "Financial Cooperation in the Asia-Pacific as Regime Complex: Explaining Patterns of Coverage, Membership, and Rules," *International Relations of the Asia-Pacific*, online first.

Hook, Steven Wallace and Guang Zhang (1998) "Japan's Aid Policy Since the Cold War: Rhetoric and Reality," *Asian Survey* 38(11).

Hoshiro, Hiroyuki (2020) "Do diplomatic Visits Promote Official Development Aid? Evidence from Japan," *Political Science* 72(3).

Hoshiro, Hiroyuki (2022a) "Deconstructing the 'Yoshida Doctrine'," *Japanese Journal of Political Science* 23(2).

Hoshiro, Hiroyuki (2022b) "Japan's Foreign Aid Policy: Has It Changed? Thirty Years of ODA Charters," *Social Science Japan Journal* 25(2).

Hoshiro, Hiroyuki (2023a) "Reconsidering Japan's War Reparations and Economic Re-entry into Southeast Asia," *Diplomacy & Statecraft* 34(4).

Hoshiro, Hiroyuki (2023b) "Aid Coordination through Competition? Unintended consequences of China–Japan Rivalry in Foreign Aid Policy in Asia," *International Relations of the Asia-Pacific,* 24(3).

Hoshiro, Hiroyuki (2024) "Bringing the National Interest to the Forefront of Foreign Aid Policy: The Case of Japan," *Asian Survey*, 64(3).

Insisa, Aurelio and Giulio Pugliese (2022) "The Free and Open Indo-Pacific Versus the Belt and Road: Spheres of Influence and Sino-Japanese Relations," *The Pacific Review* 35(3).

Iwanami, Yukari (2020) "Explaining Variations in Responsiveness to External Pressure: Japan's Aid Policy and Bureaucratic Politics," *Japanese Journal of Political Science* 21(2).

Jain, Purnendra (2016) "Japan's Foreign Aid: Old and New Contests," *The Pacific Review* 29(1).

Jiang, Yang (2019) "Competitive Partners in Development Financing: China and Japan Expanding Overseas Infrastructure Investment," *The Pacific Review* 32(5).

Katada, Saori N. (1997) "Two Aid Hegemons: Japanese-US Interaction and Aid

Allocation to Latin America and the Caribbean," *World Development* 25(6).

Katada, Saori N. (2001) "Why did Japan Suspend Foreign Aid to China? Japan's Foreign Aid Decision-Making and Sources of Aid Sanction," *Social Science Japan Journal* 4(1).

Katada, Saori N. (2010) "Old Visions and New Actors in Foreign Aid Politics: Explaining Changes in Japanese ODA Policy to China," in Leheny, David and Kay Warren eds. *Japanese Aid and the Construction of Global Development: Inescapable Solutions*, London: Routledge.

Katada, Saori N. and Jessica C. Liao (2020) "China and Japan in Pursuit of Infrastructure Investment Leadership in Asia: Competition or Convergence?" *Global Governance: A Review of Multilateralism and International Organizations* 26(3).

Kawai, Masahiro and Shinji Takagi (2004) "Japan's Official Development Assistance: Recent Issues and Future Directions," *Journal of International Development* 16.

Kilby, Christopher (2006) "Donor Influence in Multilateral Development Banks: The Case of the Asian Development Bank," *The Review of International Organizations* 1.

Krasner, Stephen David (1981) "Power Structures and Regional Development Banks," *International Organization* 35(2).

Kuroda, Tomoya (2014) "EC-Asian Relations and the Establishment of the Ministerial Conference, 1975–1978," in Claudia Hiepel ed. *Europe in a Globalising World*, Baden-Baden: Nomos.

Lancaster, Carol (2010) "Japan's ODA: *Naiatsu* and *Gaiatsu*: Domestic Sources and Transnational Influences," in David Leheny and Kay Warren eds., *Japanese Aid and the Construction of Global Development: Inescapable Solutions*, Abingdon, Oxon: Routledge.

Lee, Jong-Wha, Yung-Chul Park and Kwanho Shin (2004) "A Currency Union in East Asia," In Asian Development Bank ed., *Monetary and Financial Integration in East Asia: The Way Ahead*, Vol. II. Basingstoke and New York: Palgrave Macmillan.

Liao, Jessica C. and Saori N. Katada (2021) "Geoeconomics, Easy Money, and Political Opportunism: the Perils under China and Japan's High-speed Rail Competition," *Contemporary Politics* 27(1).

Liao, Jessica C. and Saori N. Katada (2022) "Institutions, Ideation, and Diffusion of Japan's and China's Overseas Infrastructure Promotion Policies," *New political economy* 27(6).

Long, William J. (1999) "Nonproliferation as a Goal of Japanese Foreign Assistance," *Asian Survey* 39(2).

Maizels, Alfred, and Nissanke, Machiko K. (1984) "Motivations for Aid to Developing Countries," *World Development* 12 (9).

Mawdsley, Emma, Laura Savage and Sung-Mi Kim (2014) "A 'Post‐Aid World'? Paradigm Shift in Foreign Aid and Development Cooperation at the 2011 Busan High

Level Forum," *The Geographical Journal* 180(1).

Melitz, Marc J. (2003) "The Impact of Trade on Intra-Industry Reallocations and Aggregate Industry Productivity," *Econometrica*, 71(6).

Midford, Paul (2017) "The Impact of Public Opinion on Japan's Aid Policy: before and after the New Development Assistance Charter," in Asplund and Söderberg eds. *Japanese Development Cooperation: The making of an aid architecture pivoting to Asia*, Abingdon: Routledge.

Migani, Guia (2014) "Lomé and the North-South Relations (1975–1984): from the 'New International Economic Order' to a New Conditionality," in Claudia Hiepel ed. *Europe in a Globalising World*, Baden-Baden: Nomos.

Morgenthau, Hans (1952) "Another "Great Debate": The National Interest of the United States," *American Political Science Review* 46(4).

Morgenthau, Hans (1962) "A Political Theory of Foreign Aid," *American Political Science Review* 56(2).

Nunnenkamp, Peter, Hannes Öhler and and Rainer Thiele (2013) "Donor Coordination and Specialization: Did the Paris Declaration Make a Difference?," *Review of World Economics* 149(3).

Oba, Mie (2008) "Japan's entry into ECAFE," In Iokibe Makoto ed. *Japanese Diplomacy in the 1950s: From Isolation to Integration*, London: Routledge.

Ogawa, Hiroko (2019) "Normality of International Norms: Power, Interests, and Knowledge in Japan's ODA Politics," *Journal of International Development Studies* 28(3).

Pharr, Susan Jane (1994) "Japanese Aid in the New World Order," in Craig Garby and Mary Brown Bullock eds. *Japan: A New Kind of Superpower* Baltimore: Johns Hopkins University Press.

Pressello, Andrea (2014) "The Fukuda Doctrine and Japan's Role in Shaping Post-Vietnam War Southeast Asia," *Japanese Studies* 34(1).

Rix, Alan (1993) "Managing Japan's Aid: ASEAN," in Bruce M. Koppel and Robert M. Orr, Jr eds. *Japan's Foreign Aid: Power and Policy in a New Era*, Boulder: Westview Press.

Rosenau, James (1968) "National Interest," *International Encyclopedia of Social Sciences, Vol.II*, New York: Crowell-Collier.

Sasada, Hironori (2019) "Resurgence of the 'Japan Model'? Japan's Aid Policy Reform and Infrastructure Development Assistance," *Asian Survey* 59(6).

Sato, Jin (2023) "Yosei-shugi (要請主義): The Mystery of the Japanese Request-based Principle," *JICA Ogata Research Institute Discussion Paper* 12, Tokyo: JICA Ogata Research Institute for Peace and Development.

Schelling, Thomas C. (1955) "American Foreign Assistance," *World Politics* 7(4).

Schraeder, Peter J., Steven Wallace Hook and Bruce Taylor (1998) "Clarifying the Foreign

Aid Puzzle: A Comparison of American, Japanese, French, and Swedish Aid Flows," *World Politics* 50(2).

Shimomura, Yasutami (2016) "The Political Economy of Japan's Aid Policy Trajectory: With Particular Reference to the Changes and Continuity under the ODA Charter," in Hiroshi Kato, John Page and Yasutami Shimomura eds. *Japan's Development Assistance: Foreign Aid and the Post-2015 Agenda*, Basingstoke: Palgrave Macmillan.

Söderberg, Marie (1996) "Japanese ODA-What Type, for Whom and Why?" in Marie Söderberg ed. *The Business of Japanese Foreign Aid: Five Case Studies from Asia*, London and New York: Routledge.

Söderberg, Marie (2002) "The Role of ODA in the Relationship," in Marie Söderberg ed. *Chinese–Japanese Relations in the Twenty-First Century: Complementarity and Conflict*, London and New York: Routledge.

Steinwand, Martin C. (2015) "Compete or Coordinate? Aid Fragmentation and Lead Donorship," *International Organization* 69(2).

Stone, Randall Warren (2004) "The Political Economy of IMF Lending in Africa," *American Political Science Review* 98(4).

Suehiro, Akira (1999) "The Road to Economic Re-Entry: Japan's Policy Toward Southeast Asian Development in the 1950s and 1960s," *Social Science Japan Journal* 2(1).

Sunaga, Kazuo (2004) "The Reshaping of Japan's Official Development Assistance (ODA) Charter," *FASID Discussion Paper on Development Assistance* 3.

Trumbull, William N. and Howard J. Wall (1994) "Estimating Aid-Allocation Criteria with Panel Data," *The Economic Journal* 104(425).

Tull, Denis M. (2006) "China's engagement in Africa: Scope, Significance and Consequences," *The Journal of Modern African Studies* 44(3).

Tuman, John and Jonathan Strand (2006) "The Role of Mercantilism, Humanitarianism, and Gaiatsu in Japan's ODA Programme in Asia," *International Relations of the Asia Pacific* 6(1).

Tuman, John, Jonathan Strand and Craig Emmert (2009) "The Disbursement Pattern of Japanese Foreign Aid: A Reappraisal," *Journal of East Asian Studies* 9.

Uji, Azusa (2024) "Navigating Environmental Cooperation on Air Pollution amid Political Competition in East Asia," *International Relations of the Asia-Pacific* 24(3).

Voeten, Erik (2013) "Data and Analyses of Voting in the United Nations General Assembly," in Bob Reinalda ed., *Routledge Handbook of International Organization*, UK: Routledge.

Wan, Ming (1995) "Japan and the Asian Development Bank," *Pacific Affairs* 68(4).

White, Howard and Mark, McGillivray (1995) "How Well is Aid Allocated? Descriptive Measures of Aid Allocation: A Survey of Methodology and Results," *Development and*

Change 26(1)

Yamamoto, Raymond (2017) "The Securitization of Japan's ODA: New Strategies in Changing Regional and Domestic Contexts," in Asplund and Söderberg eds. *Japanese Development Cooperation: The making of an aid architecture pivoting to Asia*, Abingdon: Routledge.

Yamamoto, Raymond (2020a) "The Trajectory of ODA's Strategic Use and Reforms: from Nakasone Yasuhiro to Abe Shinzo," *Australian Journal of International Affairs* 74(6).

Yamamoto, Raymond (2020b) "China's Development Assistance in Southeast Asia: A Threat to Japanese Interests?" *Asian Survey* 60(2).

Yoshimatsu, Hidetaka (2018) "New Dynamics in Sino-Japanese Rivalry: Sustaining Infrastructure Development in Asia," *Journal of Contemporary China* 27(113).

Yoshimatsu, Hidetaka (2021) "Japan's Strategic Response to China's Geo-economic Presence: Quality Infrastructure as a Diplomatic Tool," *The Pacific Review* 36(1).

Zhao, Hong (2019) "China–Japan Compete for Infrastructure Investment in Southeast Asia: Geopolitical Rivalry or Healthy Competition?" *Journal of Contemporary China* 28(118).

▶ 日本語論文

浅田正彦(2016)「モンゴル」国際法事例研究会『戦後賠償』ミネルヴァ書房。

荒木光弥(1984)「霞ヶ関は燃えた」『国際開発ジャーナル』8・9月号。

安藤実(1972)「アジア開発銀行」『静岡大学法経研究』第20巻第3号。

李元徳(1995)「日韓請求権交渉過程(1951-1962)の分析：日本の対韓政策の観点から」『法学志林』第93巻第1号。

池田直隆(2004)「『シンガポール血債問題』と日本の対応」『國學院大學日本文化研究所紀要』第94号。

石井明(1986)「中国と対日講和：中華民国政府の立場を中心に」渡辺昭夫・宮里政玄編『サンフランシスコ講和』東京大学出版会。

市川健二郎(1985)「戦後日本の東南アジア回帰：タイ特別円をめぐる諸問題」『東京水産大学論集』第20巻。

稲田十一(1985)「発展途上国と日本：対外援助政策の変容過程」渡辺昭夫編『戦後日本の対外政策』有斐閣。

井上亮(1957)「日本の鉄鋼業——その現状と問題点」『通商産業研究』4月号。

井原伸浩(2022)「経済協力理念としてのマニラスピーチ」『広島平和研究』第9号。

井原伸浩(2023)「ASEAN文化基金設立にむけての日本によるイニシアティブ」『広島平和研究』第10号。

枝村純郎(2008-2009)「物語『福田ドクトリン』から30年」『外交フォーラム』

21(5)-22(5)。

枝村純郎・江森盛久・斎藤志郎・矢野暢(1977)「パネル・ディスカッション ASEAN と日本の新しい関係を求めて」『アジア』10月号。

江森盛久(1977)「新しい ASEAN 政策を求められる日本」『アジア』6月号。

王坤(2014)「中国側から見る日中経済協力:1979-1988年の『人民日報』の対中 ODA 報道を中心に」『OUFC ブックレット』Vol.3。

大野泉(2023)「新開発協力大綱にみる連続性と新規性」『SRID ジャーナル』第25号。

大山貴稔(2018)「戦後日本における『国益』概念の淵源――"national interest"をめぐる翻訳論的考察」『国際安全保障』第46巻第3号。

大山貴稔(2019)「戦後日本における ODA 言説の転換過程:利己主義的な見地は如何にして前景化してきたか」『日本の開発協力の歴史』バックグラウンドペーパー、(8)。

岡田臣弘(1980)「80年代の中国経済と日中関係:難題山積する近代化と日中協力」『世界経済評論』1月号。

岡田実(2003)「中国における ODA 研究から見る ODA 観と日中関係」『国際協力研究』Vo.19 No. 2。

柿崎一郎(2023)「開戦期のタイにおける日本軍の占拠・徴発による損害――損害賠償請求の分析」『横浜市立大学論叢人文科学系列』Vol.74, No.3。

柏木雄介(1966)「アジア開発銀行の発足とその意義」『ファイナンス』12月。

加藤淳平(1963)「賠償の経済的効果に関する試論(1)」『外務省調査月報』第4巻第7号。

菅英輝(2014)「アメリカの冷戦政策と1950年代アジアにおける地域協力の模索」渡辺昭一編『コロンボ・プラン――戦後アジア国際秩序の形成』法政大学出版局。

菊地清明(1977)「福田総理東南ア歴訪の成果――わが国東南アジア外交の新展開」『世界経済評論』21(10)。

北岡伸一(2000)「賠償問題の政治力学:1945－59年」北岡伸一・御厨貴編『戦争・復興・発展:昭和政治史における権力と構想』東京大学出版会。

木畑洋一(2014)「アジアにおける国際秩序の変容と日英関係」渡辺昭一編『コロンボ・プラン――戦後アジア国際秩序の形成』法政大学出版局。

木宮正史(1995)「1960年代韓国における冷戦と経済開発:日韓国交正常化とベトナム派兵を中心にして」『法学志林』第92巻4号。

木宮正史(2020)「韓国の対日導入資金の最大化と最適化」李鍾元・木宮正史・浅野豊美編『歴史としての日韓国交正常化I:東アジア冷戦編(新装版)』法政大学出版局。

倉沢愛子(1999)「インドネシアの国家建設と日本の賠償」『年報日本現代史:講和問題とアジア』第5号、現代史料出版。

黒崎輝(2000)「研究報告 東南アジア開発をめぐる日米関係の変容 1957-1960」『法學』

第64巻第1号。

国分良成(1983)「中国の対外経済政策決定の政治的構造：プラント契約中断決定の場合」岡部達味編『中国外交：政策決定の構造』日本国際問題研究所。

国分良成(2000)「試練の時代の日中関係：江沢民訪日記」『法学研究』73(1)。

小林真樹(1997)「『福田ドクトリン』：対東南アジア政策の転換とODA」『国際協力論集』第5巻第2号。

佐藤仁(2012)「戦後日本の対外経済協力と国内事情：原料確保をめぐる国内政策と対外政策の連続と断絶」『アジア経済』第53巻第4号。

佐藤晋(2008)「対シンガポール・マレーシア『血債』問題とその『解決』」『二松学舎大学東アジア学術総合研究所集刊』第38巻。

ジェイン・ブルネンドラ(2014)「日本の対外援助政策と国益」『国際問題』No.637。

朱建栄(1992)「中国はなぜ賠償を放棄したのか：政策決定過程と国民への説得」『外交フォーラム』第5巻第10号。

曹良鉉(2004)「1977年福田赳夫首相東南アジア歴訪と日本の東南アジア政策形成：『福田ドクトリン』をめぐる通説の批判的検討」『国際関係論研究』第22号。

鄭敬娥(2002)「1960年代アジアにおける地域協力と日本の外交政策：アジア開発銀行(ADB)本店所在地決定過程を中心に」『比較社会文化研究』第11号。

鄭敬娥(2005)「アジア地域主義における『アジア的性格』の考察：アジア開発銀行(ADB)の創設過程を中心に」『広島平和科学』第27巻。

田中康友(1999)「ポスト・ベトナムの東南アジア安定化政策としての福田ドクトリン：外務省アジア局の政策プロセスに着目して」『アジア研究』第45巻第1号。

湯伊心(2010)「海外経済協力基金の設置経緯：プラント輸出促進の視点から」『横浜国際社会科学研究』第15巻第1・2号。

タンシンマンコン・パッタジット(2023)「反日運動からジャパナイゼーションへ：1970～1990年代のタイにおける対日認識転換の再検討」『東南アジア研究』第61巻第1号。

張博珍(2020)「日韓会談における被害補償交渉の過程分析――「賠償」・「請求権」・「経済協力」方式の連続性」李鍾元・木宮正史・浅野豊美編『歴史としての日韓国交正常化I：東アジア冷戦編（新装版）』法政大学出版局。

恒川恵市(2013)「開発援助――対外戦略と国際貢献」大芝亮編『日本の外交5：対外政策課題編』岩波書店。

友次晋介(2019)「『準賠償』としての日本・カンボジア経済技術協力協定：日本政府内政治過程と国際関係1955-59」『東南アジア研究』第57巻第1号。

中江要介(1977)「東南アジアの動向と日本の役割」『アジア』10月号。

中江要介・矢野暢・樹下明(1977)「鼎談　日本とASEANの新時代：福田総理のASEAN歴訪を終えて」『経済と外交』9月第664号。

中西寛(1997)「総合安全保障論の文脈――権力政治と相互依存の交錯」『年報政治学』

第48巻。

倪志敏（2003）「大平内閣における第一次対中政府借款」『龍谷大学経済学論集』第42巻第5号。

西田一平太（2024）「OSAで安全保障協力はどう変わるか」『外交』Vol. 84。

西山健彦（1977）「日本・ASEANフォーラム第二回会合の開催」『経済と外交』12月第667号。

西山健彦（1978）「今日の東南アジア」『欧州政治軍事情報』10月号。

野添文彬（2009）「東南アジア開発閣僚会議開催の政治経済過程：佐藤政権期における日本の東南アジア外交に関する一考察」『一橋法学』第8巻第1号。

波多野澄雄（1994）「『東南アジア開発』をめぐる日・米・英関係：日本のコロンボ・プラン加入（1954年）を中心に」近代日本研究会編『年報近代日本研究１６・戦後外交の形成』山川出版社。

波多野澄雄・李炫雄（2014）「多角的援助と『地域主義』の模索：日本の対応」渡辺昭一編『コロンボ・プラン——戦後アジア国際秩序の形成』法政大学出版局。

初鹿野直美（2017）「実現しなかった日本・カンボジア経済協力計画：日本の開発援助黎明期の興奮と頓挫」『アジ研ワールド・トレンド』第256巻。

范艶芬（2019）「日・タイ特別円問題の解決 1952–1962」『世界史研究論叢』第9号。

平林博（1995）「新しい時代のわが国の政府開発援助を求めて」『外交フォーラム』2月号。

平松茂雄（2000）「中国軍を強くするODA」『正論』11月号。

福永佳史（2019）「『質の高いインフラ』原則に関する一考察：フォーラム選択の視点から」『日本国際経済法学会年報』第28号。

保城広至（2001）「岸外交評価の再構築」『国際関係論研究』第17号。

保城広至（2007）「『対米協調』／『対米自主』外交論再考」『レヴァイアサン』第40号。

保城広至（2017）「日米関係と政府開発援助」『国際政治』第186号。

保城広至（2018）「福田ドクトリンとASEAN」『年報日本現代史』第23号。

三上義一（1984）「『福田ドクトリン』と経済援助：なぜアセアン・スタベックスは実施されなかったか」『経済評論』33(8)。

宮城大蔵（2001）「インドネシア賠償をめぐる国際政治」『一橋論叢』第125巻第1号。

モヨ、ダンビサ・小浜裕久監訳（2010）『援助じゃアフリカは発展しない』東洋経済新報社。

梁井新一（1980）「円借款問題で中国を訪れて：積極的な中国側と日本の対応」『世界経済評論』1月号。

山影進（1985）「アジア・太平洋と日本」渡辺昭夫編『戦後日本の対外政策』有斐閣。

山口航（2017）「総合安全保障の受容：安全保障概念の拡散と『総合安全保障会議』設置構想」『国際政治』第188号。

行沢健三(1973)「主要国の資源輸入先と日本」『アジア経済』第14巻第2号。
渡辺利夫(2005)「援助理念」後藤一美・大野泉・渡辺利夫編『日本の国際開発協力』
　日本評論社。

主要人名索引

ア行

アイゼンハワー（Eisenhower, Dwight David）
　070, 085
アウン・ジー（Aung Gyi）　045
アキノ（Aquino, Benigno Simeon Cojuangco III）
　269
安倍晋三　180, 213, 225, 233, 239, 265-266,
　268-270, 279, 281, 299, 303
安倍晋太郎　257
李承晩　060
池田勇人　045, 061, 065, 070, 088
石坂泰三　070
一万田尚登　033, 064
伊東正義　172
稲盛和夫　204
猪木正道　172
ウ・チョウ・ニェン（U Kyaw Nyein）　042
ウ・ニュン（U Nyun）　093, 095, 098
ウィジョヨ（Widjojo Nitisastro）　117
植村甲午郎　052
枝村純郎　121, 136
江藤淳　126-127
エリサルデ（Elizalde, Joaquín M.）　046
大来佐武郎　094, 157, 204
大野勝巳　047
大平正芳　061, 115, 139, 149, 153, 155, 157-
　158, 165, 167, 171-173, 179, 252
岡崎勝男　042, 049, 071
岡田克也　266
岡野鑑記　043
岡松壮三郎　205
岡本行夫　210

カ行

華国鋒　151, 165, 262
カーター（Carter, Jimmy）　123
海部俊樹　203-204, 206
金子一平　153
ガルシア（Garcia, Carlos P.）　047
川上隆朗　205
川口順子　263
岸信介　007, 027, 033-034, 050, 052, 060,
　086, 093
岸田文雄　213, 266, 313
木原誠二　215
金鍾泌　061
草野厚　210-211
久保田貫一郎　060
倉成正　252
ゴ・ディン・ディエム（Ngo Dinh Diem）　051
小泉純一郎　210, 262, 264-265
江沢民　208, 261-262
高坂正堯　172
河野太郎　180
河野洋平　203, 259
高村正彦　210
谷牧　153-154, 165
小島新一　034
小林中　033

サ行

佐藤栄作　096, 103, 105, 135
サリット（Sarit Thanarat）　065
椎名悦三郎　057, 256
シャリフ（Sharif, Mian Muhammad Nawaz）　229
ジュアンダ・カルタウィジャヤ

・索引　343

（Djuanda Kartawidjaja）048
習近平　269, 278-279, 281, 303
蔣介石　062-063, 163
ジョンソン（Johnson, Lyndon B.）096-097,
　104-106
菅義偉　272
鈴木善幸　153, 172
スナリオ（Soenario Sastrowardoyo）049
園田直　153

タ行

ターニン（Thanin, Kraivichien）128, 130, 133
高碕達之助　049
田中角栄　112, 127
タナット（Thanat Khoman）102
谷野作太郎　121, 134, 136
ダレス（Dulles, John Foster）062, 070
チャーチル（Churchill, Winston）039
チャン・ヴァン・フー（Tran Van Huu）051
津島寿一　046
ディロン（Dillon, Douglas）085
鄧小平　151-153, 163, 165, 262

ナ行

中江要介　121, 135, 138, 191
中川融　070
中曽根康弘　167, 171-172, 179
永積昭　127
中西寛　217
永野重雄　034
中山太郎　203
二階堂進　174
西山健彦　121, 123, 135, 139
ニヤム（Ngiam Tong Dow）119
ネリ（Neri, Felino）047
ネルー（Nehru, B. K.）033
ネルー（Nehru, Jawaharlal）033

ハ行

ハーター（Herter, Christian Archibald）086-
　087
朴正熙　060
鳩山威一郎　127
鳩山一郎　027, 047, 093
福田赳夫　101, 103, 109-110, 113, 115-140,
　144-145, 167, 171, 256
藤山愛一郎　099
フセイン（Hussein, Onn）129-130
プラウイヨ（Prawiro, Radius）119
ブラック（Black, Eugene）096-097
ホー・チ・ミン（Ho Chi Minh）052
ポーレー（Pauley, Edwin W.）038

マ行

マコーネル（McConnell, Mitch）188
町村信孝　263
マッコイ（McCoy, Frank Ross）039
マルコス（Marcos, Ferdinand E.）048, 117,
　129-130, 202
三木武夫　117, 174
宮本四郎　156
村田省蔵　047
メンジース（Menzies, Robert G.）031

ヤ行

薬師寺泰蔵　214
梁井新一　153, 155
矢野暢　126-127
吉沢清次郎　033
吉田茂　007, 062, 070-071

ラ行

ラーマン（Rahman, Tungku Abdul）056-057
ラスク（Rusk, David Dean）096
李鵬　164

リー・クアンユー（Lee Kuan Yew） 056, 128
ロムロ（Romulo, Carlos P.） 120, 136-137

ワ 行

倭島英二 046

渡辺武 092, 094-095, 101-102
渡辺利夫 210
ワン・ワイ（Wan Waithayakon） 064

主 要 事 項 索 引

英字

ADB（Asian Development Bank） 031, 081,
　089, 091-107, 267, 270, 278-279, 297, 299,
　307
AIIB（Asian Infrastructure Investment Bank）
　097, 269-270, 278-279, 299, 301, 310
ASEAN（Association of South–East Asian Nations）
　020, 109-111, 113-133, 135-145, 154, 158-
　162, 172, 199, 221, 269, 298, 303, 308
　——工業化プロジェクト 110, 114, 119,
　　121-123, 128-129, 131, 138, 140, 145
　——首脳会議 117-119, 121, 128-129, 298
　——文化交流基金 110, 126-128, 130,
　　138, 140
　——貿易委員会 119, 121
DAC（Development Assistance Committee）
　003, 009-011, 013, 016, 018-019, 023-024,
　079, 081, 083-085, 088-090, 106, 112, 116,
　156-157, 165, 170, 204, 207, 212, 225,
　233, 238, 264, 270, 273, 280, 282-284,
　286, 288, 292-293, 295-298, 303, 305-
　307, 310
　——ドナー 010-019, 176-177, 283, 294,
　　305

DAG（Development Assistance Group） 023,
　079, 081, 083-089, 105-106, 306-307
ECAFE（Economic Commission for Asia and the
　Far East） 029, 093-096, 098-099
GATT（General Agreement on Tariffs and Trade）
　030, 086, 125, 130-131, 139
GSP（一般関税特恵制度） 124-125, 131
IMF（International Monetary Fund） 090, 102,
　286
JBIC（Japan Bank for International Cooperation）
　082, 268, 299
JEMIS（Japan Emigration Service） 082
JICA（Japan International Cooperation Agency）
　083, 112-113, 220, 235, 266, 268, 271
OAEC（Organization for Asian Economic Cooper-
　ation） 093-094
OAPEC（Organization of Arab Petroleum Exporting
　Countries） 173-175, 176
ODA（Official Development Assistance） 003-
　006, 009-021, 023-026, 036-037, 079, 082,
　089-092, 106, 111-113, 139-145, 152, 157,
　167, 178-179, 186-187, 189-194, 197-198,
　217-225, 237-239, 243-244, 286, 305, 311-
　313
　——総合戦略会議［2002］ 210-212, 221,

・索引　　　345

238
——中期目標　167-168
——倍増計画　011, 020, 091, 116, 175, 226, 307, 309
商業主義的——〔援助〕　009-010, 012, 017, 019, 170, 243, 258, 308
二国間——〔援助〕　013-014, 024-025, 112, 140-142, 145, 160, 176-177, 181-187, 189-193, 201, 226-227, 230-232, 234, 246, 287, 298
ODA大綱　017, 020, 150, 170, 197-202, 204-208, 210-213, 215-219, 222, 226, 228, 235-239, 243, 246, 272, 284, 292, 294, 296-297, 309-310, 312
ODA白書　199, 220
OECD (Organization for Economic Co-operation and Development)　003, 036, 083-086, 088-089, 106, 270, 277, 281, 306, 311
OECF (Overseas Economic Cooperation Fund)　081-082, 152
OEEC (Organization for European Economic Co-operation)　083-085
OPEC (Organization of the Petroleum Exporting Countries)　173, 175-176
OTCA (Overseas Technical Cooperation Agency)　082, 113
PPP (Public-Private Partnerships)　267, 296-297
STABEX (Stabilization of Export Earnings System)　119, 121-124, 128-131, 138, 145

ア 行

アジアインフラ投資銀行→AIIB
アジア開発基金　027
アジア開発銀行→ADB
アジア極東経済委員会→ECAFE
アジア経済協力機構→OAEC
アジア版ロメ協定　119, 122, 124-125, 130, 132
アフリカ開発銀行 (AfDB: African Development Bank)　094

アラブ石油輸出国機構→OAPEC
アンタイド化　089, 112, 156-157, 205, 296, 307
一帯一路　269, 278-279, 298-299, 303, 310
インド　020, 026, 028-029, 031-037, 041, 100, 111, 163-164, 178, 181, 220, 228-230, 270, 278, 288-290, 294, 300-301, 306, 312
インドネシア　023, 026, 031-032, 035, 038-042, 044, 046, 048-051, 053, 056-057, 066-069, 091, 105, 117-120, 132-133, 138, 158, 163, 172, 181, 235, 251, 269-270, 272, 280, 288-290, 300-302, 312
牛場・ストラウス共同声明　157
エコノミック・ステイトクラフト　005
援助
　外圧反応型——　169-170, 186-189
　ひも付き——　009, 012-013, 019, 038, 071-072, 089, 156, 232, 296-297, 307
欧州経済協力機構→OEEC
オーストラリア　030-031, 039, 096, 100, 248, 265
お土産外交　020, 033, 119, 169-170, 178-181, 185-186, 194, 309
オランダ　038-039, 050, 084, 265

カ 行

海外移住事業団→JEMIS
海外技術協力事業団→OTCA
海外経済協力基金→OECF
海外建設協力会　072, 078, 271
開発援助委員会→DAC
開発援助グループ→DAG
開発協力大綱［2015］［2023］→ODA大綱
外務省　020, 030-031, 054, 087, 094, 098-102, 105, 110, 115-116, 121-129, 134, 136-137, 152, 156, 158-159, 165, 171-172, 189, 199-200, 205-207, 209, 211-212, 216, 220, 226, 235-236, 244, 251-253, 256-260
核〔大量破壊兵器〕実験　149, 164, 208, 228-230, 261, 294, 311

韓国　040-041, 053, 059-062, 067-070, 073, 091, 100, 181, 186, 270
官民連携→PPP
グラント・エレメント　009-010, 019, 024, 082, 089, 116, 156, 305
経協インフラ戦略会議　268, 272
経済安全保障　167, 169-171
経済企画庁（経企庁）　082, 112, 139, 203, 205-206, 209, 252, 258-259
経済協力開発機構→OECD
経済社会基本計画　112
経済同友会　171
経済貿易戦略（Grand Strategy of Economy and Trade）　297
経団連（旧経済団体連合会・日本経済団体連合会）　052, 070, 203, 258, 267, 270
血債問題　055
国際開発庁（AID: Agency for International Development）　096
国際協力機構→JICA
国際協力銀行→JBIC
国際協力事業団→JICA
国際経済協力会議（CIEC: Conference on International Economic Cooperation）　116
国際連合（国連）　005, 029, 032, 231, 292
　——アフリカ経済委員会（ECA: Economic Commission for Africa）　094
　——開発計画（UNDP: United Nations Development Programme）　207
　——経済社会理事会（ECOSOC: Economic and Social Council）　093
「国家安全保障戦略」　313
コロンボ・プラン　003, 008, 010, 020, 023-024, 026-032, 036, 081, 197, 305
コンディショナリティ　090, 200, 283-284, 292, 294, 300

サ行

債務の罠（debt trap）　279, 301
サンフランシスコ平和条約　039, 041, 046-049, 051, 055, 071, 163
持続可能な開発目標（SDGs）　213
質の高いインフラ　233, 244-245, 259, 269-274, 279, 303, 310
首脳外交　179
シンガポール　028, 038, 040, 053, 055-058, 067, 069, 099-100, 105, 118-121, 128, 130, 133, 137, 172, 181, 186
シンジケートローン　152
スウェーデン　010-014, 016-018, 084, 265, 287
請求権問題　059, 061-062, 067
政府開発援助大綱［1992］［2003］→ODA大綱
世界銀行　032, 034, 090, 187, 286, 299
石油危機（第一次・第二次）　173-176, 194, 256
石油輸出国機構→OPEC

タ行

タイ　028, 040-041, 064-065, 069, 073, 091, 094, 098-102, 112, 117-118, 120, 127-128, 130, 132-134, 137, 145, 159, 173, 181, 281, 301-302
対外経済協力閣僚会議　113
第三次臨時行政改革推進審議会（行革審）　204, 206
対日賠償調査審議会　059
台湾　032, 040-041, 062-063, 066, 100, 162-163, 260, 294
中華民国　039, 062-063
中国（中華人民共和国）　015, 027, 031, 034, 040, 062, 149-159, 162-165, 179, 181, 186, 188-189, 191, 208, 213-214, 228-230, 235, 245-246, 248, 251-252, 259-263, 266-267, 269-274, 277-281, 284-303, 308, 310-311, 313
通産省　035, 111-112, 116, 121, 138, 156, 165, 199, 205, 244, 251-253, 256, 258-259, 295, 309
鉄鉱石　029, 032, 034, 178, 306

・索引　347

東南アジア開発閣僚会議 081, 095, 103-105
東南アジア開発基金 027, 034, 082, 093
東南アジア諸国連合→ASEAN
ドナー（援助国） 004-007, 010, 012, 014,
　026, 028, 030, 085, 089-090, 111, 140,
　158, 178, 187, 193, 208, 221, 225, 229,
　233, 246, 249-250, 257, 263-264, 266,
　271, 277-279, 281-284, 295, 297, 300,
　302, 306, 308-309, 311
　DAC—— 010, 012, 016-019, 283, 294,
　305

ナ行

日中平和友好条約 152
日比賠償交渉 047
日本・ASEANフォーラム 119, 139
日本貿易保険（NEXI: Nippon Export and Invest-
　ment Insurance） 268
日本輸出入銀行 009, 029, 082, 152
人間の安全保障 207, 211, 219, 221
農林省 094, 112, 122, 126, 128

ハ行

ハウスマン・テーラーモデル 018
〔援助の効果に関する〕パリ宣言 277, 281-
　283, 292, 303, 311
ビルマ 026, 028, 035, 037-046, 049-050,
　067-069, 072-073, 078, 102, 105, 116, 131-
　133, 135
フィリピン 025-026, 028, 031, 037-044,
　046-051, 053, 060, 063, 066-067, 069-070,
　072-073, 099-102, 106, 109, 117-118, 120,
　132-133, 159, 181, 202, 235, 269, 300,
　312-313
福田ドクトリン 007, 020, 107, 109-111,
　113-118, 120-122, 124, 130, 134-141, 144-
　146, 179, 308
米国 003, 010-011, 016-019, 027, 039, 046,

085-088, 090, 096-098, 105-107, 112-113,
　115-116, 121, 123-124, 151, 154, 156-157,
　163, 165, 169-170, 172, 185-194, 247-248,
　264-265, 279, 282, 287-288, 307-309, 311-
　312
米国同時多発テロ（9.11） 207
米州開発銀行（IDB: Inter-American Develop-
　ment Bank） 090, 094
平和維持活動 216
ベトナム戦争 096, 106, 115
ボーレー報告 038

マ行

マーシャル・プラン 083, 247
マッコイ声明 039, 046, 063
マレーシア 040-041, 053, 055-058, 067,
　069, 099-101, 118, 120, 129, 131-133, 138,
　172, 181, 235, 280, 313
南ベトナム 025, 028, 033, 041, 051, 100
ミレニアム開発目標（MDGs） 213, 219
メキシコ 181
モンゴル 040-041, 063-064

ヤ行

輸出所得保証メカニズム→STABEX
輸出振興 035, 068, 072
吉田ドクトリン 071
四省庁体制 081-082, 156, 205-206, 252

ラ行

レシピエント（被援助国） 004-007, 014-016,
　018, 028, 073, 089-090, 111, 140-141, 149-
　150, 157-158, 164, 170, 176, 178-179, 181,
　185-186, 194, 203, 205, 213, 216, 226-227,
　229-231, 233, 236-237, 239, 146, 248,
　262-264, 280-285, 287-290, 292, 295, 297,
　300-301, 303, 309, 311-312

著者略歴

保城広至（ほしろ・ひろゆき）

東京大学社会科学研究所教授、博士（学術）
1975年生まれ。奈良県出身。東京大学大学院総合文化研究科国際社会科
学専攻修士課程修了。同博士課程中途退学。東京大学東洋文化研究所助
教、東京大学社会科学研究所准教授などを経て現職。単著に『アジア地
域主義外交の行方 1952-1966』（木鐸社、大平正芳記念賞受賞）、『歴史から
理論を創造する方法——社会科学と歴史学を統合する』（勁草書房）、共
編著に『国境を越える危機・外交と制度による対応——アジア太平洋と
中東』（東京大学出版会）などがある。

ODAの国際政治経済学——戦後日本外交と対外援助 1952-2022

2024年12月10日 初版第1刷発行

著　者　　保城広至

発行者　　千倉成示
発行所　　株式会社 千倉書房
　　　　　〒104-0031 東京都中央区京橋3-7-1
　　　　　電話 03-3528-6901（代表）
　　　　　https://www.chikura.co.jp/

造本装丁　米谷豪
印刷・製本　精文堂印刷株式会社

©HOSHIRO Hiroyuki 2024　Printed in Japan〈検印省略〉
ISBN 978-4-8051-1330-1 C3031

乱丁・落丁本はお取り替えいたします

JCOPY ＜（一社）出版者著作権管理機構 委託出版物＞

本書のコピー、スキャン、デジタル化など無断複写は著作権法上での例外を除き禁じら
れています。複写される場合は、そのつど事前に（一社）出版者著作権管理機構（電話
03-5244-5088、FAX 03-5244-5089、e-mail: info@jcopy.or.jp）の許諾を得てください。
また、本書を代行業者などの第三者に依頼してスキャンやデジタル化することは、たと
え個人や家庭内での利用であっても一切認められておりません。

統合と分裂の日本政治

砂原庸介 著

地方政治と中央政治の関係性に着目し、統治機構改革から20年を経た日本政治の現在地を確認する。第17回大佛次郎論壇賞受賞。

❖A5判／定価3960円／978-4-8051-1112-3

政党政治の制度分析

建林正彦 著

数量分析が捉えた、政権交代のもたらした議員たちの政策選好の変化とは。代議制民主主義と政党政治の行方に迫る。

❖A5判／定価5060円／978-4-8051-1119-2

日本国憲法の普遍と特異

ケネス・盛・マッケルウェイン 著

75年間1文字も変わらない、私たちの「憲法」の意義と不思議を探る。第34回アジア・太平洋賞特別賞、第44回石橋湛山賞受賞。

❖A5判／定価3520円／978-4-8051-1121-5

表示価格は2024年12月現在（消費税10％）

千倉書房